AF258931

LÉON DE SEILHAC

Le Monde Socialiste

Les Partis socialistes politiques.
Les Congrès socialistes politiques.
Les diverses formules du collectivisme.

Victor Lecoffre

Le
Monde Socialiste

TYPOGRAPHIE FIRMIN-DIDOT ET Cie. — MESNIL (EURE).

Le Monde Socialiste

LÉON DE SEI

Les Partis socialistes politiques.
Les Congrès socialistes politiques.
Les diverses formules du collectivisme.

PARIS

LIBRAIRIE VICTOR LECOFFRE

RUE BONAPARTE, 90

1904

LE
MONDE SOCIALISTE

PREMIÈRE PARTIE

LES DEUX PARTIS SOCIALISTES POLITIQUES EN FRANCE

Les partis socialistes français peuvent être rangés sous trois catégories :

Les partis politiques sont scindés en deux; mais le parti socialiste, purement ouvrier ou syndical, ne fraie pas avec eux. — Du parti syndical, nous en avons donné ailleurs l'histoire[1], et nous n'y reviendrons pas. — Il ne sera ici question que des deux partis qui ont, l'un MM. Millerand et Jaurès, l'autre MM. Guesde et Vaillant, pour chefs.

[1]. *Les Congrès ouvriers en France* et *Syndicats ouvriers, Fédérations, Bourses du travail*, Armand Colin édit., 1902.

CHAPITRE I

LE PARTI SOCIALISTE FRANÇAIS

Le Parti socialiste français est composé des socialistes indépendants, des quelques allemanistes et broussistes qui subsistent encore, et surtout des membres de fédérations départementales et régionales indépendantes. Son grand chef est M. Jaurès.

M. Jean Jaurès est né à Castres, le 3 septembre 1859. Après des études brillantes au collège de sa ville natale, il passa par Sainte-Barbe et fut reçu le premier à l'École normale. Puis il alla professer la philosophie au lycée d'Albi et fut chargé de cours à la Faculté de Toulouse. Conseiller municipal et adjoint de cette ville universitaire, le scrutin de liste l'envoya à la Chambre en 1885, à l'âge de vingt-six ans. Il siégea au centre gauche. Déjà les idées socialistes le hantaient. Un soir, en 1886, il se rendit aux bureaux de la *Revue socialiste*, pour s'y rencontrer avec Benoît Malon. Les secrétaires de la Revue ne surent dissimuler l'ironie que leur inspirait sa timidité; — M. Jaurès n'osa plus revenir.

Battu au scrutin d'arrondissement de 1889, M. Jaurès reprenait ses cours à la Faculté de Toulouse et présentait alors ses deux thèses pour le Doctorat.

La thèse française traitait *de la réalité du monde sensible.* C'est un hymne de bonheur, dans lequel débordent, sous le luxe des images, la joie de vivre, l'optimisme radieux. — Sa thèse latine a pour titre : *Les origines du socialisme allemand.*

Dans la thèse française, à l'encontre des philosophes idéalistes qui prétendent que le monde ne doit son existence et sa signification qu'à la pensée, M. Jaurès soutient que le monde a, en dehors de la pensée même, une existence et une signification qui lui suffisent. On peut dire que cette thèse consiste à dégager, en des pages souvent poétiques, le sens réel et profond qu'ont en elles-mêmes toutes les manifestations de l'univers. Il semble même y avoir un certain rapport entre les conceptions philosophiques et les conceptions démocratiques de l'auteur. L'idéalisme peut avoir les dehors d'une doctrine aristocratique, en ce qu'il distingue dans le monde ce qui n'est qu'apparence (les données sensibles) et ce qui est la vérité (les lois), et surtout en ce qu'il paraît faire de la pensée scientifique, qui est et ne peut être que la pensée de quelques-uns, la mesure de la réalité; au contraire, selon les conclusions de M. Jaurès, il ne doit pas plus y avoir de classes inférieures dans le monde que dans la cité : *Dieu est en tout et en tous.* Les formules panthéistes abondent : il y a en effet là une curieuse tentative à faire descendre Dieu dans l'humble réalité sensible, comme on fait descendre le pouvoir dans les masses jusqu'alors humiliées.

Dans sa thèse latine, M. Jaurès veut surtout montrer que le socialisme allemand, malgré ses formules matérialistes, a eu dans la philosophie de Kant, Fichte, Hégel, des origines spiritualistes et qu'à mesure qu'il se réalisera, n'ayant plus besoin d'opposer la force à la force et la matière à la matière, il retrouvera les principes de haute spiritualité qui ont été au début de son développement théorique.

En résumé, la philosophie de M. Jaurès se développe souvent par des *poussées* oratoires plutôt que par des arguments dialectiques. C'est peut-être une caractéristique de sa manière que cette répugnance qu'il a pour la formule abstraite et critique, que ce besoin qu'il éprouve de traduire en images ce qui devrait autant que possible être exprimé et compris en dehors de toute image. Il a écrit un jour, dans la *Dépêche* de Toulouse, que les grands génies philosophiques ont été en même temps de grands génies métaphoriques : pour lui, en tout cas, sa nature philosophique se déploie éminemment dans la métaphore; mais que l'on remarque que, dans toute métaphore, il y a une analogie et qu'en effet le procédé de construction dont usent souvent les philosophes est simplement analogique.

Les conceptions politiques de M. Jaurès sont, comme ses conceptions philosophiques, le fait d'un esprit sincère, vivant, qui rachète son manque de sens critique par les dons merveilleux qu'il a par ailleurs.

*
* *

Un anarchiste, M. Matha, a peint de M. Jaurès un beau portrait, dans un cadre qui lui convient à merveille : la réunion publique.

* Dans ces atmosphères de réunions publiques, où flottent de sourdes angoisses imprécises, où des courants électriques font onduler de rapides frissons sur la face du peuple faite des cen-

taines de faces figées en une redoutable attention, Jaurès devient à lui-même son propre champ de bataille. Sur l'écran d'une tribune, la silhouette floue se raidit, les nerfs se tendent et soulèvent ce torse lourd où l'on ne distingue plus que la carrure d'épaules d'un lutteur tombé en garde; le sang afflue par bouffées au masque dont les arêtes s'avivent, et dans le regard paisible s'allument des flambées imprévues; la monotone cadence du poing évoque la vision nette d'un marteau implacablement obstiné à enfoncer l'idée; le geste court et qui semble redouter l'emphase s'échappe en violentes envolées tôt réfrénées; la voix rêche s'enveloppe de soudaines harmonies grondantes, et, du discours académique fusent, comme involontaires, les prosopopées qui soulèvent une salle. La résistance d'un auditoire l'exalte; l'opposition le transporte hors de sa timidité fondamentale; la difficulté de vaincre le met en possession de toute sa force que voile, au repos, son régularisme bourgeois; l'interruption le fait vibrer et l'apostrophe cicéronienne jaillit de toute sa cérébralité qui doit alors éprouver le maximum de la joie profonde; l'injure lui rend une sorte de calme farouche, et ses reparties qui semblaient attendre avec impatience l'occasion de se produire tant elles sont soudaines, cinglent, fouettent; de ce mélange de sensations, de sentiments, de chocs où sa personnalité initiale est comme pétrie par la personnalité qu'il s'est créée, de tout ce sable, de cette chaux brûlante, de ces scories, se trouve cimentée une figure fortement charpentée en des attitudes rapides qu'il faut saisir sur l'heure, harmonieusement violente et violemment classique, une complète et originale figure de tribun moderne qui, presque aussitôt, s'évanouit et s'efface pour ne plus laisser voir que l'orateur attentif et avisé, au point obstiné, au discours académique [1]. »

*
* *

Les autres grands hommes du Parti sont : MM. Briand, Millerand, Gérault-Richard. Les députés sont : MM. Aldy, Bagnol, Baron, Basly, Bouhey-Allex, Antide Boyer, J.-L. Breton, Briand, Cadenat, Calvinhac, Camuzet, Cardet, Carnaud, Charpentier,

1. *Les hommes de Révolution*, Louis Matha, éd., 15, rue d'Orsel.

Clovis Hugues, Colliard, Devèze, Ferrero, Fournier, Gérault-Richard, Jaurès, Krauss, Labussière, Lassalle, Meslier, Millerand, Paschal-Grousset, Pastre, Piger, Poulain, de Pressensé, Rouanet, Veber, Vigne (Octave). C'est à peu près le même nombre de députés qui constituait le groupe socialiste *ministériel* de l'ancienne Chambre.

Le programme électoral sur lequel se sont faites leurs élections a été le suivant :

Suffrage universel direct, sans distinction de sexe et dans toutes les élections. — Scrutin de liste avec représentation proportionnelle dans toutes les élections. — Droit d'initiative populaire et référendum. — Suppression du Sénat et de la présidence de la République. — Attributions actuelles du président du conseil des ministres dévolues à un conseil exécutif élu par le Parlement. — Abrogation de la loi contre les anarchistes.

Séparation des Églises et de l'État. — Suppression du budget des cultes. — Liberté des cultes. — Suppression des congrégations. — Nationalisation des biens de mainmorte.

Substitution, à tous les tribunaux actuels, de tribunaux formés par un jury et par des juges élus. — Suppression du privilège des avocats. — Gratuité de la justice. — Abolition de la peine de mort. — Suppression des tribunaux militaires et maritimes.

Abrogation de toutes les lois qui établissent l'infériorité civile des femmes et des enfants naturels et adultérins. — Législation plus libérale du divorce. — Loi sur la recherche de la paternité.

Gratuité de l'enseignement à tous les degrés. — Entretien des enfants à la charge de la collectivité pour le premier degré de l'enseignement. — Monopole de l'enseignement aux trois degrés par l'État. — Subsidiairement, interdiction à tous membres du clergé d'ouvrir une école et d'y enseigner.

Abolition de tous les impôts sur les objets de consommation de première nécessité et des quatre contributions directes. — Impôt global, progressif et personnel sur les revenus personnels supérieurs à 3.000 francs. — Impôt progressif sur les successions.

Repos obligatoire d'un jour par semaine. — Limitation de

la journée de travail à huit heures. — Interdiction de faire travailler les enfants âgés de moins de quatorze ans. — Interdiction absolue du travail de nuit pour les femmes et les adolescents et pour les ouvriers adultes dans toutes les industries où le travail de nuit n'est pas absolument nécessaire. — Fixation par les municipalités et les corporations ouvrières d'un salaire minimum. — Reconnaissance légale de la mise à l'index.

Organisation par la nation d'un système d'assurance sociale s'appliquant à la totalité des travailleurs de l'agriculture, de l'industrie et du commerce contre les risques de maladie, d'accident, d'invalidité, de vieillesse et de chômage.

Nationalisation des chemins de fer, des mines, de la Banque de France, des assurances, de la grande meunerie, de l'alcool, des raffineries de sucre et des sucreries. — Organisation d'un service public de placement des travailleurs. — Organisation par l'État d'un crédit agricole. — Organisation de services communaux de l'éclairage, de l'eau, des transports en commun, de construction et de régie d'habitations à bon marché.

Substitution des milices à l'armée permanente et adoption de toutes les mesures comme les réductions du service militaire qui y conduisent. — Renonciation sous quelque prétexte que ce soit à toute guerre offensive. — Renonciation à toute alliance qui n'aurait pas pour objet exclusif le maintien de la paix. — Renonciation aux expéditions militaires coloniales.

Ce programme avait été fixé par le Congrès de Tours à la veille des élections (mars 1902), sous l'inspiration de M. Jaurès.

*
**

Les anciens partis qui composent le Parti socialiste français sont :

Les Indépendants ;

Les Allemanistes ;

Les Broussistes.

INDÉPENDANTS.

En 1885 fut fondée à Paris, par Benoît Malon, Gustave Rouanet, et Fournière, la *Société d'économie sociale* dont les statuts contenaient les déclarations suivantes :

ART. 1er. — La Société d'économie sociale a surtout pour but de mettre à l'ordre du jour les réformes urgentes, d'élaborer des projets et de travailler à leur adoption et mise en pratique.

ART. 2. — Groupe d'études et non groupe militant, la Société ne se livrera à aucune action politique proprement dite, ses adhérents restant d'ailleurs libres d'agir individuellement de ce chef, comme ils l'entendent.

Les projets élaborés par la *Société d'économie sociale* furent publiés par la *Revue socialiste*, fondée à la même époque par Benoît Malon; et parmi ces projets, nous signalerons surtout celui qui fut préparé par Eugène Fournière sur les accidents du travail.

Ce fut là l'origine du parti socialiste indépendant en France. Auparavant, deux ou trois groupes de socialistes indépendants existaient bien, mais à Paris seulement, et, parmi eux, le groupe très influent et très important des « Égaux du XIe arrondissement ».

En 1886, les socialistes indépendants firent une excellente recrue en la personne du citoyen Hovelacque, président du Conseil municipal de Paris, qui, à l'inauguration de l'Exposition ouvrière de Paris, prononça un discours franchement socialiste. Bientôt d'autres radicaux l'imitèrent, notamment MM. Laguerre, Michelin et Laisant, députés de Paris. A la fin de 1887, un grand banquet organisé à la salle du Rocher-Suisse, à Montmartre, par la *Revue socialiste*, sous la présidence de Benoît Malon, réunissait plus de 1.800 socialistes indépendants.

Au point de vue économique, ils sont partisans de la nationalisation des mines, des chemins de fer, de la Banque, des compagnies d'assurances, enfin de tous « les fiefs de la féodalité capitaliste ». Dans le domaine communal, ils demandent la création des boulangeries, boucheries, pharmacies municipales.

Au point de vue politique, ils sont fédéralistes et partisans de l'autonomie communale. Un d'eux, M. Hovelacque, déposa à la Chambre des députés, deux projets dans ce sens.

Au point de vue philosophique, ils sont pour la plupart matérialistes et partisans de la séparation des Églises et de l'État et de la nationalisation des biens des différents clergés. Cependant MM. Jaurès et Fournière se déclarent de préférence idéalistes par réaction contre le matérialisme trop réaliste selon eux de Karl Marx.

Mais en ce qui concerne les relations du socialisme français avec les partis socialistes étrangers, les socialistes indépendants se sont divisés. Tandis que les uns se déclaraient patriotes d'abord, internationalistes ensuite, comme MM. Rouanet et Fournière; d'autres se proclamaient patriotes et adversaires de l'internationalisme, même entre ouvriers socialistes. Parmi ces derniers, nous citerons MM. Pierre Richard, ancien secrétaire de la Ligue des Patriotes, et Paulin Méry qui a organisé une ligue contre les ouvriers étrangers immigrés en France. Les socialistes indépendants se sont également divisés au sujet de la grève générale.

A l'époque du boulangisme, en 1888, une scission complète se produisit chez les socialistes indépendants. Pendant que quelques-uns d'entre eux, comme MM. Laguerre, Michelin et Laisant, se prononçaient *pour*, d'autres avec MM. Rouanet, Benoît Malon et Fournière se prononcèrent *contre* et adhérèrent à la Société des droits de l'homme, fondée rue Cadet, au Grand-Orient, par MM. Clémenceau et Joffrin. Enfin une troisième fraction se déclara anti-boulangiste et anti-cadettiste, et à l'élection législative de Paris, du 17 janvier 1889, opposa la candidature socialiste révolutionnaire du tailleur de pierre Boulé aux candidatures de M. Jacques et du général Boulanger.

Jusqu'aux élections législatives de 1893, les socialistes indépendants restèrent à l'état de faible minorité ; mais quelques semaines avant ces élections, l'entrée de M. Millerand à la *Petite République*, comme rédacteur en chef, mit à leur disposition, dès l'ouverture de la campagne, un organe quotidien déjà fort répandu. L'active propagande de ce journal, unie à celle de l'*Intransigeant*, fit élire un certain nombre de socialistes indépendants, réconciliés à la mort de Boulanger.

Après les élections de 1893, un groupe socialiste nombreux se constitua à la Chambre ; mais dans ce groupe nombreux où fraternisaient guesdistes, broussistes, blanquistes et indépendants, des éléments hétérogènes s'étaient glissés. C'étaient les anciens boulangistes et les radicaux socialistes. Les allemanistes s'autorisèrent de cette confusion pour refuser de s'inféoder à ce groupe disparate.

Pour la faire cesser, le groupe résolut de dissiper l'équivoque et de définir le programme minimum que devaient accepter les députés socialistes. — M. Millerand fut chargé de cette rédaction et définit nettement ce programme semi-collectiviste. Au banquet de Saint-Mandé, le 30 mai 1896, les éléments boulangistes ou anti-collectivistes s'exclurent d'eux-mêmes. MM. Alphonse Humbert, Salis, Chassaing, Goussot, Pierre Richard, Gaston Laporte, Turigny, Argeliès, Castelin, déclarèrent qu'ils ne voulaient pas de la tyrannie socialiste, ni s'enrégimenter dans la caserne marxiste. M. Mirman s'étonna que certains membres du groupe parlementaire voulussent mettre à l'union socialiste des conditions, qu'il appartenait au groupe seul, après délibération, de fixer.

« Aux dernières élections législatives, dit M. Mirman à un interviewer du *Matin*[1], la *Petite République* enregistrait les résultats obtenus, classait sous l'étiquette socialiste tous les hommes indépendants et de bonne volonté qui, las du piétinement sur place, las des injustices, des inégalités sociales, avaient triomphé en menant le bon combat contre les oligarchies privilégiées. — On ne demandait pas aux nouveaux venus s'ils appartenaient à tel groupe ; on se bornait à constater le triomphe de l'idée socialiste, et l'on avait raison... quel besoin a-t-on, tout à coup, de transformer les conditions de notre union fructueuse et de nous imposer une adhésion à une doctrine quelconque ? »

Espérait-on ainsi attirer à soi les allemanistes et les socialistes intransigeants ? — C'est peu probable. Les allemanistes plaisantaient fortement l'*Unionisme* et ses chefs collectivistes et ne semblaient pas alors disposés à s'unir à MM. Guesde et Millerand.

« Non, écrivait M. Barat dans l'organe du parti allemaniste, le *Parti ouvrier*, du 30 janvier 1896, franchement nous voit-on en compagnie d'un Guesde prétentieux, d'un Jaurès applaudisseur de toasts

1. *Matin* du 2 juin 1900.

présidentiels, d'un Millerand donneur d'eau bénite aux ministres de la bourgeoisie chéquarde, d'un Viviani rendant hommage à *l'honnêteté* de Floquet...! Fort heureusement, nous avons su éviter cet amalgame charlatanesque. — Du reste la question électorale, pour nous, n'est que de second ordre, tandis que pour d'autres c'est le point essentiel dans la comédie politique qu'ils jouent... La *Petite République* ne représente qu'une espèce de *bureau de placement*, ou plutôt une *agence électorale !* »

Il est plus probable que M. Millerand avait voulu délimiter à droite les frontières de son parti pour l'empêcher d'être envahi par les radicaux purs et en faire un parti autonome et nullement intransigeant, auquel on pût faire appel, à l'occasion, pour des combinaisons ministérielles.

Les élections du 8 mai 1898 donnèrent au parti vingt-cinq élus.

C'étaient : MM. Millerand, Viviani Paschal Grousset, Desfarges, Dejeante, Groussier, Rouanet, Coutant, Lassale, Bourrat, Basly, Lamendin, Vigné d'Octon, Mirman, Pierre Richard, Doumergue, Labussière, Goujat, Defontaine, Salis, Palix, Sauvanet, Dufour, Jourde, Antide Boyer.

Les élections de ballottage complétèrent ce nombre et le portèrent, au dire des journaux socialistes[1], à soixante-huit. — Mais il fallait au moins défalquer une vingtaine de députés de ce calcul fantaisiste.

---

1. Voir le *Réveil du Nord* du 25 mai 1898.

Les élus du ballottage étaient, d'après les journaux socialistes, MM. Chassaing, Ch. Gras, Berthelot, Girou, Dubois, Chauvière, Marcel Sembat, Clovis Hugues, Vaillant, Goussot, Walter, Renou, Laloge, Létang, Sauvanet, Poulain, Saba, Carnaud, Cadenat, Michel, Borie, Vacher, Pierre Vaux, Breton, Marius Devèze, Pastre, Calvinhac, Delieux, Bénézech, La-fère, Zévaès, Léo Melliet, Alfred Massé, Bonnard, Florent, Krauss, Colliard, Em. Chauvin, Compayré, Allard, Ferrero, Fourgniol, Légitimus.

Lorsque le tassement des partis et le classement des groupes se furent faits dans la Chambre, les soixante-huit élus se réduisirent à quarante-sept.

La rentrée au Parlement d'un grand nombre d'élus socialistes, leur formation en groupe *indépendant* laissaient supposer que la direction de ce parti allait être unifiée, et remise à MM. Millerand, Jaurès et Viviani. Leur journal, la *Petite République*, progressait rapidement sous la direction de M. Gérault-Richard. M. Jaurès désirait particulièrement cette union et rêvait de copier l'organisation socialiste allemande.

Au commencement de juillet 1898, un grand meeting socialiste était réuni au Tivoli-Vaux-Hall, où dix mille hommes se pressaient pour entendre la parole enflammée du grand orateur. Et la foule décidait de donner à un Comité d'entente le soin d'unifier ou de discipliner le « parti ».

« Tous, disait la *Lanterne* [1], à quelque fraction socialiste qu'ils appartiennent, avaient pu se rendre compte des *inconvénients mêmes de l'émulation entre les partis, dans la lutte quotidienne contre l'ennemi commun.*

« Certes, c'est grâce à cette émulation que le parti socialiste a vécu et sans cesse grandi, mais souvent aussi, elle provoquait, entre les divers groupes organisés, de vives et déconcertantes animosités.

« Évidemment, aux heures décisives, pour les actions d'ensemble et contre les ennemis communs, l'entente se faisait commandée par la force même des choses. Elle n'était et ne pouvait être que temporaire et cessait avec les causes qui l'avaient fait naître.

« Le *prolétariat parisien* a voulu que cette entente fût permanente et que, pour cette action, électorale ou autre, ce fût de concert qu'à l'avenir agisse le parti socialiste, décuplant ainsi sa puissance d'action.

« Quelle ne sera pas sa force, quand, uni, il engagera la lutte contre la bourgeoisie capitaliste et gouvernante...! »

Dans le groupe même de la Chambre, en effet, sur quarante-sept députés socialistes rentrés à la Chambre aux élections de mai 1898, les scrutins révélaient les différences les plus tranchées, les dissentiments les plus profonds. Chacun voulait garder sa liberté d'action. « Heureusement, disait M. Rouanet, il ne se trouvait, parmi les politiciens qui avaient pu se faire inscrire chez nous, grâce à l'étiquette commode de socialiste, aucun orateur ou publiciste de talent, dont l'autorité ou la compétence aurait pu nous créer de sérieux embarras, s'ils avaient porté à la tribune les contradictions qu'ils soulevaient à l'intérieur du groupe. »

Un Comité d'entente fut donc nommé. Il est vrai que son existence fut peu féconde et qu'il eut à lutter surtout contre une opposition, nullement déguisée,

1. *Lanterne* du 12 juillet 1898.

des chefs des vieux partis socialistes. Ce Comité
d'entente était composé de sept délégués guesdistes,
sept blanquistes, sept broussistes, sept allemanistes.

« Quelques-uns, trop pressés, écrivait M. Vaillant, voudraient
le suicide des organisations qui font toute la force du socialisme
français, et leur fusion dans une organisation générale pour
laquelle ils font des vœux, mais qu'ils ne conçoivent même
pas. »

M. Jaurès n'était d'ailleurs, pour les socialistes
révolutionnaires, « qu'un bourgeois confondu dans la
cohue des politiciens faméliques, pour lesquels le so-
cialisme et les organisations ouvrières ne sont qu'un
champ à exploiter[1] ».

On ne voulait pas de l'unité qu'il proposait, parce
que les chefs des vieux partis ne voulaient rien
céder de leur autorité, et que lui-même était soup-
çonné, par beaucoup d'ouvriers révolutionnaires, de
vouloir unifier le « parti » pour en prendre la direction.

M. Jaurès, disait un de ces ouvriers, parle trop
bien. Et le peuple de Paris se rappelle Gambetta.

* *

Nous arrivons ainsi à la crise de l'affaire Dreyfus,
où la bourgeoisie se divisa en deux camps. Plusieurs
socialistes rappelaient que leur rôle était de *marquer*
les coups, sans se compromettre dans la mêlée. Ainsi
parlaient MM. Guesde et Vaillant, soutenus par
M. Liebknecht, le « doyen du socialisme international ».

M. Jaurès, au contraire, se lançait dans « l'affaire »,
et allait dans le camp dreyfusiste comme jadis les
allemanistes étaient allés au Comité de la rue Cadet,

---

1. *Le Parti ouvrier*, organe du Parti allemaniste.

pour défendre la République gravement menacée par le boulangisme.

Enfin, après la tentative de M. Déroulède, M. Millerand entrait au ministère, où il trouvait comme collaborateurs M. Waldeck-Rousseau et M. de Galliffet. Ce ministère est, dit-on, un « *Ministère de Salut public* », l'acte de M. Millerand soulève, cependant, les plus vives discussions. « M. Millerand, disait M. Lagardelle, a affecté à l'égard du parti un absolu dédain. Il s'est, au cours de toutes les négociations, tenu à l'écart, agissant en son nom personnel, ne prenant pas la peine de consulter son parti, comme s'il n'avait relevé que de lui-même. — L'indiscipline de M. Millerand est peu surprenante, d'ailleurs. Il vivait à l'écart du parti socialiste, et il semblait craindre surtout, lui, l'ancien protagoniste de *l'union électorale,* le mouvement puissant que provoquait l'idée, lancée par Jaurès, de l'*union organique* du prolétariat français en parti de classe. Aussi se tenait-il sur la limite incertaine du socialisme et du radicalisme socialiste, où M. Waldeck-Rousseau a été le trouver. »

« Le parti socialiste, disait encore M. Hubert Lagardelle [1], ne sort pas triomphant de la crise présente. Je viens d'accuser l'incertitude de son action théorique et pratique et le désordre de son organisation interne.

« Le problème était, il est vrai, complexe et posé à l'improviste. Il s'agissait de savoir si l'action parallèle qu'il avait menée avec la bourgeoisie libérale, au cours de l'affaire Dreyfus, allait se transformer en

---

1. *Le Mouvement socialiste* du 1ᵉʳ juillet 1899.

action combinée. C'est-à-dire, si à la participatio
à la défense des garanties individuelles devait suc-
céder la participation au pouvoir.

« Ce problème se présentait sous un double aspect :

« 1° Le parti socialiste peut-il, en régime bourgeois,
prendre sa part du gouvernement? Et s'il le peut,
sans dépasser les limites de son action dans la société
capitaliste, à quel moment de son évolution et sous
quelle forme le peut-il?

« 2° Alors même qu'il le pourrait, en général, le
pouvait-il dans le cas actuel, en ayant comme co-
partageant du pouvoir un général de Galliffet?

« C'est sur ce double problème que le socialisme
français a affirmé sa confusion.

« Les opportunistes du parti ont vu, dans l'arrivée
au pouvoir d'un des leurs, un premier triomphe du
socialisme, tel du moins qu'ils l'entendent, sans règle
et sans conduite et esclave du moment. Ils ont violé
la morale du parti en se solidarisant avec le général
de Galliffet. On n'amnistie pas ainsi le passé et la
morale d'un parti est faite de ses traditions.

« A la tendance opportuniste s'est opposée la tendance doctrinaire. Et ces deux tendances ont coupé
en deux le parti socialiste, pendant qu'une troisième
solution intervenait dans le Comité d'entente, qui
déclarait que M. Millerand était ministre sous sa
responsabilité propre et qu'il n'engageait pas le parti
socialiste.

« Ce fait aura jeté la perturbation dans la conscience ouvrière. La croyance sera née dans beaucoup
de cerveaux simplistes que cet événement est suffisant,
pour que soient changés les cadres sociaux et modifiés
les rapports du capital et du travail. Il y aura

beaucoup d'illusions perdues, et les déceptions portent en elles le découragement et le scepticisme.

« La conception électorale du socialisme en sera renforcée, et le parti aura une nouvelle tendance à assurer le triomphe du socialisme petit bourgeois. Ce qui permettra aux vieilles organisations de rappeler, en face de cette dégénérescence du socialisme, qu'elles sont les seules dépositaires de la vraie doctrine. La formation de l'unité socialiste en sera retardée. »

.˙.

Le résultat ne se fit pas attendre. Pendant que M. Jaurès approuvait l'entrée de M. Millerand au ministère, l'Union socialiste se disloquait à la Chambre et blanquistes, guesdistes et allemanistes dissidents formaient un groupe *révolutionnaire* qu'ils opposaient au groupe *indépendant*.

Du Parlement, la scission s'étendait au parti tout entier. Le *Parti ouvrier français* (guesdiste), le *Parti révolutionnaire socialiste* (blanquiste) et l'*Union communiste révolutionnaire* (allemanistes dissidents) se séparaient avec éclat de M. Jaurès et lançaient ce manifeste.

A la France ouvrière et socialiste,

Citoyens,

En sortant du groupe dit *l'Union socialiste de la Chambre,* qui venait de fournir un gouvernant à la République bourgeoise, les représentants de la France ouvrière et socialiste organisée n'ont pas obéi à un simple mouvement de colère, pas plus qu'ils n'ont entendu limiter à la protestation d'un moment leur action commune.

Il s'agissait d'en finir avec une politique prétendue socialiste faite de compromissions et de déviations, que depuis trop longtemps on s'efforçait de substituer à la politique de classe, et par suite révolutionnaire, du prolétariat militant et du parti socialiste.

La contradiction entre ces deux politiques devait infailliblement se manifester un jour ou l'autre. Et par l'entrée d'un socialiste dans un ministère Waldeck-Rousseau, la main dans la main du fusilleur de Mai, elle s'est manifestée dans des conditions de gravité et de scandale telles, qu'elle ne permettait plus *aucun accord, entre ceux qui avaient compromis l'honneur et les intérêts du socialisme, et ceux qui ont charge de les défendre.*

Le parti socialiste, parti de classe, ne saurait être ou devenir, sous peine de suicide, un parti ministériel. Il n'a pas à partager le pouvoir avec la bourgeoisie, dans les mains de laquelle l'État ne peut être qu'un instrument de conservation et d'oppression sociale. *Sa mission est de le lui arracher, pour en faire l'instrument de la libération et de la Révolution sociale.*

Parti d'opposition nous sommes, et parti d'opposition nous devons rester, n'envoyant des nôtres dans les Parlements et autres assemblées électives qu'à l'état d'ennemis, pour combattre la classe ennemie et ses diverses représentations politiques.

D'autre part, le Conseil national du parti guesdiste (parti ouvrier français) envoyait aux groupes de ses fédérations un appel, dont certains passages méritent d'être reproduits.

« On vous a dit, énonce ce manifeste, — et l'on vous redira — que l'acceptation d'un portefeuille par un socialiste n'est que la suite, pour ne pas dire le triomphe, de cette *conquête des pouvoirs publics*, qui est, a été, et restera, quand même, notre méthode.

« Ayant déjà des maires, des conseillers généraux, des députés, pourquoi n'aurions-nous pas des ministres?

« Mais parce qu'il n'y a rien de commun entre les municipalités, les conseils généraux, la Chambre, voire le Sénat, qui, ayant à leur base l'élection, *s'ouvrent en dehors* sous la poussée des travailleurs, de leur nombre et de leur organisation, nous permettant d'y pénétrer en ennemis, et les ministères, qui *ne s'ouvrent eux que du dedans*, dans la mesure où leurs détenteurs bourgeois peuvent avoir intérêt à y introduire un des nôtres, pour leur servir de collaborateur ou de couverture.

« Les mots mêmes protestent contre l'équivoque que l'on s'efforce de créer.

« *Conquérir le pouvoir politique* exclut jusqu'à l'idée d'en recevoir ou d'en solliciter un morceau, des miettes. Ce n'est pas « avec » la bourgeoisie, c'est « contre » elle, que nous enlevons et qu'il faut continuer à enlever, à la baïonnette du scrutin, toutes les positions électives, dans la commune, le département et l'État, en attendant l'inéluctable coup d'épaule révolutionnaire. Mais pas plus qu'à l'époque des maires non élus il n'aurait été permis à des socialistes d'accepter l'écharpe municipale, qui en eût fait les agents de l'État bourgeois, il ne saurait leur être permis d'accepter un portefeuille, qui les transforme en cogérants de la classe bourgeoise et de ses intérêts.

« Avez-vous songé aux déceptions inévitables qui suivront, à la banqueroute, à laquelle sera acculé le socialisme, lorsque après quelques mois ou quelques années de participation de gouvernement, ni les prolétaires de l'usine, ni ceux du champ, n'ayant vu modifier leur situation — immodifiable en régime capitaliste, — se retourneront contre nous pour nous demander des comptes? Ce qui est advenu du parti radical pour avoir fourni des gouvernants à la République opportuniste, doit nous servir de leçon. »

M. Jaurès, dans sa réponse à ces insinuations qui le frappaient, en frappant M. Millerand, plaisantait les jeux de serrurerie auxquels s'amusait M. Jules Guesde. Ce sont là, dit-il, d'ingénieuses et vaines distinctions : que la porte s'ouvre du dedans, ou qu'elle s'ouvre du dehors, c'était pour lui tout un. Et il rappelait, non sans malice, aux dénonciateurs des « déviations » et des « compromissions », le fameux programme agricole de MM. Guesde et Lafargue, à propos duquel, dans un article un peu âpre de la *Neue Zeit*, Engels reprochait à Guesde tant de « déviations » et de « compromissions ».

« Promulguer un programme de transition, ajoutait le grand orateur socialiste, c'est solliciter publiquement, officiellement, le concours d'une partie des éléments bourgeois.

« La vraie compromission, s'il en est une, c'est pour un parti révolutionnaire, destructif de la bourgeoisie, d'avoir un programme d'exécution pour la période bourgeoise.

« Ou bien il faut, concluait-il, rétrograder jusqu'à la stérile intransigeance de l'anarchisme doctrinal. »

On peut tirer une déduction curieuse de la théorie de M. Jules Guesde sur la porte qui s'ouvre du dedans et celle qui s'ouvre du dehors. Si cette théorie était admise, un socialiste ne pourrait pas être ministre, mais il pourrait devenir président de la République. Là, en effet, la porte s'ouvre du dehors. On peut l'enfoncer au moyen de l'élection.

.·.

Vinrent les élections générales de 1902. Les socialistes indépendants, vainqueurs, exposèrent de nouveau leur programme, dans un banquet qui se tint à la Porte-Dorée, le 28 mai 1902, et qu'on fit présider par trois candidats malheureux aux précédentes élections : MM. Viviani, Chassaing et Charles Gras.

Le Parti socialiste ne se laisse pas entraîner, s'écria M. Jaurès, par des mirages énervants ni par une démagogie servante de réaction. (*Ceci à l'adresse de MM. Guesde et Vaillant.*) L'unité socialiste se fera ; puisqu'elle ne peut se réaliser avec « ce qui reste des vieilles organisations sectaires », il faudra bien que ces éléments se fondent par la puissance absorbante des fédérations autonomes, malgré « les critiques.

doctrinaires des hommes de revues [1] qui épient le pas et le geste des militants », malgré « le bureau de censure de certains marxistes intransigeants d'outre-Rhin [2] ».

Le parti radical va prendre le pouvoir, et c'est le parti socialiste, libéré du ministérialisme, qui contrôlera ses actes et lui indiquera la marche à suivre. « Et si le parti radical fait encore faillite, nous recruterons ses adhérents, surtout si nous avons joué le rôle d'aiguillon sans tricherie, sans surenchère captieuse. L'idéal socialiste n'est pas un rêve abstrait, et la plus petite parcelle de réforme contient des bribes de pensées finales. Et il est facile de disposer des projets de loi, où une immense partie du domaine capitaliste actuel peut être transformé en propriété sociale, pour de vastes applications du socialisme communiste. »

Cependant il importait de ne pas laisser confondre ce programme avec le programme radical, le socialisme parlementaire avec le réformisme des radicaux qui allaient prendre le pouvoir. Ce fut l'œuvre de M. Briand, qui déclara que les radicaux et les radicaux socialistes ne se distinguaient des partis modérés que par des promesses ou des désirs. « Aucun de ces partis, dit M. Briand, ne s'associerait à nous pour la suppression du salariat... Ils ont des préoccupations de conservation ou de défense sociale. En sorte que leur action évolue dans un cadre étroit, que le nôtre tend à rompre. »

Donc, il ne faut pas sacrifier au romantisme révo-

1. M. Lagardelle dans *le Mouvement socialiste*, M. Peguy dans les *Cahiers de la Quinzaine*.
2. Kautzsky.

lutionnaire et approuver « les mouvements incohérents de ceux qui, chaque matin, sonnent le glas de la Révolution », le socialisme doit être l'*aiguillon* du parti radical, jusqu'à ce que celui-ci, manquant de souffle, abandonne la partie et laisse la place au parti socialiste, devenu maître des destinées de la République : telle est la thèse des socialistes qui marchent à la remorque de M. Jaurès et comptent une quarantaine des leurs au Parlement.

.·.

C'est l'avènement du socialisme réformiste! Il réalisera bien, à notre avis, les réformes qu'il pourra appliquer avec les radicaux et qui sont inscrites dans le programme radical. Mais après, lorsqu'on arrivera au point où les radicaux et les radicaux socialistes s'arrêteront de marcher sous l'influence de leurs « préoccupations de conservation ou de défense sociale », que pourront faire les socialistes livrés à leurs propres forces? La France n'est pas socialiste et il est à penser qu'elle ne le sera jamais. Ces préoccupations de conservation ou de défense sociale ne sont pas celles d'un parti politique, ce sont les préoccupations de tout un peuple de travailleurs et de propriétaires ruraux. Mais d'ailleurs à quoi bon parler de collectivisme? MM. Jaurès, Briand et Millerand n'en parlent même plus, pour le moment, dans leurs programmes, ils attaquent durement ceux qui en parlent encore, « les vieux pontifes usés d'une religion abolie ». Ils gouvernent. ou bien ils contrôlent, sans responsabilité, le gouvernement des autres. Et ils se déclarent satisfaits.

ALLEMANISTES.

Dans ce nouveau parti, les allemanistes étaient venus se fondre. — Eux, qui jadis passaient pour les plus fougueux des révolutionnaires, s'étaient laissé glisser sur la pente douce du socialisme le plus modéré.

Les traits accentués, l'œil noir chargé de volonté, le geste nerveux, la silhouette sèche, la parole brève, tel est M. Jean Allemane, d'après la photographie rapide d'un de ses biographes. On peut lire sur ce visage de lutteur la loyauté de la pensée, la bonhomie populaire et une certaine malice gasconne qui se gîte au coin de l'œil[1]. — A la tribune, son discours se hache de phrases courtes et incisives, il a cette éloquence violente qui saisit les foules. — La vigueur de ses apostrophes, la tonalité chaude de sa voix, où perce un accent du faubourg parisien sous d'insensibles réminiscences de l'accent méridional, la crânerie de ses attitudes rudement campées, font de lui *un preneur de multitudes*, qui, pour être saisi dans son véritable aspect, doit être vu en période trouble, en quelque assemblée houleuse et sombre, alors que des hurlements lointains parviennent du fond de la rue jusqu'à la salle et que des souffles d'émeute courent sur la réunion.

.·.

Né à Sauveterre, en Haute-Garonne, le 25 août

1. *Les hommes de la Révolution*, par Michel Zévaco.

1843, il fut conduit de bonne heure par sa famille dans la grande ville, dont il semble incarner l'esprit gouailleur et faubourien[1]. Il fait son apprentissage de typographe à l'imprimerie Dupont. Le 4 septembre, il prenait possession de l'Hôtel de ville et s'y installait. Il fut désigné pendant la Commune au Comité central. — Un premier jugement le condamna à quinze mois de prison, un second à mort. — Trois voix pour les circonstances atténuantes lui sauvèrent la vie[2]! Alors ce fut le bagne de Toulon, les fers pendant cinq mois, l'embarquement, l'arrivée à l'île Nou, et un essai d'évasion. Ramené à Nouméa avec treize de ses camarades, M. Allemane fut condamné à cinq ans de double chaîne et obligé de subir ce supplice pendant trois ans et demi. L'amnistie le délivra. — Rentré en France, M. Allemane fut compris parmi les soixante auxquels étaient infligées cinq années de bannissement; mais il refusa d'obéir à cette injonction et volontairement on l'oublia.

*
* *

La constitution du Parti en Fédérations et son organisation sont l'œuvre du Secrétariat, dont le siège est à Paris, et qui est formé de six délégués, renouvelables tous les ans par moitié, pour chaque Fédération régionale.

Les délégués se réunissent tous les lundis, pour

1. Son père était marchand de vin et bonapartiste convaincu. Il voulut faire de son fils « un curé ». — Le fils s'évada et se fit typographe.

2. Le principal témoin qui l'accusait était ivre-mort. C'est à cette circonstance que M. Jean Allemane dut d'avoir la vie sauve.

régler les questions de propagande et entretenir les relations de correspondance entre les groupes adhérents.

Chaque groupe adhérent versait une cotisation de un franc par mois, et les députés une cotisation de cent francs pour la propagande. Les propagandistes recevaient de huit à douze francs par jour, leurs voyages payés. — On envoyait de préférence des députés, parce que leurs voyages sont gratuits ; mais on avait bien soin de ne pas les envoyer comme députés, pour ne pas leur donner une trop grande importance. C'était le citoyen, qui allait porter la bonne parole ; ce n'était pas M. le Député [1].

Le secrétaire du Parti et de la Fédération du Centre (Paris) est le citoyen J.-B. Lavaud, ancien ouvrier céramiste dans les Ardennes, où, avec J.-B. Clément, il a organisé le Parti ouvrier sur des bases sérieuses. Très actif, malgré des crises de paralysie fréquentes, très intelligent et accueillant, son influence sur le Parti entier et sur la Fédération parisienne est énorme. Il représente le Parti, c'est en son nom qu'il parle : aussi est-ce sans ménagements qu'il s'adressait jadis aux citoyens députés, et qu'il leur intimait les ordres qu'il était chargé de faire exécuter. Ses appointements sont de 250 francs par mois, dont 200 francs pour le secrétariat général et 50 francs pour l'Union fédérative du Centre, dont il est aussi le secrétaire.

Ce qui distingue l'allemanisme, c'est l'anonymat et la discipline. On a horreur de tout ce qui tend à monter, et les leçons qu'on a eues autrefois, avec

1. Aujourd'hui les députés du Parti n'ont pas été réélus ; d'autres, comme M. Dejeante, ont abandonné le Parti allemaniste.

M. Guesde et avec M. Brousse, ont été tellement vives que l'exagération s'en est mêlée. Mais si tout ce qui tend à s'élever est instantanément brisé, nul n'a le droit de se refuser le choix de ses collègues. Tel ouvrier est désigné par le sort pour se présenter aux élections : quelle que soit sa répugnance, il ne peut se dérober à ce pénible honneur.

Les élections ne coûtent presque rien. Les affiches sont collées par les « camarades » avant ou après leur travail. Les réunions se tiennent chez le marchand de vin. Les circulaires sont gratuitement portées à domicile. Si quelqu'un veut se soustraire à ces corvées, il doit payer un « camarade » cinq francs par jour pour le remplacer.

*
* *

Les origines des revendications formulées dans les considérants et dans le programme du Parti ouvrier se trouvent déjà dans le manifeste des Égaux de 1796, des Communistes de 1847 et de l'Internationale de 1864.

Les points les plus importants du programme, ceux par lesquels les allemanistes se distinguent des autres écoles socialistes politiques, sont :

1° La lutte des classes;

2° La grève générale.

L'émancipation des travailleurs ne peut être l'œuvre que des travailleurs eux-mêmes : ils doivent se souvenir que toutes les révolutions « bourgeoises » n'ont eu d'autre effet que de rendre leur sort un peu moins supportable.

« L'histoire contemporaine fourmille de preuves

aussi irrécusables que sanglantes de la haine féroce, délirante, qui s'empare des prétendus défenseurs du peuple quand ce peuple, las de discours et de promesses vaines, se décide à se passer des rhéteurs... A Lyon par deux fois, à Rouen, à Paris en juin 1848 et en mai 1871, les républicains bourgeois se montrèrent plus sanguinaires que les monarchistes, à l'égard de ces ouvriers, auxquels ils étaient pourtant redevables de leur situation politique. »

Les bourgeois, au dire des allemanistes, reviennent forcément à la bourgeoisie, comme le chien de l'Écriture à son vomissement. N'en voit-on pas des exemples frappants dans ces élections où cléricaux et athées scellent leur alliance contre le socialisme ?

L'action politique ne doit être employée que *comme moyen et à titre de propagande*. On se méfie des politiciens, dans le parti allemaniste. Aussi ceux-ci sont-ils sous le coup du mandat impératif, soumis d'une façon servile aux ordres du secrétariat général. Il y a dans le Parti une haine terrible contre les socialistes parlementaires, tels que M. Jules Guesde, « que certains feraient fusiller tout le premier, s'ils arrivaient au pouvoir ». On leur reproche d'avoir abandonné leur programme économique et de ne chercher qu'à conserver bourgeoisement leurs sièges législatifs.

Le Parti allemaniste veut du reste obtenir la législation directe, dont l'article fondamental s'écrit ainsi :

« Le peuple reprend son entière souveraineté ; de ce fait sont supprimés tous autres corps légiférants : Chambre, Sénat ou Conseil d'État. »

C'est bref et net. Ces rouages politiques sont remplacés par des commissions purement administratives, appelées à exécuter les décisions arrêtées par la Nation.

Un secrétariat général recevra les communications des municipalités et les transmettra à chacune des commissions compétentes, qui répondront à ce que sont aujourd'hui nos ministères. — Ces commissions seront nommées par le peuple d'après des listes établies par profession, au prorata des membres composant chaque corps de métier.

Avec cette méfiance des législateurs et ce peu d'enthousiasme pour les moyens politiques, il n'est pas étonnant que le Parti compte surtout sur les moyens économiques et qu'il mette au premier rang la grève générale. — C'est la guerre des bras croisés pour M. Allemane. C'est le refus de travailler, opposé à leurs exploiteurs, par les ouvriers désireux d'en finir avec l'état actuel, où seuls ils travaillent pour vivre, pendant que les bourgeois ne font rien et vivent largement. Mais de combien de façons différentes est envisagée cette dernière lutte entre le *patronat* et le *salariat*, qui doit donner la victoire définitive à ce dernier et faire régner la paix et l'amour universels ! M. Allemane la conçoit comme une bataille pacifique, où les patrons vaincus demanderont grâce et accepteront toutes les conditions de leurs vainqueurs.

« Mais, ajoute-t-il, il ne suffit pas de déclarer la guerre, il faut être prêt à la soutenir, et être prêt dans des conditions telles, que la victoire ne soit pas douteuse. Les vivres sont les seules munitions indispensables. Il faut, pour aboutir dans cette campagne d'un nouveau genre, que les membres actifs possèdent individuellement des réserves suffisantes, amassées peu à peu, afin de pouvoir vivre durant quelques mois de repos forcé. »

Il semble, en effet, impossible à M. Allemane de préparer ce grand événement par la constitution d'un trésor de guerre :

« En admettant que le nombre des travailleurs s'élève en France à 6 millions, nous arriverons, a-t-il été dit au Congrès de Nantes, en comptant leurs familles de quatre membres, au total de 24 millions de personnes. Or, en allouant à chacune une somme de 1 franc par jour, cela nous donnerait le chiffre de 24 millions pour un seul jour, et, pour trente jours, durée maxima probable d'une grève générale, la somme de 750 millions de francs. »

*
* *

Au mois de mars 1896 une débâcle se produisit dans ce parti si fort et si discipliné.

Un congrès national avait laissé aux Fédérations le soin de fixer le taux de la retenue à prélever sur le traitement des élus pour les frais de la propagande.

L'Union fédérative du Centre (Paris) fixa cette retenue à 5.000 francs pour les députés et 2.000 francs pour les conseillers municipaux. Il restait ainsi à chacun des élus un traitement annuel de 4.000 francs. Tous leurs frais d'élection et de délégation leur étaient payés et on leur remettait en outre 10 francs par jour de frais de séjour, lorsqu'ils étaient délégués.

L'argent qu'ils avaient abandonné allait à la propagande, sauf une somme de 1.000 francs qui était abandonnée au Comité électoral de chacun.

Un conseiller municipal, M. Faillet, à qui cependant son Comité électoral faisait abandon des 1.000 francs lui revenant, crut devoir s'insurger contre ces prélèvements. Il dénonça la charte et reprit sa liberté. Il forma un nouveau groupe : celui des failletistes.

La situation des députés était à envisager dans vingt-se... mois seulement, le nouveau bail *indiqué aux conseillers ne leur avait jamais été présenté.*

MM. Groussier et Dejeante se solidarisèrent avec les conseillers municipaux pour toucher intégralement 9.000 francs et assurer leur réélection par la protection électorale des conseillers, MM. Faillet et Berthaut.

Le secrétariat du Parti ouvrier lança immédiatement le manifeste suivant.

« Plusieurs groupes ont demandé si la situation de famille de nos élus n'avait pas influé sur leur attitude.

« Nous allons répondre à leur demande, tout en affirmant que, lorsque les citoyens Faillet et Berthaut ont été élus, leur indemnité de conseillers n'était même pas de 4.000 francs par an ; c'est seulement depuis 1889 que le Conseil municipal de Paris s'est attribué 6.000 francs à titre d'indemnité.

REFUSENT :	ACCEPTENT :
BERTHAUT, veuf, 2 enfants.	RENOU, chargé de famille.
DEJEANTE, 3 enfants, dont 2 gagnant leur vie.	CHAUSSE, 5 enfants en bas âge.
FAILLET, 4 enfants, dont un âgé de 22 ans, gagnant sa vie (son fils n'a jamais été inscrit au Parti).	WEBER, marié, sans enfants.
	TOUSSAINT, marié, fils au service.
GROUSSIER, célibataire.	FABEROT, marié, petit-fils à sa charge.

Faillet et **Berthaut** ont été amnistiés deux fois de leurs cotisations impayées.

« Situation du Secrétariat général
du 1er février 1895 au 29 février 1896.

Avoir :

En caisse au 1er février 1895....................	121 40
Reçu du citoyen Groussier..................	.300 »
— Faberot....................	1.300 »
— Toussaint...................	1.300 »
— Avez.....................	700 »
— Dejeante...................	900 »
Reçu des Groupes	305 »
	5.926 40

Le citoyen Dejeante s'est refusé à payer les mois dus de novembre et décembre 1895, janvier et février 1896.

Débit :

13 mois appointements du secrétaire	2.900 »
Factures imprimerie.........................	810 60
— Vve Carré (Congrès de Dijon).......	118 »
Élections Sablé et Sedan.....................	204 50
Délégations : Bordeaux, Amiens, Tonnerre, Mâcon, Sens, Rennes, Dinard. Ardennes, Banlieue, etc.........................	562 70
Frais de correspondances, télégrammes, etc..	353 »
Loyer et cotisations au Secrétariat national du Travail.........................	82 50
Conférences, réceptions, etc..................	123 90
Achats de cartonnier, presse, couronnes, etc.	87 50
	4.972 70
Reste en caisse.................	953 70
	5.926 40

Paris, 27 mars 1896.

G. Fournier, *Trésorier.*

Situation financière de la Fédération du Centre du 1er février 1895 au 29 février 1895.

Avoir :

1er février 1895. — En caisse................		102 50
Reçu des Groupes........................		1.224 05
Comités de vigilance de :		
Clichy-Levallois.....................	299 65	
X^e................................	400 »	
XIe...............................	1.550 »	
		2.249 65
Recette du Congrès.....................		105 50
Reçu de Faillet........................		250 »
— Berthaut....................		175 »
— Weber.......................		325 »
— Chausse.....................		325 »
		4.756 70

Débit :

Versé à Jacquemin......................	1.055 »
— Renou..........................	1.158 »
Appointements du Secrétaire............	650 »
— Trésorier................	195 »
Loyer (salles Bertin et du Commerce)......	301 »
Élections.............................	341 55
Imprimés..............................	759 20
Divers, couronnes, etc................	73 45
Actes de solidarité....................	56 »
Secrétariat national du Travail...........	36 50
	4.628 70
En caisse ce jour...............	78 »
	4.706 70

Le citoyen Faillet s'est refusé à payer les mois de décembre 1895, janvier et février 1896, soit 75 francs.

Le citoyen Berthaut s'est refusé à payer les mois de septembre, octobre, novembre, décembre 1895, et janvier et février 1896, soit 150 francs.

Le Comité de vigilance du XXe (Berthaut-Dejeante) n'a jamais versé pour les conseillers généraux ; de plus, nous croyons que la plus élémentaire probité commandait aux élus de payer leurs cotisations jusqu'au jour de la rupture. »

Les failletistes se sont rangés aux côtés des blanquistes et ont formé avec eux l'*Alliance communiste révolutionnaire*.

⁎

C'est cette désagrégation complète du parti qui poussa M. Allemane vers les socialistes indépendants, et aussi — faut-il le dire? — la haine contre l'intransigeance de M. Guesde et la hautaine indifférence de M. Vaillant, qu'il ne cesse d'appeler « le Jésuite rouge ». — MM. Guesde et Vaillant allaient à gauche. M. Allemane trouva tout naturel de rallier la droite du parti politique socialiste [1].

BROUSSISTES.

M. Paul Brousse, qui joua un rôle des plus importants dans la constitution du parti socialiste, fut l'ami et le collaborateur de M. Guesde à Montpellier, où ce dernier dirigeait en 1870 et 1871 *les Droits de l'Homme*. M. Brousse était étudiant en médecine, et révolutionnaire. Condamné, pour délit de presse, à trois mois de prison, il passa en Espagne, où il se fit affilier à l'Internationale. On a dit que M. Paul Brousse était devenu bakouniniste et par conséquent anarchiste, et que, depuis, ses opinions s'étaient complètement modifiées. Ce n'est pas absolument exact. M. Brousse se fit bakouniniste, par haine de la tyrannie de Marx, qui entendait régenter l'Internationale, dont il était le fondateur.

« Le *marxisme*, dit M. Brousse dans sa brochure

---

1. Il faut ajouter que depuis le Congrès de Lyon, les Allemanistes ont repris leur liberté.

le Marxisme dans l'Internationale, ne consiste pas à être partisan des idées de Marx. A ce titre, et dans une très large mesure, beaucoup de ses adversaires actuels, et particulièrement celui qui écrit ces lignes, seraient marxistes. Le *marxisme* consiste surtout dans le système qui tend non à répandre la doctrine marxiste, mais à l'imposer, et dans tous ses détails. »

C'est devant l'infaillibilité de ce *Credo* que M. Brousse se révoltait, en lui préférant les doctrines libertaires de l'anarchie; mais il ne s'ensuit pas fatalement que M. Brousse ait été, comme certains ont l'air de le prétendre, un Ravachol au petit pied, un farouche anarchiste.

Il ne s'agissait pas pour les Jurassiens d'imposer à tel ou tel groupe un mode exclusif et déterminé d'action, tel que l'*abstention obligatoire*, mais de laisser seulement à chaque groupe le soin de suivre la tactique qu'il estimerait la meilleure, étant données ses idées théoriques et les particularités politiques ou économiques de son milieu. Aussi, l'une après l'autre, chaque Fédération se rangea autour de la *Fédération jurassienne,* et dès 1873 toute l'Internationale fut en révolte contre son gouvernement.

« Il y a deux hommes de talent à Londres : Marx et Engels, écrivait M. Brousse, mais ces hommes ont une prétention inacceptable, celle de faire tenir tout le mouvement socialiste dans les limites de leur cerveau. »

C'est le même reproche qu'il fit à M. Jules Guesde et c'est pour échapper à sa tyrannie qu'il rompit avec lui et le fit expulser du parti.

Aujourd'hui, le Parti broussiste est devenu un parti presque purement politique, dont l'influence ne s'étend que sur quelques quartiers de Paris et dans la Touraine.

Personnellement, M. Brousse a une organisation merveilleuse dans son XVIIe arrondissement et surtout dans le quartier des Épinettes, dont il est depuis si longtemps le représentant au Conseil municipal et d'où l'on a vainement essayé de le débusquer. En outre du club socialiste qui étend son influence sur tout l'arrondissement, il a formé le syndicat républicain des intérêts généraux du quartier des Épinettes, composé de petits commerçants, ouvriers, employés. On s'y occupe beaucoup moins de questions politiques que des intérêts matériels des électeurs. M. Brousse est très accueillant et serviable. Et il suffit d'avoir assisté à une de ses réceptions du mardi et du vendredi, au 81 de l'avenue de Clichy, de 9 heures à midi, pour savoir le nombre d'infortunes qu'il secourt, de pétitions et de réclamations qu'il accueille. « Voyez-vous, me disait-il à l'une de ces réceptions, la plupart de ces braves gens viennent me dire : « J'ai faim, je suis sans travail. » Je ne vais pas leur répondre que le régime, sous lequel nous vivons, est détestable et que le seul conseil que je puisse leur donner est d'aller le renverser au plus vite. Je me contente de leur dire que, sous ce régime si mauvais, mais que nous sommes obligés transitoirement de subir, je puis leur faire donner un secours de 10 ou 15 francs. Et ils partent un peu moins tristes et un peu plus résignés. »

Hostile à la grève générale, qui ne doit amener que des coups de fusil et une révolution, pour laquelle le prolétariat n'est nullement organisé, M. Brousse est partisan convaincu de la nécessité d'appliquer la théoric des services publics. Somme toute, c'est un socialiste d'État, se refusant à flatter l'ouvrier et à l'exciter au combat. Il ne veut pas que les chemins de fer soient enlevés à la domination des Compagnies pour être livrés au monopole des ouvriers de chemins de fer. Si l'on détruit un abus, ce n'est pas pour le faire revivre sous une autre forme.

L'abandon par les Broussistes de l'arme de la grève générale leur est amèrement reproché :

« Eux, qui les premiers, écrivait M. Fernand Pelloutier, acceptèrent la grève générale par l'organe du Congrès tenu sous leurs auspices, à Tours, en 1892, ils se reprirent peu à peu, s'efforcèrent de briser l'arme qu'ils avaient mise dans la circulation et finalement refusèrent d'adhérer à la Commission d'organisation du 1er mai 1895, parce qu'elle avait fait, de la propagande en faveur de la grève générale, l'article fondamental de son programme. »

Quand on interroge M. Brousse sur les raisons qui le déterminèrent alors à rompre avec les allemanistes, il répond qu'il ne voulait pas être tyrannisé par un Comité, dont la prétention consistait à être juge de ses propres actions et à « *le démettre* » sans en appeler à ses électeurs. « Je suis nommé par mes électeurs et non par des gens qui ne sont même pas de mon quartier. Et si mes électeurs ne sont pas satisfaits, c'est à eux et non à d'autres à s'en plaindre. »

Du reste M. Brousse ne regrettait pas d'avoir quitté les violents, « qui au lieu d'apaiser le peuple soulèvent ses colères et le pousseraient aux pires excès ». Si l'insurrection éclatait aujourd'hui, il la considérerait comme un désastre. Des coups de fusil seraient tirés, et l'émeute serait noyée dans le sang. Mais quand les pouvoirs publics seront conquis, quand cent cinquante ou deux cents députés socialistes siégeront à la Chambre, et que nombreuses seront les municipalités révolutionnaires, alors on pourra donner le signal, car ce ne sera plus une émeute, mais une révolution, et derrière les deux cents délégués du peuple, trois cent mille hommes marcheront. Mais cela sera-t-il nécessaire? La bourgeoisie aura déjà capitulé sans combat.

M. Brousse est devenu « plutôt modéré ». Et il lui arriva même une petite aventure qui faillit le compromettre irrémédiablement aux yeux des « vrais socialistes ». En 1892, le parti broussiste organisait à la salle Lancry un Congrès national d'hygiène ouvrière. A ce Congrès n'assistèrent que les groupes broussistes; les syndicats ouvriers, convoqués par les organisateurs, ne répondirent qu'en infime minorité à leur appel. Ce Congrès tint ses assises dans le courant de l'été; mais dans les mois de février, mars et avril des conférences préparatoires avaient eu lieu le samedi soir, faites par les docteurs Dujardin-Beaumetz et Armand Gautier. Un autre soir de la semaine, les conférences se tenaient au Laboratoire municipal de la ville de Paris, à la Préfecture de police. Les chimistes de ce laboratoire étaient chargés d'initier les auditeurs aux procédés employés pour reconnaître la falsification des denrées alimentaires. M. Lozé, préfet de police, qui assistait à la première de ces conférences pratiques, voulut y prendre la parole, sans doute pour féliciter les broussistes de leur sagesse et de leur esprit pratique. M. le Dr Paul Brousse eut toutes les peines du monde à faire renoncer M. Lozé à sa compromettante idée. Les adversaires de M. Brousse en firent des gorges chaudes.

A la suite du Congrès, M. Brousse, membre du Comité d'hygiène départemental, obtint une médaille d'argent du gouvernement.

.*.

Le programme des broussistes consiste dans l'autonomie accordée à la Commune et dans l'organisation des services publics communaux, départementaux et nationaux.

« Est-ce que, pour l'Enseignement, l'Assistance, écrivait M. Brousse[1], il me serait difficile de montrer leur formation en services publics? Pour l'armée même, qui ne voit un mouvement semblable, commençant au barbare familial, propriétaire de ses armes, et finissant à l'armée collective, nationale, grandement outillée, en passant par les grandes compagnies des soudards du moyen âge, les troupes suisses, espagnoles, les reîtres, les écossais, tout autant d'industries militaires au service des rois ou des pays qui les soldaient? Le moment enfin n'est-il pas venu où l'on voit clairement ce même travail de socialisation s'opérer dans l'industrie, l'agriculture et le commerce?

« Tout le monde admet pour les routes, pour les postes, les télégraphes, leur constitution en service public, même communiste. En tout cas, nul ne parle de les ramener à l'industrie privée. Mais tel s'arrête après la nationalisation des mines, des banques, des chemins de fer et est nommé radical, peut-être parce qu'il ne va pas jusqu'au bout. Tel autre reconnaît que quelques industries encore sont parvenues au degré

1. *Petite République* du 24 mai 1897.

de maturité suffisante pour être socialisées. Et en voici qui attendent d'un coup de force, de je ne sais quel coup de théâtre bien machiné, l'expropriation générale de toutes les richesses. »

Le programme électoral du parti broussiste n'est soutenu aujourd'hui que par quelques candidats : M. Victor Dalle à Châteauroux, qui se dit représentant des employés de commerce, parce qu'il a un cabinet d'affaires pour la détaxe des feuilles de contribution, et M. Lavy, ancien chef du cabinet de M. Millerand, et primitivement instituteur.

*
* *

Ainsi voilà les éléments disparates qui formaient le Parti socialiste français, avec l'appoint des Fédérations indépendantes que l'on avait détachées facilement des anciens partis.

CHAPITRE II

LE PARTI SOCIALISTE DE FRANCE

(UNITÉ SOCIALISTE RÉVOLUTIONNAIRE)

Le Parti socialiste de France a été formé des trois
éléments suivants :

Guesdistes ;

Blanquistes ;

Membres de l'Alliance communiste révolutionnaire
(dissidents allemanistes).

Il fut formé le 3 novembre 1901, à Ivry, sur les bases
suivantes :

Le Parti socialiste de France (Unité socialiste révolutionnaire), fraction du prolétariat international
organisé, poursuit l'émancipation du travail et de la
société sur les bases suivantes :

*Entente et action internationales des travailleurs ;
organisation politique et économique du prolétariat
en parti de classe pour la conquête du pouvoir et la
socialisation des moyens de production et d'échange,
c'est-à-dire la transformation de la société capitaliste
en une société collectiviste ou communiste.*

*Parti de révolution, et par conséquent d'opposition
à l'État bourgeois, s'il est de son devoir d'arracher*

toutes les réformes susceptibles d'améliorer les conditions de lutte de la classe ouvrière, il ne saurait en aucune circonstance, par la participation au pouvoir central, par le vote du budget, par des alliances avec des partis bourgeois, fournir aucun des moyens pouvant prolonger la domination de la classe ennemie.

Le Conseil central du parti est composé de délégués élus par les fédérations restées fidèles (un par fédération), de trois représentants du groupe socialiste de la Chambre et de quinze membres nommés directement au scrutin de liste par les congrès annuels.

Les grands chefs sont : MM. Guesde et Vaillant qu'une haine profonde excite contre les *réformistes* de l'autre parti.

« Le prolétariat organisé, dit M. Jules Guesde, doit être un parti révolutionnaire, parce que seule la voie révolutionnaire appartient au prolétariat. Pourquoi renvoyer à je ne sais quelles calendes grecques l'avènement de la société nouvelle? Elle est là toute constituée dans le sein de l'ordre capitaliste. Il n'y a qu'un rideau de légalité à déchirer pour la voir apparaître... On accuse le socialisme d'utopie : Non, l'utopie est d'attendre que le prunier porte des poires, que la société bourgeoise se transforme entre les mains de ceux qui en bénéficient. La révolution sociale est la seule chose pratique. »

Né le 11 novembre 1845, à Paris en l'île Saint-Louis, M. Jules Guesde est, dit un de ses biographes, M. Louis Matha, une évocation d'une figure de moine du Moyen Age. « Au Moyen Age, il eût été l'Inquisiteur ou le Révolté scolastique : Dominique ou Luther. Avec sa tête de christ maladif, son grand front d'ivoire, ses yeux de feu derrière la glace de son lorgnon, sa voix stridente toujours en ascension vers des registres plus hauts, plus dominateurs des foules, il incarne la volonté froide, la doctrine incontestée. A la tribune du Palais-Bourbon, il était le seul qui donnât aux représentants de la société actuelle le frisson que l'on éprouve devant l'ennemi hautain et irréconciliable. Les longues mains crispées sur l'appui de la tribune qu'elles labouraient d'un geste incessant, la silhouette penchée en menace, le masque anguleux avivé encore par l'effort de la haine froide, logique, voulue, et sa voix, toujours sa voix qui veillait et déchirait, il apparaissait comme l'entité du grincement, le symbole du non-apaisable, la synthèse des milliers de volontés qui attendent dans l'ombre, l'expression visible d'une Foi si rigide qu'il semblait possible de la casser net, mais non de la plier. Dans les réunions du peuple, ces angles ne s'adoucissent pas ; il demeure le profil de médaille qui n'admet pas de retouches, qui se fait accepter tel qu'il fut frappé à l'emporte-pièce de son propre vouloir, le conseiller inapte aux indulgences, implacable aux faiblesses, l'orateur démocrate à qui le schisme socialiste inspire la même horreur que le schisme chrétien pouvait inspirer à un Innocent III [1]. »

M. Jules Guesde a été instruit par son père, conservateur et catholique, qui tenait une pension à Passy. Il a donc ignoré la promiscuité du collège et peut-être doit-on voir dans cet isolement de sa jeunesse les raisons qui développèrent de bonne heure son goût pour les études sérieuses. A onze ans, il apprenait par cœur *les Châtiments;* à dix-sept ans, il analysait *la Critique de la raison pure;* puis le voilà collaborant

---

1. *Les hommes de la Révolution,* par Michel Zévaco. Louis Matha, 15, rue d'Orsel.

aux journaux hostiles à l'Empire. En 1870 il fonde à Montpellier *les Droits de l'Homme.* Au 4 septembre, il marche sur la préfecture de Montpellier à la tête d'une poignée d'hommes et s'en empare. Puis il se sauve à Genève, fonde un journal, le *Réveil international,* publie *le Livre rouge de la justice rurale,* passe en Italie, est nommé au concours professeur de littérature au collège de Maylie, fonde une section de l'Internationale, collabore à l'*Italia nuova,* écrit son *Essai de catéchisme socialiste,* où il est carrément anarchiste, est expulsé et rentre en Suisse.

En 1876 il revient en France, collabore aux *Droits de l'Homme,* au *Radical,* fonde *l'Égalité,* dont la collection est si intéressante, organise le parti marxiste français, et enfin se fait arrêter au Congrès international de 1878, interdit par la police.

Ce congrès devait se tenir au domicile de **M. Isidore Finance,** ouvrier peintre, — aujourd'hui sous-directeur du travail au Ministère du commerce, —104, rue des Entrepreneurs, à Grenelle. Lorsque les congressistes s'y présentèrent, ils trouvèrent la maison gardée par la police. Les organisateurs de ce congrès furent poursuivis et condamnés à la prison.

M. Jules Guesde était l'un de ces organisateurs. Devant la dixième Chambre, où il comparut le 22 octobre 1878, il présenta la défense collective de ses co-accusés, et cette défense eut un retentissement énorme, alors que le congrès eût sans doute passé inaperçu.

« Le premier usage que fit de la victoire le Tiers-État, de rien devenu tout, dit M. Jules Guesde, ce fut d'abolir le droit d'aînesse, ce fut, pour me servir d'une expression de Gambetta, *de faire disparaître cet attentat qui consistait à dépouiller les uns au profit d'un seul dans les familles, pour satisfaire l'orgueil de la race, et d'appeler tous les membres de la communauté à une part égale dans le patrimoine commun.* — *Or nous ne poursuivons pas autre chose.* — *Nous voulons à notre tour faire disparaître cet attentat plus énorme, qui consiste à dépouiller dans la société le plus grand nombre, au profit du plus petit, pour satisfaire l'oisiveté de quelques-uns.* — *Si la substitution de la famille égalitaire à la famille féodale d'autrefois était commandée par l'équité, comment la substitution de la société égalitaire à la société féodale d'aujourd'hui pourrait-elle ne pas l'être?* »

Condamné à six mois de prison, dont il passe la plus grande partie à l'hôpital, le chef désormais incontesté du collectivisme français achève son *Manifeste à la France ouvrière et paysanne*, qui servit de programme au Parti ouvrier. — En 1879 se tient le congrès de Marseille, où pour la première fois en France, le programme collectiviste est officiellement proclamé et reconnu. Et M. Guesde publie alors, en collaboration avec M. Paul Lafargue, gendre de Karl Marx, *Le programme du Parti ouvrier, ses considérants et ses articles.*

*
* *

M. Vaillant est né à Vierzon en 1840; il fut élève de l'École centrale, ingénieur civil, médecin, chirurgien. — Élu conseiller municipal de Paris le 26 mars 1871, dans le huitième arrondissement, avec Raoul Rigault et Arthur Arnould, on le nomma délégué de la Commune à l'Enseignement. Condamné à mort par contumace, il se réfugia à Londres et n'en revint qu'après l'amnistie; il fut élu conseiller municipal de Paris et député en 1893. Il l'a toujours été depuis. C'est un homme d'une absolue intégrité, très bienveillant et très entier dans ses opinions révolutionnaires.

Aux élections du 27 avril et du 11 mai 1902, guesdistes et blanquistes marchèrent ensemble au scrutin; mais les guesdistes, plus intransigeants, présentèrent un peu partout des candidats. Pour cela ils durent recruter des volontaires dans leur puissante fédération du Nord, que la défection de M. Delesalle, ancien adjoint au maire de Lille, n'avait pas réussi à démolir, et à les envoyer un peu partout sans argent et sans réputation. Dans les plus petites circonscriptions affluèrent ces héros. Il est inutile d'ajouter que dans presque toutes leur échec fut pitoyable et qu'ils recrutèrent un nombre ridicule de suffrages. Des candidatures même furent opposées aux socialistes ministériels. M. Lavigne [1] entreprit la lutte contre M. Jaurès dans son fief de Carmaux; mais il n'obtint que trois voix. D'autres récoltèrent jusqu'à quelques douzaines de suffrages.

Ils lancèrent le manifeste suivant :

Camarades, il y a quatre ans, c'est formée en un seul bloc

---

1. M. Lavigne est un des partisans les plus fidèles et un des esprits les plus intéressants et les plus sympathiques du guesdisme. Il s'est laissé mettre en faillite pour un tiers, afin de démontrer, n'étant plus éligible, que les guesdistes n'étaient pas des ambitieux, désireux seulement d'obtenir des sièges électoraux. Son misérable échec de Carmaux ne provient que de ce qu'il ne se présenta contre M. Jaurès que pour faire acte de protestation, et qu'il n'envoya aucun bulletin de vote et ne fit aucune propagande.

ennemi que la bourgeoisie de toutes couleurs marchait contre
le prolétariat et le socialisme. De Roubaix à Carmaux, de
Nantes à Grenoble, sous les étiquettes politiques les plus diver-
gentes, elle ne dénonçait, par l'organe de son Méline et de
son Waldeck alors acoquinés, qu'un seul péril à conjurer : le
collectivisme.

Aujourd'hui la tactique a changé : c'est à nouveau divisée
contre elle-même que la même bourgeoisie capitaliste va se
rencontrer, aux élections générales du 27 avril, avec la France
ouvrière et paysanne, en travail de révolution et d'émancipation
sociale.

Et nous ne pourrions que nous réjouir de la lutte engagée
au sein même de nos adversaires de classe, s'ils n'avaient réussi
à entraîner dans leurs querelles de boutique une partie de la
classe ouvrière, voire la partie de cette classe qui, plus ou moins
touchée par la propagande socialiste, commençait à se constituer à part.

La fraction en effet la plus intelligente de la bourgeoisie, pour
prolonger un régime économique qu'elle sait condamné, a trouvé
habile de mettre dans son jeu, sinon le socialisme, au moins
certains socialistes, ou réputés tels, et grâce à l'arrivisme des
uns et à la lassitude des autres, elle est parvenue à faire couvrir — partiellement et momentanément — du pavillon socialiste
ses pires — et nécessaires — moyens de gouvernement, depuis les
brigandages coloniaux jusqu'au traitement des grèves à coups
de fusil, en passant par le budget des cultes augmentés des
congrégations, l'alliance tsariste, et le trésor public dilapidé en
primes de toute nature, au profit des grands voleurs de l'industrie et du commerce.

Cette « nouvelle méthode » heureusement démasquée à temps
par le Parti ouvrier français et par le Parti socialiste révolutionnaire, a fini par se tourner contre ses machiavéliques in-
venteurs. A constater, après trois années d'une pareille collaboration, que rien n'avait été changé dans leur condition, que
les retraites ouvrières promises avaient été remplacées par les
chômages accrus et par de nouveaux déchirements dans le
monde du travail, demandés à la multiplication des syndicats
jaunes, et que, sous prétexte de minimum de salaire, l'État républicain, abdiquant son droit et son devoir, n'avait fait que
réduire ses propres ouvriers et employés aux salaires moyens
sortis de l'arbitraire patronal, les masses, qu'on avait espéré détourner de leur terrain de classe, ont compris le rôle de dupes
qu'on avait voulu leur faire jouer, *en ne leur ménageant au gouvernement que la place nécessaire à la consécration et à la conso-
lidation de la domination bourgeoise.*

Elles se sont rendu compte que, comme l'écrivait Jaurès en janvier 1898 :

« Le socialisme ne peut accepter une parcelle du pouvoir : il faut qu'il attende le pouvoir tout entier. Nous pouvons collaborer à des réformes partielles et nous y collaborons en effet, mais un parti, qui se propose la réforme totale de la société, la substitution d'un principe de propriété et de vie à un autre principe, ne peut accepter que l'intégralité du pouvoir. S'il en a seulement une part, il n'a rien : Car cette influence partielle est neutralisée par les principes dominants de la société présente. Les grands intérêts ennemis prennent peur, sans qu'on puisse les frapper, l'idéal nouveau n'est point réalisé, mais compromis, et il y a une crise capitaliste, dont le socialisme ne sort pas. »

Camarades,

En dehors de la totalité du pouvoir politique arraché à la bourgeoisie et occupé directement par vous, vous ne sauriez ni vous affranchir, ni même améliorer votre sort et, pour cette *expropriation politique* de la classe capitaliste, préface et moyen indispensables de son *expropriation économique*, les prolétaires ne peuvent compter que sur eux-mêmes, sur leur organisation et sur leur action de classe.

Aux divisions anciennes et nouvelles que l'on a introduites ou que l'on s'efforce d'introduire parmi eux, ils doivent opposer une union de plus en plus étroite, en ouvrant largement leurs rangs à tous les camarades, d'où qu'ils viennent, du moment que, quittant les états-majors bourgeois, ils rallient leur classe, son programme et son drapeau.

Il y a derrière tous les partis politiques de la bourgeoisie, constituant la force de ces partis, qu'il s'agisse de nationalistes, de cléricaux, de républicains ou de radicaux-socialistes, des travailleurs par centaines de mille, qui, *se battant pour d'autres que pour eux, se sont en réalité battus contre eux* et sont devenus responsables de leur exploitation économique maintenue.

C'est à tous ceux-là, artisans de leur propre misère et de leur propre servitude, que nous nous adressons; c'est à eux que nous disons :

Qu'attendez-vous? Quelle nouvelle déception vous faudra-t-il, ou quel crime nouveau, contre votre classe, pour vous arracher à la garde d'intérêts qui ne sont pas les vôtres, qui sont la négation et la suppression des vôtres?

Aux politiciens qui vous ont ainsi immobilisés à leur profit et qui tenteraient de vous retenir au nom de la Patrie à sauver, répondez que cette patrie qu'ils ont monopolisée, dont ils ont fait leur chose et leur victime, n'existe pas encore pour vous, qu'elle est tout entière à créer et que vous allez la constituer pour tous, en restituant à la France, réconciliée dans tous ses enfants, *le patrimoine commun et inaliénable* de ses usines, de ses machines et de son sol.

Aux autres, qui oseraient vous réclamer pour le service permanent de leur République à défendre, répondez que le prolétariat a mieux à faire qu'à repêcher périodiquement une République, qu'ils n'ont su et ne peuvent que naufrager, qu'il a à faire sa République à lui, la véritable République, *la République du travail.*

Et, abandonnant à leur égale impuissance ces frères ennemis du capitalisme finissant, venez en masse à l'Unité socialiste révolutionnaire, venez au Parti ouvrier français, qui compte sur vous, pour faire de la prochaine victoire électorale l'étape décisive vers la Révolution émancipatrice.

*
* *

Au premier tour de scrutin, les guesdistes furent partout battus. Ils n'eurent pas un seul élu. Cela ne les empêcha pas tout d'abord de se maintenir dans leur farouche intransigeance et de déclarer, à Lille notamment, qu'ils continueraient au second tour la lutte contre le socialisme ministériel.

Leur isolement ne semblait cependant pas leur avoir procuré d'avantages. Un de leurs chefs, le maire de Lille, M. Delory, était en ballottage et on fut obligé de faire appel à la discipline républicaine pour obtenir son élection au second tour.

Il est curieux de voir le peu de progrès de l'influence socialiste dans cette ville qui passa pour être la citadelle du guesdisme. Les élections municipales de Lille avaient donné, en 1896, 10.000 voix aux socialistes et 12.000 aux « réactionnaires » ; les élections législatives de 1902 donnaient 12.000 voix aux socialistes et 18.600 aux réactionnaires. — Aussi le *Réveil du Nord,* organe du parti socialiste, poussait-il ce cri d'alarme : « Dans deux ans, l'hôtel de ville de Lille appartiendra à la réaction ! » — On ne ferait d'ailleurs que suivre, à Lille, l'exemple donné à Roubaix, où M. Motte venait de chasser de la mairie la municipalité socialiste, qui s'y était maintenue, pendant plusieurs années.

MM. Guesde et Zévaès étaient battus. Au second tour, MM. Delory, maire de Lille ; Constant, maire de Montluçon ; Baron, à Aix ; J. Bénézech, à Montpellier, étaient nommés, et ils étaient les seuls représentants à la Chambre du Parti ouvrier français.

Le parti blanquiste avait retiré toutes les candidatures susceptibles de battre en brèche une candidature républicaine. Son chef, M. Vaillant, avait été élu au premier tour.

* *

En résumé, l'Unité socialiste révolutionnaire se composait de 11 députés : MM. Allard, Coutant, Bouveri, Dejeante, Chauvière, Constant, Dufour, Delory, Sembat, Thivrier, Vaillant, Walter.

Elle réclamait encore MM. Mathieu, nommé à Autun, et Selle, nommé à Valenciennes ; mais ce dernier était déjà accaparé par le Parti socialiste français (ministériel).

L'Unité socialiste révolutionnaire avait présenté des candidats dans 543 circonscriptions et obtenu un total de 299.853 voix, se répartissant ainsi :

Le Parti ouvrier français avait eu 494 candidats et

175.266 voix. Sur ce chiffre, les vingt-deux candidats du département du Nord obtenaient à eux seuls 60.556 voix. — Les huit candidats de l'Isère en obtenaient 18.218, et les douze de la Gironde, 8.225.

Restaient 88.267 voix à répartir entre les quatre cent cinquante-deux autres candidats. Sur ce nombre, 292 n'avaient même pas obtenu une voix, beaucoup d'autres n'en avaient même pas recueilli dix.

Le Parti socialiste révolutionnaire (blanquiste) avait eu 39 candidats et 80.940 voix.

Les autres groupements : 10 groupes et 43.647 voix.

Les socialistes non classés : 23 candidats et 31.047 voix.

*
**

Le Parti socialiste de France se compose donc, ainsi que nous l'avons dit, de trois éléments, dont nous allons indiquer la formation :

Guesdistes.

Blanquistes.

Membres de l'Alliance communiste révolutionnaire.

GUESDISTES

Le parti guesdiste s'appelle officiellement *Parti ouvrier français*, ou *P. O. F.*

M. Guesde fut le premier organisateur d'un parti socialiste en France. Il ne fut pas banni, comme les combattants de la Commune, et il revint en France, avant eux, en septembre 1876.

Là, il trouva un commencement d'organisation ouvrière, très modérée, s'accomplissant sous la direction de M. Veyssier, directeur du *Moniteur des syndicats ouvriers*.

Les deux premiers Congrès ouvriers, celui de Paris en 1876 et celui de Lyon en 1878, avaient été composés presque uniquement de coopérateurs et de mutuellistes proudhoniens. Le collectivisme y avait été renié, l'emploi de la force répudié : « Nous ne sommes pas les révolutionnaires, disait le citoyen Bonne, nous sommes les pacificateurs [1]. »

Sous l'influence occulte de M. Guesde, les choses changèrent vite de face. — Le Congrès de Marseille, en octobre 1879, donna la majorité aux collectivistes, et le Congrès du Havre, en novembre 1880, amena la

1. Voir *Les Congrès Ouvriers en France*, Armand Colin édit.

rupture entre les barberetistes et les collectivistes, qui se constituèrent désormais en « Parti ouvrier ».

Le premier programme de ce nouveau parti fut voté au Havre en 1880. — En voici la partie la plus intéressante, concernant la propriété. Cette partie du programme fut plus tard abandonnée par les collectivistes guesdistes, lorsqu'il s'agit de solliciter les électeurs.

Considérant qu'il n'y a d'émancipation possible pour les travailleurs que dans la possession de l'instrument de travail et de la matière première;

Considérant que cette possession des moyens de production ne saurait être individuelle pour deux raisons :

1° Parce qu'elle est incompatible avec les progrès et l'état même de la technique industrielle et agricole (division du travail, machinisme, vapeur, etc.);

2° Parce que, ne fût-elle pas anti-économique, elle ne tarderait pas à donner lieu à toutes les inégalités sociales d'aujourd'hui;

Considérant que cette possession ne saurait être davantage corporative ou communale, sans entraîner tous les inconvénients de la propriété capitaliste d'aujourd'hui, c'est-à-dire l'inégalité des moyens d'action entre les travailleurs, le désordre dans la production, la concurrence homicide entre les groupes producteurs, etc.;

Considérant, d'autre part, que cette prise de possession ne peut être opérée que par la révolution sociale;

Considérant que cette révolution doit avoir pour but la réalisation de la justice sociale, en garantissant à tout être humain le libre et entier développement de toutes ses facultés, la complète satisfaction de tous ses besoins;

Que le premier besoin de l'homme est la liberté, que sa garantie est l'égalité;

Attendu que la production (par la division du travail) sera, pour quelque temps encore, au lendemain de la révolution, une entrave à l'entière indépendance de l'homme;

Que, par conséquent, la liberté ne saurait exister sans la mise à la libre disposition de tous, de la production sociale,

Le congrès national ouvrier socialiste du Havre (4° section) déclare nécessaire l'appropriation collective, le plus vite possible et par tous les moyens, du sol, du sous-sol, des instruments de

travail, cette période étant considérée comme une phase transitoire vers le communisme libertaire.

Lors des élections municipales de 1881, ce programme eut un résultat déplorable pour les candidatures socialistes; et au Congrès national de Reims (30 octobre 1881), les possibilistes du Parti, alors sous la direction de M. Brousse, rendirent le programme du Havre responsable des échecs électoraux subis par eux et déposèrent la proposition suivante :

Considérant que le programme *minimum* ne répond qu'imparfaitement aux différentes aspirations des travailleurs;

Qu'il a éloigné du Parti ouvrier, et surtout du candidat ouvrier, plus de travailleurs qu'il ne lui en a rallié;

Que les travailleurs d'un département ou d'un arrondissement ont des aspirations différentes;

Nous demandons que le Comité ouvrier socialiste d'une circonscription ait le droit de rédiger son programme électoral, etc.

Mais cette proposition fut écartée sur la demande de M. Jules Guesde. Le Congrès renvoya l'examen de la question d'un nouveau programme au congrès de Saint-Étienne qui devait se tenir l'année suivante.

Déjà dans le nouveau parti, l'influence de M. Guesde devenait suspecte. Il était combattu par M. Brousse, que soutenait M. Joffrin, un ouvrier manuel, fort estimé dans son parti. — Le Congrès de Reims avait décidé la création d'un Comité national, chargé de diriger le parti, pour échapper à l'autorité de M. Guesde. Ce Comité était composé de cinq membres par fédération. Seuls, les cinq représentants de la fédération parisienne appartenaient au clan de M. Guesde. M. Guesde avait un journal, *l'Égalité.* M. Brousse fonda un autre journal, *le Prolétaire,* et le fit reconnaître comme l'organe officiel du parti socialiste.

Le Comité national fonctionna jusqu'à l'élection municipale de Montmartre, en 1882, où M. Joffrin remplaça les considérants et les articles du programme collectiviste, qui concernaient l'appropriation collective des moyens de production, par des articles qui réclamaient l'abolition de la Présidence de la République et du Sénat.

Les cinq délégués de la Fédération parisienne, qui se trouvaient les seuls guesdistes du Comité, MM. Bazin, Deville, Gardrat, Gosselin et Jules Guesde, demandèrent au Comité national de faire respecter *le programme.* Celui-ci, à la majorité, approuva la conduite de Joffrin. Les cinq protestataires se retirèrent.

La lutte s'engagea alors plus vive entre *l'Égalité* et *le Prolétaire,* entre les guesdistes et les broussistes, entre l'Agglomération parisienne que venaient de constituer les dissidents et l'Union fédérative du Centre qui comprenait presque tous les groupes de Paris.

Le Congrès de Saint-Étienne (septembre 1882) amena la rupture définitive. Les transfuges allèrent tenir leur congrès à Roanne, et, détail curieux, ils s'empressèrent d'abandonner leur programme intégral du Havre, qui avait été la cause de la scission, pour adopter un programme conçu jadis, dans un Congrès régional de Paris, qui avait précédé de quelques jours le Congrès du Havre.

Il fallait, dit M. Zévaès, avoir un programme susceptible d'impressionner « les masses encore ignorantes et qui devait contenir un certain nombre de réformes immédiatement réalisables, afin de mettre la

République bourgeoise en demeure d'agir, ou bien d'établir sa mauvaise volonté, ou son impuissance en matière d'amélioration ouvrière ».

Les travailleurs socialistes, disait le programme nouveau, ont décidé d'entrer dans les élections avec des *revendications immédiates :* Abolition des lois sur la presse; suppression du budget des cultes suppression de la Dette publique; abolition des armées permanentes; repos d'un jour par semaine; surveillance protectrice des apprentis; minimum de salaire; responsabilité des patrons en matière d'accidents, etc.

Et cependant, en se séparant de la majorité possibiliste, les collectivistes guesdistes n'avaient pas craint d'afficher sur les murs de Saint-Étienne la protestation suivante :

« Décidés à faire au Parti tous les sacrifices de personnes, nous nous étions présentés au Congrès de Saint-Étienne avec la ferme volonté de lui soumettre loyalement le différend intervenu depuis plusieurs mois entre deux fractions du prolétariat militant.

« Nous ne demandions qu'une chose à ce jury national : c'était que, comme tout jury, il fût limité dans son verdict aux délégués des groupes non intéressés et que l'égalité des moyens de défense et d'attaque fût assurée aux deux parties.

« Cette garantie indispensable nous ayant été refusée, nous n'avons pas pu, sans trahir le Parti ouvrier mis en cause dans ses bases collectivistes révolutionnaires, nous prêter à ce qui ne devait plus être qu'une comédie de jugement.

« Et comme nos devanciers du Havre, qui n'ont pas hésité à briser avec les *barberetistes* pour sauver les décisions essentielles de notre grand Congrès de Marseille, nous avons brisé avec les *possibilistes* du Congrès du Cirque *pour sauver le programme d'expropriation donné au Parti ouvrier par ses Congrès de Marseille et du Havre.*

« C'est à Roanne, dans la ville ouvrière qui vient de s'illustrer par la plus longue et la plus héroïque des résistances à l'exploitation patronale, que s'ouvriront, dès aujourd'hui, les véritables assises du Parti.

« A ceux qui n'entendent être ni dupes, ni complices de l'*opportunisme ouvrier*, à se joindre à nous dans notre œuvre de salut et de réorganisation. »

.·.

Aux élections législatives de 1885, le Parti ouvrier français (guesdiste) prit part à la lutte dans onze départements et recueillit 32.000 voix. Un seul membre du parti, M. Antide Boyer, était élu par le département des Bouches-du-Rhône.

En même temps, M. Clovis Hugues était élu par ce même département, et MM. Basly et Camélinat l'étaient à Paris, sur une liste de concentration républicaine ; M. Numa Gilly était nommé dans le Gard, sur la liste d'alliance républicaine, et M. Planteau dans la Haute-Vienne, sur la liste radicale.

Ces six députés formèrent le premier groupe ouvrier parlementaire.

Une élection complémentaire dans l'Aude envoya, en 1888, au Parlement un nouveau député du P. O. F., M. Ferroul.

Aux élections municipales de 1888, le Parti ouvrier français compte plusieurs de ses représentants dans les hôtels de ville de Calais, Roubaix, Montluçon, Commentry, La Celle, Roanne, Cette, Alais.

Les années 1888 et 1889 sont marquées par l'aventure boulangiste. — Entre le parti boulangiste et républicain, les guesdistes refusèrent de prendre parti, ne voulant pas se mêler aux disputes de la bourgeoisie. — Certains socialistes, amis de Rochefort, prirent carrément parti pour le général : c'étaient MM. Granger, Breuillé, Ernest Roche. — MM. Paul Brousse, Joffrin, Lavy, Allemane s'unirent par contre aux *ligueurs de la rue Cadet*. Il faut remarquer ici que M. Millerand suivit l'exemple des guesdistes dans son journal *la Voix*, qui avait pour devise : *Ni l'un, ni l'autre*.

Lors des élections générales de 1889, un appel aux électeurs fut rédigé par les chefs du P. O. F. et du Comité révolutionnaire central (blanquiste) :

« Le seul et unique mal qui vous accable, était-il dit aux électeurs, sous la République bourgeoise, comme sous la monarchie, c'est la féodalité capitaliste, pour laquelle gouvernent aujourd'hui opportunistes et radicaux... pour laquelle gouvernerait et sabrerait Boulanger... Ni Ferry, ni Boulanger, mais la République sociale qui ne peut aboutir que par l'expropriation des détenteurs du pouvoir et du capital. »

C'est sur ce programme que furent élus M. Ferroul dans l'Aude, M. Antide Boyer dans les Bouches-du-Rhône, M. Thivrier dans l'Allier, MM. Lachize et Couturier dans le Rhône.

Le total des voix recueillies par le Parti s'éleva à 47.000.

***

Le 14 juillet 1889 s'était ouvert à Paris, salle Pétrelle, le Congrès ouvrier, socialiste international, organisé par les groupes de l'Agglomération parisienne du Parti ouvrier, d'accord avec les blanquistes et la Fédération des syndicats et groupes corporatifs de France[1]. Il n'y eut guère que des délégués alle-

---

1. En même temps se tenait un autre congrès international organisé par les possibilistes à la rue de Lancry, et auquel assistèrent huit délégués belges, cinq espagnols, douze italiens, deux hollandais, trente-neuf anglais. — En voir le compte rendu dans *les Congrès ouvriers en France*, p. 151. Armand Colin édit.

mands; on en comptait 81. « C'est l'Allemagne ouvrière et la France ouvrière, déclara Liebknecht, qui
s'unissent en ce moment. »

C'est ce Congrès qui décida la manifestation internationale du 1er Mai, « de manière que, dans tous les
pays et dans toutes les villes à la fois, les travailleurs
mettent, le même jour, les pouvoirs publics en demeure
de réduire légalement la journée de travail à huit
heures ».

Le 1er mai 1891 fut marqué, à Fourmies, par de
tristes événements. Dix cadavres d'ouvriers, d'ouvrières et d'enfants furent relevés sur le pavé sanglant de la petite ville industrielle du Nord.

« C'étaient des membres de notre Parti, Langrand
et Renard de Saint-Quentin, dit M. Zévaès avec enthousiasme [1], qui, avec Paul Lafargue, avaient, par
une série de conférences, préparé le 1er mai à Fourmies
et dans toute cette partie jusqu'alors négligée du
Nord. »

Les deux auteurs responsables de l'effervescence
de Fourmies, MM. Culine, secrétaire du groupe de
Fourmies, et Paul Lafargue, furent condamnés, aux
assises de Douai, pour leurs excitations à la révolte,
le premier à six ans de réclusion, le second à un an
d'emprisonnement.

J'accuse, moi, — avait dit le défenseur de Lafargue, M. Millerand, aux applaudissements de l'auditoire, — le commissaire
de police de Fourmies, M. Ruche, qui n'a pas fait son devoir;
j'accuse M. le sous-préfet d'Avesnes qui aurait dû être sur la
place; j'accuse M. le procureur de la République qui m'entend,
qui devait prendre les mesures propres à empêcher la collision; j'accuse les fonctionnaires civils et M. le Maire de Four-

1. *Aperçu historique sur le Parti Ouvrier Français*, Lille, imp. Lagrange.

mies; je les appelle devant cette barre pour répondre de leurs actes et ce ne sera pas votre verdict, quel qu'il soit, qui les innocentera devant l'opinion publique.

***

Le 25 octobre suivant, une élection législative complémentaire devait avoir lieu dans le chef-lieu du département du Nord. M. Lafargue fut élu député du Nord, par 6.470 voix, contre 5.175 voix à M. Depasse.

M. Paul Leroy-Beaulieu indiquait ainsi le sens de cette victoire socialiste :

Tous les esprits superficiels qui encombrent la presse et le Parlement regardent — et cela de très bonne foi, vu le peu d'habitude qu'ils ont de voir les choses de loin — l'élection de Lille comme un fait secondaire. Nous déclarons hautement, quant à nous — et nous sommes heureux de prendre date — que nous considérons cette élection comme un fait capital, comme peut-être le fait politique le plus important qui se soit passé en France depuis 1871. Avec M. Lafargue, gendre de Karl Marx, ce qui entre dans le Parlement, c'est le collectivisme, c'est une doctrine arrêtée, systématique.

Qu'on ne s'y trompe pas : l'entrée brusque du collectivisme au Parlement est un événement. Que M. Jules Guesde, par hasard, soit élu à son tour et la France aura l'équivalent de Liebknecht et de Bebel. Il y a loin, de ces hommes, qui ont été des hommes d'étude et de propagande, à toutes ces poupées de l'extrême-gauche, curieuses des coulisses de l'Opéra, indigentes de cervelle, vides d'opinion et de dévouement, bavardant toujours sur le même thème assommant et étroit de la séparation de l'Église et de l'État et autres balivernes. Ces poupées de l'extrême-gauche étaient, nous devons l'avouer, prodigieusement agaçantes par la monotonie de leur langage maigre et acerbe et par la contradiction de leur vie avec leurs prétentions; mais au fond elles n'étaient pas dangereuses ni ne cherchaient a l'être, se contentant de prendre des attitudes et de capter des jouissances. L'entrée du collectivisme au Parlement dans la personne de rudes batailleurs sans prétentions, ni relations mondaines, est un tout autre facteur.

Eh bien! qu'on y prenne garde.

(*Économiste Français.*)

Le programme municipal [1].

Le Congrès de Lyon (novembre 1891) précédait de six mois les élections municipales fixées au 1ᵉʳ mai 1892. Il rédigea le programme municipal du Parti ouvrier français.

Article premier. — Institution des cantines scolaires, où les enfants trouveront à prix réduit ou gratuitement un repas de viande entre la classe du matin et la classe du soir; et, deux fois par an, à l'entrée de l'hiver et de l'été, distribution de chaussures et de vêtements.

Art. 2. — Introduction, dans le cahier des charges pour les travaux de la ville, de clauses réduisant à 8 heures la journée de travail, garantissant un minimum de salaire déterminé par le Conseil d'accord avec les corporations, et interdisant le marchandage aboli par un décret-loi de 1848. — Organisation d'un service d'inspection chargé de veiller à l'exécution des clauses.

Art. 3. — Bourse du travail confiée à l'administration des syndicats ouvriers et groupes corporatifs.

Art. 4. — Suppression des taxes d'octroi sur les denrées alimentaires.

Art. 5. — Exemption pour les petits loyers de toute cote mobilière et personnelle, reportée sur les loyers d'un taux supérieur progressivement imposés. — Assainissement et réparations aux frais des propriétaires des logements reconnus insalubres. — Imposition des terrains non bâtis proportionnellement à leur valeur locative.

Art. 6. — Placement par les municipalités et les Bourses de travail ou les syndicats, et retrait des autorisations aux placeurs.

Art. 7. — Création de *maternités* et d'asiles pour les vieillards et les invalides du travail. — Asiles de nuit et distribution de vivres pour les passagers et les ouvriers à la recherche de travail sans résidence fixe.

Art. 8. — Organisation d'un service gratuit de médecine et d'un service de pharmacie à prix réduit.

Art. 9. — Établissement de bains et de lavoirs publics et gratuits.

1. Ce programme est d'autant plus intéressant qu'il a pu être appliqué partiellement par les municipalités socialistes de Lille, Roubaix, etc.

Art. 10. — Création de *sanatorium* pour l'enfance ouvrière et envoi dans les *sanatorium* existants aux frais de la commune.

Art. 11. — Service de consultations judiciaires gratuites, pour les litiges intéressant les ouvriers.

Art. 12. — Rétribution des fonctions municipales au taux minimum des salaires ouvriers, à l'effet de ne pas exclure de l'administration de la commune une classe entière de citoyens, la plus nombreuse, celle qui n'a que son travail pour vivre.

Art. 13. — En attendant que soit remaniée dans un sens conforme aux intérêts du travail la juridiction de la prud'homie, rétribution des prud'hommes ouvriers à un taux qui leur assure l'indépendance absolue vis-à-vis du patronat.

Art. 14. — Publication d'un bulletin municipal officiel et affichage des décisions prises par le Conseil.

Les élections de 1892 furent pour le programme de Lyon et pour le Parti ouvrier une éclatante victoire. Cent soixante mille suffrages obtenus; 29 hôtels de ville entièrement conquis, parmi lesquels ceux de Roubaix, Montluçon, Commentry, Marseille, Narbonne, la Ciotat, Toulon; et 25 autres conseils municipaux dans lesquels le P. O. F. faisait entrer des minorités importantes : Calais, Saint-Nazaire, Montpellier...; tel fut le bilan électoral des journées des 1er et 8 mai 1892.

M. Carrette fut élu maire de Roubaix, M. Dormoy, maire de Montluçon; M. Flaissières, maire de Marseille; M. Ferrero, maire de Toulon; M. Ferroul, maire de Narbonne.

Les élections aux conseils généraux et aux conseils d'arrondissement qui se firent à la fin de juillet, furent l'occasion de nouveaux succès pour le Parti.

Le programme agricole.

Le Congrès national du Parti ouvrier français tenu

à Marseille au mois de septembre de la même année (1892), s'occupa de la propagande agraire.

Le manifeste suivant fut lancé aux travailleurs des champs :

Aux travailleurs des campagnes.

Travailleurs, depuis bientôt cinquante ans, nous possédons le suffrage universel, et depuis tantôt vingt-cinq ans, nous sommes en République ; et la République, qui devait être le bien de tous, n'appartient qu'aux grands propriétaires, aux gros industriels et commerçants et aux riches financiers ; si cela est ainsi, c'est qu'au lieu de choisir des cultivateurs pour vous représenter à la Chambre des députés, vous avez nommé de grands propriétaires.

Qu'est-il arrivé ? C'est que la République, au lieu d'être gouvernée par des ouvriers et par des cultivateurs et de faire le bonheur de tous ceux qui travaillent, a été gouvernée par des propriétaires et des capitalistes : ces messieurs ont fait les lois à leur seul avantage.

Tous les impôts qu'ils ont votés ont été mis sur les travailleurs, qui paient toujours et ne reçoivent jamais rien.

Quand les députés du Parti socialiste demandent des secours pour les travailleurs, le Gouvernement répond qu'il n'y a pas d'argent pour eux ; cependant les députés propriétaires et capitalistes trouvent toujours des centaines de millions, pour les riches Compagnies de chemins de fer et pour les expéditions au Tonkin et à Madagascar.

Les députés propriétaires et capitalistes sont tous membres des Conseils d'administrations ou actionnaires des Compagnies de chemins de fer, de mines et autres sociétés financières. Les agents de ces sociétés vont dans les campagnes ramasser vos épargnes, en vous faisant des promesses mensongères ; et souvent ces sociétés finissent comme le Panama, en ruinant les malheureux, qui avaient été assez naïfs pour leur confier leurs économies.

Le Panama, qui a été la plus gigantesque des escroqueries, avait été vanté par les journaux capitalistes : des curés et des vicaires plaçaient des actions et recevaient 20 francs par titre qu'ils vendaient.

Les députés propriétaires et capitalistes récoltent de si gros bénéfices à soutenir les voleurs de la finance, que lorsqu'un député radical-socialiste, le citoyen Raspail, proposa de défendre aux députés et aux sénateurs d'appartenir aux sociétés financières, sa proposition fut repoussée à une énorme majorité. Le Parti ouvrier est le seul parti en France, qui interdise à ses élus de faire partie d'une société financière quelconque.

Les députés, qui devraient vous protéger contre les fabricants et les marchands qui achètent vos produits agricoles, les laissent tranquillement s'entendre entre eux, pour fixer au-dessous de leur valeur les prix qu'ils vous donnent, pour vos grains, vos raisins, vos vins, vos betteraves et vos bestiaux.

Pendant que les députés que vous avez élus trahissent vos intérêts, l'hypothèque et les dettes vous dévorent; la concurrence des grands propriétaires, qui peuvent employer les machines et qui possèdent des capitaux pour faire de la culture intensive, vous ruine : aussi le nombre des petits propriétaires diminue tous les jours et leurs terres vont grossir la propriété des riches. Aujourd'hui en France, 29.000 gros propriétaires ont accaparé la moitié des terres cultivables, c'est-à-dire 12 millions d'hectares, tandis que 7.000.000 de petits propriétaires se partagent l'autre moitié; et ce sont ces 29.000 gros propriétaires qui font la loi aux 7.000.000 de petits propriétaires qui restent encore.

Ces petits propriétaires sont chassés tous les jours de leurs propriétés; et il leur arrive bien souvent d'être forcés pour gagner leur vie de cultiver pour un gros propriétaire la terre qu'ils possédaient de père en fils depuis des générations.

Il est temps que vous, les travailleurs de la terre, vous cessiez ce rôle de dupe; il est temps que vous nommiez des députés qui défendent vos intérêts.

Travailleurs des campagnes, étudiez le programme agricole qui a été voté dans les Congrès du Parti ouvrier, discutez-le entre vous, complétez-le si vous croyez qu'il ne contient pas toutes les réformes dont vous avez besoin, et imposez-le à vos députés et aux candidats qui demandent vos suffrages. Ce n'est qu'en vous occupant vous-mêmes de vos intérêts, que vous obligerez le Gouvernement à faire quelque chose pour vous, et que de la République des capitalistes vous ferez la République des travailleurs.

Considérants.

Considérant qu'aux termes mêmes du programme général du Parti, « les producteurs ne sauraient être libres qu'autant qu'ils seront en possession des moyens de production »;

Considérant que, si, dans le domaine industriel, ces moyens de production ont déjà atteint un tel degré de centralisation capitaliste qu'ils ne peuvent être restitués aux producteurs que sous la forme collective ou sociale, il n'en est pas de même actuellement, en France du moins, dans le domaine agricole ou terrien, le moyen de production, qui est le sol, se trouvant encore sur bien des points possédé, à titre individuel, par les producteurs eux-mêmes;

Considérant que, si cet état de choses, caractérisé par la propriété paysanne, est fatalement appelé à disparaître, le socialisme n'a pas à précipiter cette disparition, son rôle n'étant pas de séparer la propriété et le travail, mais au contraire, de réunir dans les mêmes mains ces deux facteurs de toute production, dont la division entraîne la servitude et la misère des travailleurs tombés à l'état de prolétaires;

Considérant que, si, au moyen des grands domaines repris à leurs détenteurs oisifs, au même titre que les chemins de fer, mines, usines, etc., le devoir du socialisme est de *remettre en possession*, sous la forme collective ou sociale, les prolétaires agricoles, son devoir non moins impérieux est de *maintenir en possession* de leurs lopins de terre, contre le fisc, l'usure et les envahissements des nouveaux seigneurs du sol, les propriétaires cultivant eux-mêmes;

Considérant qu'il y a lieu d'étendre cette protection aux producteurs qui, sous le nom de fermiers et de métayers, font valoir les terres des autres, et qui, s'ils exploitent des journaliers, y sont en quelque sorte contraints par l'exploitation dont ils sont eux-mêmes victimes.

Le Parti ouvrier, qui, à l'inverse des anarchistes, n'attend pas de la misère étendue et intensifiée, la transformation de l'ordre social, et ne voit de libération pour le travail et pour la société que dans l'organisation et les efforts combinés des travailleurs des campagnes et des villes s'emparant du gouvernement et faisant la loi, a adopté le programme agricole suivant, destiné à coaliser dans la même lutte contre l'ennemi commun, la *féodalité terrienne*, tous les éléments de la production agricole, toutes les activités qui, à des titres divers, mettent en valeur le sol national.

Programme.

ART. PREMIER. — Minimum de salaire fixé par les syndicats ouvriers agricoles et par les conseils municipaux, tant pour les ouvriers à la journée que pour les loués à l'année (bouviers, valets de fermes, filles de fermes, etc.).

ART. 2. — Création de prud'hommes agricoles.

ART. 3. — Interdiction aux communes d'aliéner leurs terrains communaux; amodiation, par l'État, aux communes des terrains domaniaux, maritimes et autres, actuellement incultes; emploi des excédents des budgets communaux à l'agrandissement de la propriété communale;

ART. 4. — Attribution par la Commune des terrains concédés par l'État, possédés ou achetés par elle, à des familles non possédantes, associées et simplement usufruitières, avec interdiction d'employer des salariés et obligation de payer une redevance au profit du budget de l'assistance communale.

ART. 5. — Caisse de retraite agricole pour les invalides et les vieillards, alimentée par un impôt spécial sur les revenus de la grande propriété;

ART. 6. — Organisation, par canton, d'un service gratuit de médecine et d'un service de pharmacie à prix de revient :

ART. 7. — Indemnité, pendant les périodes d'appel, aux familles des réservistes, à la charge de l'État, du département de la commune;

ART. 8. — Achat par la commune, avec le concours de l'État, de machines agricoles, ou location de ces machines, mises gratuitement à la disposition des petits cultivateurs; création d'associations de travailleurs agricoles pour l'achat d'engrais, de drains, de semences, de plants, etc., et pour la vente des produits;

ART. 9. — Suppression des droits de mutation pour les propriétés au-dessous de 5.000 francs;

ART. 10. — Abolition de tous les impots indirects et transformation des impôts directs en un impôt progressif sur les revenus dépassant 3.000 francs; — en attendant, suppression de l'impôt foncier pour les propriétaires cultivant eux-mêmes et diminution de cet impôt pour ceux dont la terre est grevée de dettes hypothécaires.

ART. 11. — Réduction du taux légal et conventionnel de l'intérêt de l'argent;

ART. 12. — Abaissement des tarifs de transports pour les engrais, les machines et les produits agricoles;

ART. 13. — Réduction par des commissions d'arbitrage, comme en Irlande, des baux de fermage et de métayage, et indemnité aux fermiers et aux métayers sortants pour la plus-value donnée à la propriété;

ART. 14. — Suppression de l'article 2102 du Code civil donnant aux propriétaires privilège sur la récolte et suppression de la saisie-brandon, c'est-à-dire des récoltes sur pieds; constitution pour le cultivateur d'une réserve insaisissable, comprenant les instruments aratoires, les quantités de récoltes, fumiers et têtes de bétail indispensables à l'exercice de son métier;

ART. 15. — Révision du cadastre, et, en attendant la réalisation de cette mesure générale, revision parcellaire par les communes;

ART. 16. — Mise à l'étude immédiate d'un plan de travaux publics, ayant pour objet l'amélioration du sol et le développement de la production agricole;

ART. 17. — Liberté de la chasse et de la pêche, sans autre limite que les mesures nécessitées pour la conservation du gibier et du poisson et la préservation des récoltes; — interdiction des chasses réservées et des garde-chasses.

ART. 18. — Cours gratuits d'agronomie et champs d'expérimentation agricoles.

C'est sur ce programme que M. Jaurès fut élu dans la seconde circonscription d'Albi, le 22 janvier 1893, lors de l'élection complémentaire provoquée par la démission du marquis de Solages, à la suite de la grève victorieuse des ouvriers mineurs de Carmaux.

Élections législatives du 20 août 1893.

MM. Couturier, Antide Boyer, Thivrier, Jourde furent réélus. M. Chauvin fut élu dans la Seine, M. Jules Guesde dans le Nord, M. Sauvanet dans l'Allier.

Le total des suffrages recueillis par le Parti ouvrier français était de 250.000.

En même temps des blanquistes, tels que MM. Vaillant, Chauvière, Baudin, Walter, et des socialistes indépendants, tels que MM. Jaurès, Millerand et Viviani étaient nommés députés.

Il put donc se constituer un groupe sérieux du parti socialiste au parlement.

Ce groupe, nous dit M. Zévaès, l'historiographe du P. O. F., se composa d'abord des éléments les plus divers; mais on comprit la nécessité d'*imposer des barrières doctrinales* et de préciser par une déclaration les bases essentielles de l'accord intervenu.

Voici le texte de cette déclaration, datée du mois de juin 1896 :

Le groupe socialiste de la Chambre affirme sa volonté de continuer sa lutte de tous les jours contre les gouvernements de la réaction.

Il proposera ou soutiendra les réformes immédiates qui pourraient, même sous le régime capitaliste, améliorer la condition des travailleurs.

Il n'entend lier, par aucune formule étroite, la liberté de ses membres et le développement même du socialisme.

Mais, pour dissiper des équivoques fâcheuses, il déclare nettement qu'en conformité avec la pensée essentielle des socialistes de tous les pays et avec la tradition socialiste française depuis la Révolution, il entend abolir le régime capitaliste lui-même et mettre un terme à l'exploitation de l'homme par l'homme, au moyen de la conquête du pouvoir politique par le prolétariat, de la substitution de la propriété sociale à la propriété capitaliste et de l'entente internationale des travailleurs.

Élections municipales de 1896.

Les élections municipales du mois de juin 1896 marquèrent un nouveau progrès dans le développement des idées socialistes.

Non seulement le P. O. F. maintint toutes les positions conquises en 1892 : Roubaix, Marseille, Montluçon, Commentry, la Ciotat; mais il emporta près de cent municipalités nouvelles : Lille, Croix, Calais, Denain, Ivry, Roanne, Issoudun, Cette...

Le 30 mai, pour célébrer les succès socialistes, les élus municipaux se réunirent au restaurant de la Porte-Dorée. — Ce fut le *Banquet des Municipalités socialistes* ou le *Banquet de Saint-Mandé*. M. Millerand y prononça son fameux « discours-programme [1] ».

1. Voir p. 300.

Élections législatives de 1898.

A ces élections, MM. Antide Boyer, Carnaud, Jourde, Sauvanet furent réélus. — MM. Chauvin et Jules Guesde restèrent sur le carreau.

Par contre, une pléiade de députés socialistes appartenant au P. O. F. surgissait : C'étaient MM. Bénézech, Bernard Cadenat, J. Dufour, Ferrero, Ferroul, Krauss, H. Légitimus, Palix, Pastre, A. Zévaès.

Le Parti ouvrier récoltait 330.753 voix, contre 221.804 en 1893, 47.147 en 1889, 31.968 en 1885, et 27.902 en 1881.

Le P. O. F. comptait en 1885 un seul élu, en 1889 cinq en 1893 sept, en 1898 quatorze députés.

Le programme maritime.

Un congrès du Parti ouvrier français tenu à Lille, en 1896, avait rédigé un programme maritime, qu'il est intéressant de faire connaître :

ARTICLE PREMIER. — Création d'un conseil du travail maritime élu par les Syndicats de marins du commerce et de pêcheurs.

ART. 2. — Maximum de travail : douze heures sur le pont; huit heures devant les feux. Un jour complet de repos par semaine, terre et mer, sauf le cas de force majeure (Congrès maritime de 1893).

ART. 3. — Minimum de salaire : 90 francs par mois sur le pont; 100 francs dans les soutes; 120 francs devant les feux (Congrès maritime de 1893).

ART. 4. — Institution de conseils de prudhommes maritimes.

ART. 5. — Interdiction de tout châtiment corporel.

ART. 6. — Suppression des tribunaux et du code maritimes et recours au droit commun pour les travailleurs de la mer.

Art. 7. — Minimum de la retraite pour les inscrits maritimes de toutes professions, porté à 600 francs après 240 mois de navigation, au moyen d'un impôt spécial sur les armateurs et sur les Compagnies de navigation.

Retraite proportionnelle, à partir de 180 mois de service à la mer.

Réversibilité de la pension maxima sur la veuve, les orphelins et les descendants des inscrits morts à la mer.

Art. 8. — Sécurité garantie : *a*) Par un maximum de chargement;

b) Par un maximum de vitesse;

c) Par un minimum d'équipage, d'après la jauge du navire et la force des machines;

d) Par l'inspection du navire au départ, confiée aux prud'hommes maritimes;

e) Par l'assurance obligatoire du personnel et de ses effets.

Art. 9. — Insaisissabilité des délégations, c'est-à-dire de la partie de la solde prélevée au profit de la famille des marins.

Art. 10. — Suppression des « marchés d'hommes » et création dans les ports, aux frais des municipalités et des chambres de commerce, de *sailors homes* administrées par les marins eux-mêmes et chargées particulièrement de la protection des mousses.

Art. 11. — Attribution par les communes aux familles des marins associés ou simplement usufruitiers, de la partie du littoral maritime susceptible d'être mise en culture ou en valeur.

Art. 12. — Exercice de leurs droits politiques garantis aux marins par un mode de votation spécial.

Art. 13. — Interdiction légale du départ pour la pêche d'Islande avant le 1er avril de chaque année. Modification, par voie de convention internationale, de l'itinéraire suivi sur le banc de Terre-Neuve par les paquebots faisant le service entre l'Europe et les États-Unis d'Amérique.

Art. 14. — Reprise par la nation des bateaux de pêche non montés par leurs propriétaires, et mise de ces bateaux nationaux à la disposition des pêcheurs associés, moyennant un tant pour cent prélevé sur leur pêche pour l'entretien et le renouvellement du matériel.

Art. 15. — Suppression des facteurs, commissionnaires et autres intermédiaires, remplacés pour l'achat et la vente du poisson par les communes intéressées (communes de production et communes de consommation).

Art. 16. — Institution d'un Comité spécial de pêche.

Art. 17. — Suppression des bordigues et des madragues.

*
* *

Ainsi le Parti ouvrier français guesdiste avait élaboré tous les programmes. Chaque classe du prolétariat se sentait défendue par lui. La propagande était des plus actives, grâce à cet admirable apôtre qu'est M. Jules Guesde, soutenu par des lieutenants tels que MM. Lafargue, Carette, Dormoy, Raymond Lavigne, Buscaillet.

Mais aucun lien ne reliait ce parti politique aux organisations purement économiques qui se constituaient dans les Bourses du Travail. Et même un certain dédain se manifestait, dans ce parti purement politique, à l'égard de ces organisations purement économiques. Et ce fut là l'explication de son échec.

Le recrutement du Parti guesdiste.

Pour pénétrer dans une fédération régionale du P. O. F., le postulant doit signer la déclaration suivante :

Le soussigné, après avoir pris connaissance des statuts, programme et règlement fixant les conditions théoriques et les obligations matérielles et morales que comporte la qualité de membre du Parti ouvrier français;

Sachant que la bonne marche du Parti et le maintien de sa tactique traditionnelle de lutte de classe, en vue de la Révolution sociale, exigent de la part de tous ses membres une discipline étroite et rigoureuse, pour faire respecter les décisions de ses Congrès nationaux, quelles qu'elles soient, ainsi que l'action du Conseil national chargé de la direction du Parti, dans l'intervalle des Congrès;

D'autre part, n'ignorant pas qu'*en présence des attaques*

acharnées des Jaurès et des Gérault-Richard, ainsi que de leurs journaux, notamment la *Petite République*, le P. O. F. est et sera de plus en plus dans l'obligation de se défendre contre eux;

Donne en pleine connaissance de cause mon adhésion au Parti ouvrier français, dont je demande à être admis membre et auquel je prends l'engagement d'honneur de rester exclusivement fidèle et de donner tout mon dévouement.

Tout membre du Parti doit être muni d'une carte renouvelable chaque année, d'un insigne symbolique qui s'arbore dans toutes les manifestations publiques, et d'un livret qui contient le programme et le règlement du Parti. Il doit en outre payer au Conseil national une cotisation de cinq centimes par mois et une cotisation d'égale importance, pour la fédération départementale.

Voici les statuts d'une fédération :

ARTICLE PREMIER. — Les socialistes collectivistes adhérents au Parti ouvrier français et habitant Bordeaux ou la banlieue, forment dans leur ensemble la *Section du Parti ouvrier français*, reliée à la Fédération Girondine et au Conseil National du Parti.

ART. 2. — Ils se répartissent en *groupes de quartiers ou en groupes corporatifs*, lesquels sont autonomes, pour leur organisation intérieure et leur action propagandiste, mais qui, pour toute action publique, politique ou électorale, ne peuvent agir en dehors du *Conseil local de la Section*.

ART. 3. — Le *Conseil local de la Section bordelaise*, formé par la réunion des *Délégués des groupes*, régulièrement mandatés, à raison de deux par groupe, est souverain pour toutes questions concernant l'action publique, politique ou électorale, du P. O. F. à Bordeaux et banlieue, bien entendu dans les limites des principes, programme, règlement et décision du Parti. — Il se réunit une fois par mois.

Pour l'exécution de ses décisions et l'administration des affaires de la section, il choisit dans son sein un *Bureau*, composé d'un secrétaire général, d'un trésorier général, de deux adjoints et d'un archiviste-bibliothécaire.

Les délégués des groupes et les membres du Bureau restent en fonction jusqu'à ce que les groupes et le Conseil local qui les nomment les aient remplacés.

ART. 4. — Lorsqu'un groupe aura pris une décision, sur des questions dont il aura pris l'initiative, — décisions qu'il aura le droit de faire connaître par écrit au Bureau général, — il va sans dire que les délégués de ce groupe ne pourront agir au sein du Conseil local à l'encontre de ces décisions.

ART. 5. — La Section bordelaise et ses groupes ont pour but : 1° De propager par tous les moyens, réunions, conférences, cours, publications, brochures, journaux, etc., la doctrine et le programme du Parti ;

2° De recruter des adhérents du Parti ouvrier et de former de nouveaux militants et propagandistes ;

3° De participer aux Congrès départementaux, régionaux, nationaux et internationaux du Parti, et d'assurer l'exécution loyale de leurs décisions ;

4° De prendre part aux luttes politiques et particulièrement aux luttes électorales, afin d'envoyer siéger dans les assemblées électives des membres du Parti ;

5° De seconder de tout leur pouvoir le groupement syndical et l'action des corporations ouvrières ;

6 D'assurer de plus en plus complètement l'inscription de tous les citoyens sur les listes électorales, principalement de tous les travailleurs ;

7° De participer à toutes les manifestations et agitations utiles à l'œuvre du P. O. F.

Admissions. — Cotisations.

ART. 6. — Tout membre effectue en entrant un versement de un franc. Il lui est remis en échange un *Matériel d'affiliation* comprenant la carte du Parti, l'Insigne, le Règlement-programme et diverses brochures du Parti. — Il aura ensuite à payer à son groupe les cotisations mensuelles, lesquelles seront constatées par l'apposition de *timbres mobiles* sur la carte du Parti, quadrillée à cet effet.

ART. 7. — Les adhésions sont reçues au sein des groupes. — Toute *demande d'admission* doit être faite par écrit, sur une formule spéciale, appuyée de deux membres du Parti servant de caution morale au candidat ; elle est ensuite présentée au prochain Conseil local, qui en envoie le duplicata à tous les groupes de la Section. — Si, à la séance suivante du Conseil local, il n'a été reçu aucune protestation contre l'admission du candidat, celle-ci est définitive et enregistrée, et le matériel d'affiliation est remis à l'un des délégués du groupe intéressé, contre versement du droit d'entrée de un franc.

Art. 8. — La caisse centrale de la Section est alimentée par une *cotisation locale* mensuelle de 0 fr. 05 par membre, — ainsi que par toutes souscriptions, produits de réunions, fêtes, etc.

Art. 9. — Pour simplifier la perception des cotisations diverses — nationale 0 fr. 05, départementale 0 fr. 05, locale 0 fr. 05, et cotisation du groupe (facultative) — les groupes auront à recevoir de leurs membres, chaque mois, une *cotisation unique* totalisant celles ci-dessus, et en échange de laquelle ils remettront à l'adhérent, pour coller sur sa carte, un timbre mobile, lequel aura été acheté au prix de 0 fr. 15 au trésorier général, qui en fera la répartition voulue.

Radiations. — Exclusions.

Art. 10. — Une distinction essentielle doit être établie entre la radiation d'un membre de son groupe pour des causes d'ordre intérieur sans gravité, et l'expulsion du Parti. — La première laissant subsister la qualité de membre du P. O. F., ce membre pourra se faire inscrire dans tout autre groupe du Parti.

La seconde, au contraire, entraînant l'exclusion totale et définitive du Parti, dont avis est donné au Conseil Fédéral et au Conseil National, et nul groupe ne pouvant plus ensuite recevoir un membre ainsi exclu, il importe que pareille mesure soit entourée de garanties de légitimité. — Dans ce cas la demande d'exclusion devra être faite par écrit, signée d'au moins dix membres, et être motivée. — Le Conseil local nommera aussitôt une commission d'enquête contradictoire qui aura à lui présenter un rapport sur lequel, dans une séance ultérieure, le Conseil local prononcera définitivement, à bulletin secret, et après audition du membre incriminé.

Art. 11. — Nul membre du Parti Ouvrier Français n'a le droit d'appartenir en même temps à d'autres fractions socialistes ou politiques, sous peine d'exclusion de fait.

Art. 12. — Pour chaque élection politique, municipale, cantonale, ou législative, les groupes de la circonscription intéressée auront à s'entendre pour choisir le ou les candidats, qui devront être membres du P. O. F. depuis au moins un an. — Mais ces candidatures ne seront définitives qu'après ratification par le

Conseil local, c'est-à-dire par la section bordelaise tout entière dont il est l'émanation.

Assemblée générale.

Art. 13. — L'assemblée générale de tous les membres de la section bordelaise se réunit une fois par trimestre, le deuxième dimanche de janvier, avril, juillet et octobre, pour une conférence éducative, faite par un ou plusieurs orateurs du Parti; cette conférence devant être précédée d'un rapport du Conseil local pour mettre tous les membres du Parti au courant des questions dont il se sera occupé pendant le trimestre.

Ressources du Parti guesdiste.

Les guesdistes ont cherché à se procurer de l'argent de plusieurs façons, pour pouvoir prendre part aux élections et subventionner leurs journaux.

C'est ainsi que M. Chauvin eut l'idée de constituer une véritable maison de commerce, en déposant un certain nombre de *marques de fabrique* socialistes applicables à tous les produits. Il y eut la marque des *Trois-Huit,* du *Chambard,* du *Drapeau rouge.* Ces étiquettes, connues de la clientèle socialiste, devaient, à son avis, promettre une vente assurée. Et il proposait d'en céder le monopole aux fabriques, qui verseraient pour chaque produit, une somme fixe de 500 francs, remboursable en publicité dans les journaux du Parti, et une commission de 20 % sur les bénéfices réalisés. Ces fabriques devaient en outre s'engager à ne livrer aucun produit qui ne fût accompagné d'un prospectus socialiste.

« La conception de M. Chauvin, faisait remarquer le journal *le Temps,* a le double avantage d'augmenter les ressources pécuniaires du parti, tout en multipliant les moyens de propagande, tandis qu'elle laisse aux commerçants la douce consolation de contribuer eux-mêmes à leur expropriation éventuelle. »

Trois industriels seulement se laissèrent prendre à ces offres alléchantes, et le bazar socialiste se contenta de débiter la Montre des *Travailleurs*, le savon et le papier à cigarette des *Trois-Huit* et du *Chambard*.

La vignette des *Trois-Huit* représentait d'un côté un champ, des cheminées d'usine et trois hommes se donnant la main, un paysan, un ouvrier et un marin, — c'est le travail. De l'autre côté, on voyait une famille se reposer au bord d'une rivière, après les huit heures de travail, — c'est le loisir. La mère cueille des fleurs, l'enfant pêche à la ligne et l'homme lit le *Chambard*.

Sous ce premier étui se trouvait un prospectus de propagande. La figure de M. Jules Guesde, ou d'un autre *militant*, était encadrée dans un sonnet :

> Par sept cent mille voix acclamant notre idée
> En l'an quatre-vingt-treize, ô peuple conscient,
> Tu fis entrer vainqueurs au sein du Parlement
> Quarante socios qui valent une armée.
>
> A partir de ce jour, la déroute effarée
> S'est assise au milieu de tous ces impuissants :
> Ralliés, radicaux, opportunards tremblants,
> Tous au pape ont vendu leur âme épouvantée,
>
> Mais ce honteux marché mêlant nos ennemis
> Impose l'union aux travailleurs des villes
> Aussi bien qu'à tous ceux qui font les blonds épis.
>
> Pour vaincre les tyrans, les minorités viles,
> Achetez ce savon, et tous étant unis
> Votre obole sera du triomphe le prix.

Malgré ces beautés poétiques, le commerce des savons ne fut pas prospère et le parti guesdiste dut chercher ailleurs d'autres ressources. Il créa des coopératives. L'Union de Lille est le type de ces sociétés.

La création de l'Union de Lille remonte au mois de mars 1892. — Ses débuts furent des plus modestes et souvent son existence fut compromise. — Les fondateurs, au nombre de dix, ne disposaient que d'un capital de dix francs. Un mois plus tard, ils étaient quarante avec un capital de six cents francs. Enfin, après des péripéties sans nombre, plus de mille familles étaient groupées autour de la coopérative socialiste. — Le 18 août 1896, la société achetait pour 4.000 francs un terrain et y construisait une boulangerie modèle dont les frais s'élevaient à 122.000 francs. — Aujourd'hui, c'est cinq mille familles que dessert la coopérative. — A côté des magasins de boulangerie, d'épicerie, de chaussures et de vêtements, elle a installé des associations musicales, une bibliothèque et des caisses de secours.

Les pains ont un poids uniforme de 1.500 grammes et se vendent cinquante centimes. Les *jetons de pains* ont cette valeur.

Pour chaque *jeton de pain*, le sociétaire reçoit un *jeton de partage*. Ces jetons épargnent à la Société une comptabilité compliquée des achats individuels. En faisant payer à ses adhérents le pain plus cher que le commerce local, la coopérative leur constitue, d'une façon automatique, une épargne difficile à obtenir dans les ménages pauvres.

La première part des bénéfices sert à alimenter pour un tiers la caisse de secours, et pour deux tiers la caisse de propagande; puis un vingtième des bénéfices nets est affecté à la caisse de réserve; enfin, sur la part de chaque sociétaire, il est retenu un franc pour les sociétés musicales. Ces premiers prélèvements effectués, tous les autres bénéfices sont répartis aux sociétaires, au prorata de leurs achats.

Les secours sont distribués en bons de pain et en bons d'épicerie. Pendant le premier semestre de l'année 1900, par exemple, 800 familles ont été secourues. Elles ont reçu 7.800 pains et 1.300 francs d'épicerie. Il a été en outre distribué, aux coopérateurs grévistes, 10.936 pains.

Voici le nombre de pains distribués par année :

1892	37.389
1893	200.971
1894	536.552
1895	513.811
1896	796.952
1897	1.375.814
1898	2.388.731[1]
1899	1.819.486
1900	1.000.682

Et voici, d'autre part, le mouvement d'affaires de la boulangerie :

	Recettes.	Dépenses.	Bénéfices bruts.
1892	20.177 70	16.471 10	3.706 60
1893	108.980 33	79.056 58	29.023 95
1894	228.117 28	160.507 17	67.610 11
1895	287.616 35	198.392 22	89.054 13
1896	408.677 20	289.045 20	119.632 »
1897	935.410 55	750.201 11	185.209 44
1898	1.214.301 53	1.067.162 39	147.612 14
1899	923.077 39	656.385 50	266.691 80
1900 (1er sem.)	08.786 05	313.012 55	165.773 50

Sur ces sommes, et sur les bénéfices de l'épicerie, qui s'élevaient en 1899 à 32.000 francs, le Parti ouvrier français prélevait de 8 à 900 francs par année.

1. La surélévation de ce chiffre est due à la cherté du pain dans le commerce local. Alors que les trois livres de pain valaient 0 fr. 60 à 0 fr. 65, la coopérative continuait à les vendre 0 fr. 50.

BLANQUISTES

Le Comité révolutionnaire central, qui est l'âme de toute l'organisation blanquiste, est formé par la délégation des Comités de Paris et de la banlieue, à raison d'un délégué pour dix membres et fraction de dix membres. Les Comités départementaux peuvent s'y faire représenter par un délégué. Il se réunit tous les mardis. Son Bureau se compose d'un secrétaire, d'un secrétaire-adjoint, d'un trésorier et d'un trésorier-adjoint, élus en janvier pour un an. Le secrétaire, au moins, doit être pris parmi les membres de la Commission administrative.

La Commission administrative est l'agent d'exécution du Comité révolutionnaire central. Elle a seule qualité pour prendre, en son nom et sous sa responsabilité, toute décision urgente, dans l'intervalle des séances. Elle prépare les ordres du jour et le travail du Comité et le convoque extraordinairement, si cela est nécessaire. Cette Commission est nommée pour un an, et en font partie de droit les députés et conseillers municipaux de Paris ainsi que les députés de province.

***

La cotisation des Comités adhérents est, au minimum, de 0 fr. 25 par semaine, pour les Comités de Paris et de la banlieue, et de 0 fr. 25 par mois, pour les Comités des départements.

Le Comité reconnaît la lutte des classes comme la caractéristique du socialisme actuel et la règle directrice de son action. Il se déclare athée (matérialiste et transformiste), républicain, communiste, internationaliste, et surtout révolutionnaire. C'est le vrai parti de la Révolution, le glorificateur de la Commune, l'avant-garde de l'armée ouvrière, menée à l'assaut de la société capitaliste et à la conquête du pouvoir politique.

C'est aux premiers rangs de cette avant-garde militante, dit la Déclaration du Comité révolutionnaire central, que nous voulons combattre et désarmer la réaction pour armer la Révolution de cet instrument tout-puissant — le pouvoir — qui, aux mains de l'ennemi, fait notre misère et notre faiblesse, et qui demain fera notre force et notre délivrance.

Ainsi les blanquistes n'ont qu'un seul but : la Révolution; un seul souci : la politique. Que l'armée ouvrière se groupe au moyen des syndicats, et ils l'entraîneront à leur suite, eux les combattants de la première heure.

La marque distinctive du blanquisme est la franchise.

« Parti d'action, dit le programme, le Comité révolutionnaire central adopte tous les modes d'activité : économique, politique et social, électoral et révolutionnaire.

« Il ne s'interdit d'autres actes que ceux qui, même seulement en apparence, contredisant au programme et à l'idée socialiste ou à l'honneur, ravaleraient l'action socialiste au niveau des combinaisons politiciennes des partis bourgeois, la discréditeraient et la déshonoreraient. Il n'est pas deux morales, l'une privée et l'autre publique, comme l'ont dit ou pratiqué tous les politiciens. *La loyauté est le devoir rigoureux, la seule vraie et habile tactique du socialisme.* »

Un des principaux articles du programme blanquiste est la législation directe :

Si, dans les sections rassemblées, une question posée, des mois auparavant, par l'initiative populaire, pour qu'elle ait pu être suffisamment discutée par la presse, par les réunions publiques et de sections, si dans ces sections, au même moment, cette question, cette loi est soumise à la délibération des citoyens assemblés, croit-on qu'elle ne sera pas mieux, plus unanimement résolue dans l'intérêt du peuple que par ses prétendus délégués d'un parlement quelconque?

Pour choisir ses délégués, au parlement, pour élire ses députés, le peuple s'assemble en réunions électorales et entend les candidats. Mais, pour ce choix d'un homme, pour distinguer ce qu'il y a de sincérité et de vérité dans sa parole, que de difficultés! et, au jour du vote, que ce vote est peu libre! Ce sont les influences capitalistes et gouvernementales, plus que la volonté populaire, qui, dans la plupart des circonscriptions, nomment des députés, qui font ensuite les lois pour l'intérêt capitaliste et contre le peuple. Tout Gouvernement représentatif, tout parlement, toute délégation politique du suffrage universel est infidèle et réactionnaire.

C'est ainsi que, pour prendre, comme exemple, une question entre toutes : le parlement prend, contre la nation et contre les ouvriers qu'elles emploient, la défense des Compagnies de mines et de chemins de fer, comme de tout autre privilège capitaliste, et repousse les plus faibles améliorations légales.

Admettons, au contraire, que cette question soit directement proposée au peuple assemblé au même moment, sur toute la surface du pays, dans ses sections: « Les mines, les chemins de fer, au lieu de rester la propriété de Compagnies, qui ne les exploitent que pour leur profit, sans tenir compte de l'intérêt public et de l'intérêt des ouvriers employés, ces mines, ces chemins de fer ne devraient-ils pas devenir propriété de la nation, pour être gérés au mieux des intérêts de la nation et pour que les ouvriers qui y sont employés y trouvent des conditions de travail et d'existence normales? »

Cette question, discutée d'abord dans la presse et par les réunions, étant ainsi posée, croit-on qu'il y aurait une seule section, — à moins qu'elle ne fût composée exclusivement d'administrateurs et d'actionnaires des Compagnies, — qui ne répondît affirmativement? — et de cette délibération populaire sortirait aussitôt la loi d'appropriation nationale des mines et chemins de fer.

Et ainsi du reste.

L'initiative populaire proposerait les lois, qu'un Conseil de délégués, non plus législateurs mais administrateurs et rédacteurs, rédigerait, et qu'après un intervalle suffisant de discussions de presse, de réunions et de sections, le peuple, assemblé dans ses sections, accepterait ou rejetterait.

Rittinghausen et Considérant ont discuté magistralement les conditions et formes de cette législation et du gouvernement direct, que la Suisse est en train de réaliser, mais qui conviendraient bien mieux encore à notre nation si passionnément démocratique.

Revenons à la revision, à cette revision socialiste et directe par le peuple, qui serait la meilleure et vraie introduction à la législation directe et émancipatrice du peuple, qui faciliterait tant et, en tout cas, consacrerait, assurerait, contre tout hasard et toute attaque, l'émancipation du prolétariat et les conquêtes socialistes de la nation.

La revision par le peuple, n'est pas plus inscrite que celle par une constituante, dans la constitution de 1875; elle n'est pas davantage interdite par cette constitution, elle n'est pas inconstitutionnelle, et c'est elle que nous devons réclamer pour une participation directe et croissante du peuple aux affaires publiques, au gouvernement du pays.

Si notre propagande aboutit, si la nation réclame, exige et fait cette revision directe par le peuple, convoqué dans ses sections, quelles n'en seront pas les conséquences?

Il y a des questions constitutionnelles, telles que celles de la Présidence et du Sénat, qui sont déjà posées par l'initiative populaire, et dont la solution, devant le peuple, est aussi peu douteuse, qu'elle serait incertaine devant le Congrès des deux Chambres ou devant une Constituante.

Quelle section populaire hésiterait à voter la suppression de la royauté maintenue dans la République, sous le nom de Présidence, et, de ce frein, à tout progrès qui se nomme Sénat.

Par cette revision directe par le peuple, revision continue, tant qu'il resterait dans les lois contitutionnelles une trace d'institutions monarchistes, s'établirait une constitution enfin républicaine.

Par là, commencerait l'organisation de la législation directe et du gouvernement direct du peuple, éliminant les éléments réactionnaires et capitalistes de ses lois et institutions, pour y substituer un État démocratique, où il serait libre politiquement et socialement.

Pour les autres points du programme qui différencient les blanquistes des autres groupements socialistes, M. Vaillant a bien voulu écrire pour nous l'histoire rapide de son parti.

« Pour nous plus exactement juger et voir les différences avec les autres partis, il est bon de se rendre compte, à la fois, de notre origine et de cette évolution postérieure à la Commune, qui, progressant sans cesse, a fait le Comité révolutionnaire actuel.

« Au lendemain de la Commune, en même temps que quelques amis et moi devenions membres du Conseil général de l'Internationale à Londres, et entrions en rapports intimes avec Marx, nous formions avec d'autres amis, dont la plupart étaient des amis de Blanqui et ses vrais disciples, un Comité dit : « La Commune révolutionnaire » qui a rempli dans l'exil un rôle politique important.

« Au retour de l'exil, nous avons poursuivi notre action en cherchant à créer, non plus comme nos pères (et j'entends par là toute la lignée des révolutionnaires français aboutissant à Blanqui) avaient été obligés de le faire, non plus des groupements secrets, mais un parti d'avant-garde et de combat, un parti essentiellement socialiste révolutionnaire en contact constant avec le peuple pour l'agiter, le soulever, l'entraîner à l'action incessante, sous toutes les formes et *surtout sous la forme politique, c'est-à-dire la plus efficace*.

« Le premier acte du parti a été, avec Blanqui comme directeur, la publication du journal : *Ni Dieu! ni Maître!* en 1880.

« C'est en 1881, à l'occasion des élections législatives, et pour former les cadres du parti que nous voulions créer, que nous avons décidé son organisation sous le nom de Comité révolutionnaire central. Son action a été en effet incessante. Elle n'était nullement doctrinaire, elle se produisait à chaque occasion et dans toutes les directions par meetings, réunions privées et publiques, manifestations et élections. En 1884, j'étais élu au Conseil municipal, où peu après Chauvière venait me rejoindre. Notre propagande s'en accrut.

« En 1887, le Comité révolutionnaire central prit une part prépondérante à l'agitation populaire, qui empêcha l'élection présidentielle de Ferry.

« En 1888, nous avons fondé l'*Homme libre*, repris le *Cri du Peuple* et traversé la crise boulangiste, brisant avec d'anciens amis, refusant de suivre les autres socialistes dans le camp opportuniste, restant enfin fidèles à l'idée de la politique socialiste, mais sans y pouvoir rallier le peuple, égaré, divisé dans les camps bourgeois.

« Peu à peu, cette politique que, pris entre deux feux, nous n'avions cessé d'affirmer et de pratiquer, devint celle de tous les socialistes dont les divisions prirent ainsi un caractère moins aigu.

« Le Comité révolutionnaire central avait pris ainsi un caractère plus homogène; tout en maintenant l'action politique comme le premier objet du parti socialiste, nous n'en excluions aucune. Et parce que nous considérons l'organisation comme la condition essentielle de toute action, *nous demandions au prolétariat de réorganiser et fédérer ses syndicats, ayant leurs centres dans des Bourses du travail, pour une action exclusivement économique, en même temps que nous demandions au parti socialiste de se constituer en dehors de toute organisation économique pour une action toute politique.* Nous voulions constituer les deux organes nouveaux de cette double action du prolétariat militant et du socialisme. A la différence des divers Partis ouvriers français, qui admettent des adhésions syndicales, nous n'en admettons pas et nous demandons aux syndicats de *n'adhérer à aucun parti politique, de façon à pouvoir comprendre la totalité des travailleurs de la corporation*, et nous demandons aux groupes politiques recrutés en partie dans ces syndicats, d'être tout politiques. Pour nous, nous ne désirons que de rester l'*avant-garde politique*, le parti d'action n'aspirant qu'à créer un jour l'unité du Parti.

« Notre tradition révolutionnaire française et son esprit patriotique ne sont nullement en contradiction avec notre internationalisme, ainsi que notre campagne, renouvelée de Blanqui, pour la transformation de l'armée permanente en milices nationales sédentaires vous le montre. Nous voulons chaque peuple maître chez lui, n'ayant rien à redouter du voisin, ni rien à lui faire craindre, et la paix internationale assurée par cette sécurité commune, prélude de l'union, au fur et à mesure du développement et du rayonnement des institutions républicaines et socialistes.

« La grève générale n'a pour nous que l'importance d'un moyen complémentaire des divers moyens d'action révolutionnaire directs et de plus haute valeur. Vous avez lu la déclaration du Comité révolutionnaire central qui réclame comme condition essentielle préparatoire, l'organisation syndicale pour l'action syndicale et l'organisation socialiste politique pour l'action du parti socialiste.

« Or cette action du parti socialiste nous la comprenons comme *incessante et multiple*, comme devant répondre à toutes ces questions de milieu et de circonstance, visant tantôt le progrès le plus minime, parce qu'il est le seul possible, et tantôt le but révolutionnaire, parce qu'il est à notre portée; et ainsi le suffrage universel, l'action légale et parlementaire sont des éléments de notre activité, au même titre que la propagande et l'action révolutionnaire. Nous ajoutons, en outre, que, dans l'incessante évolution des idées et des volontés du prolétariat militant, et dans la suite du cours des choses, des éléments nouveaux d'action se peuvent produire et que *nous acceptons d'avance tous moyens formulés par les congrès internationalistes du prolétariat et du socialisme.* C'est bien à un congrès seulement national que l'idée du citoyen Briand, de la grève générale, a été acceptée; mais *nous n'avions aucune raison pour la rejeter, sans lui donner, je le répète, l'importance que lui ont attribuée les socialistes de politique syndicale qui en ont fait leur cheval de bataille.* Si nous séparons, ou plutôt si, pour répondre à leur double fonction, doivent se distinguer, l'organisation politique et l'organisation économique, il n'en est pas moins vrai que tel fait économique, — et celui que nous rechercherions le moins, mais que nous acceptons toujours quand il se produit — *la grève, prend souvent un caractère politique, et qu'alors toutes les forces prolétaires et socialistes doivent entrer en ligne.*

« C'est ainsi que, dans des circonstances données, la grève d'une corporation dont le travail est nécessaire à la vie sociale, la grève combinée de plusieurs corporations, et, si elle peut se réaliser, la grève générale, auraient une valeur politique décisive. *Pour nous, il nous paraît qu'au moment où elle pourrait se produire, ou seulement essayer, nous serions assez fort pour nous en passer,* que nous aurions déjà pu nous emparer du pouvoir politique et user de cet instrument souverain pour accomplir, dans la République devenue ainsi socialiste, la révolution économique.

« *Je ne comprends guère ceux qui semblent supposer qu'une révolution se fait comme à volonté*, et détermine librement ses conséquences, ou plutôt les laisse déterminer par ses acteurs. Il y a là un vieux fond de scepticisme et une erreur. Les révolutions ne sont que les crises politiques et sociales, qui éliminent les éléments vieillis de l'ordre social, et mettent en œuvre, dégagent pour une évolution nouvelle, les éléments accumulés par le progrès des choses et des mœurs, au libre développement desquels s'opposait le régime antérieur survivant, par la force organisée de son gouvernement, de sa classe privilégiée, aux conditions qui l'avaient créé, et qui, disparaissant, amènent sa chute. Certes, plus nous irons, plus la volonté des hommes et la force organisée du parti socialiste joueront un rôle dans les déterminations ultérieures, mais à la condition d'être exactement en accord avec le développement historique, avec l'évolution sociale, qu'il lui sera facile de précipiter, mais impossible de contredire ou altérer. Quant au temps, à la durée des phases des étapes à parcourir, nous ne pouvons rien dire, n'étant pas prophètes.

« Nous ne pouvons donc, à la lumière de la critique socialiste et de la notion historique du développement, qu'esquisser, mais avec certitude, les lignes générales de l'évolution qui nous mène sûrement, par la force des choses et l'action socialiste, à la société communiste, à la liberté individuelle dans la solidarité sociale, et qui nous rapproche toujours davantage de cette société idéale, qui assure de plus en plus le jeu libre et harmonique de toutes les facultés de l'homme individuel et social.

« *Cette idée communiste n'est pas nouvelle, ou créée par tel ou tel inventeur breveté. De même que les Allemands y sont arrivés avec Marx, notre filiation communiste, pour ne pas remonter plus loin, va des babouvistes à Blanqui*, et l'idée s'éclaire de plus en plus des lumières des sciences historiques et sociales, communes maintenant à tous les partis socialistes, à tous les pays. Si Blanqui était arrivé à une conception exacte du communisme, ainsi que le reconnaissait Marx, c'est évidemment une preuve de plus de cette progression nécessaire qui a de plus en plus rapproché le socialisme du communisme, et aux mêmes époques (le manifeste communiste de Marx, écrit en 1847, était publié au commencement de 1848, et les affirmations communistes concordantes de Blanqui sont de la même époque) les deux courants se formaient en France, comme en Allemagne, pour se réunir bientôt après la Commune. »

ALLIANCE COMMUNISTE RÉVOLUTIONNAIRE.

Les « évadés » de l'Allemanisme, dont ils ne pouvaient supporter la minutie inquisitoriale et les règlements despotiques, trouvèrent, devant eux, ouvertes les portes du parti blanquiste, qui est bien le parti le plus large et le plus accueillant, par la bonne grâce du citoyen Vaillant.

M. Vaillant sut offrir aux députés et aux conseillers municipaux qui abandonnaient un Parti, dont ils réprouvaient la discipline sévère, non pas d'entrer dans son clan après en avoir adopté le règlement de vie, mais de s'allier avec le Parti blanquiste, pour former un nouveau Parti d'union, que l'on dénomma l'*Alliance communiste révolutionnaire*.

Cette Alliance, fondée au mois de février de l'année 1897, est constituée sur le statut dont voici le texte :

« Depuis longtemps, le prolétariat réclame le groupement de toutes les forces socialistes et révolutionnaires.

« A chaque occasion et de plus en plus unis dans le même combat et les mêmes idées, nous constituons, pour répondre à cette volonté, l'*Alliance socialiste communiste et révolutionnaire*.

« D'accord entre nous pour seconder l'organisation économique et syndicale du prolétariat, pour activer son action politique; résolus à entraîner dans la voie révolutionnaire le peuple, qui doit au plus tôt assurer la conquête de ses libertés et de ses droits, par la substitution de son gouvernement direct à celui de ses délégués et maîtres ; résolus à précipiter la destruction du régime capitaliste et l'émancipation de la classe ouvrière, par l'avènement de la République socialiste, nous concerterons désormais librement nos efforts.

« Certains qu'il n'y a d'union possible et féconde que par et dans la liberté, *nous resterons libres, indépendants les uns des autres,* maintenant l'organisation, le programme, la politique qui a fait notre force et qui fait aujourd'hui notre accord.

« Ainsi nous n'en serons que mieux à même de lutter ensemble et d'offrir, à ceux qui mettent au-dessus de toute pensée personnelle et de coterie l'intérêt général de la classe ouvrière et du socialisme, les conditions nécessaires d'action concertée et de lutte victorieuse du parti de la Révolution. »

Les organisations et les groupements qui composent l'*Alliance* sont l'ensemble des comités qui constituent le Parti socialiste révolutionnaire (blanquiste), le comité du Parti ouvrier socialiste révolutionnaire (allemaniste) du XX⁰ arrondissement, la Fédération des Ardennes (anciennement allemaniste), la Fédération de la Côte-d'Or. la Fédération de l'Ain, la Fédération du Jura, la Fédération du Doubs.

L'*Alliance* comptait douze députés dans la Chambre de 1898 : MM. Allard, Breton, Chauvière, Coutant, Dejeante, Groussier, Lassalle, Létang, Poulain, Sembat, Vaillant, Walter ; cinq conseillers généraux de la Seine : MM. Berthaut, Faillet, Landrin, Thomas, Veber (Adrien) et de nombreux conseillers municipaux de province, en majorité dans les villes de Commentry, Vierzon-village, Bezenet, Domérat, Desertines, Marcuil, Fumay, Malakoff, le Kremlin-

Bicêtre ; en minorité à Toulouse, Tulle, Cahors, Vierzon-ville, Saint-Claude, Saint-Ouen, Gentilly, Saint-Quentin.

Dans la Chambre de 1902, l'*Alliance* comptait un député de plus. C'étaient : MM. Allard, Bouveri, Chauvière, Constant, Coutant, Dejeante, Delory, Dufour, Sembat, Thivrier, Vaillant, Walter et Adrien Veber, passé du conseil municipal au Parlement.

DEUXIÈME PARTIE

LES CONGRÈS SOCIALISTES POLITIQUES
DE 1899 A 1903

———

CHAPITRE I

LE CONGRÈS D'ENTENTE SOCIALISTE
DE 1899.

Le rôle des premiers congrès n'avait abouti qu'à éparpiller le parti socialiste. Le Congrès de Saint-Étienne, en 1882, avait excommunié M. Jules Guesde, que l'on soupçonnait de vouloir régenter le Parti. M. Brousse, qui se trouvait le chef du parti excommunicateur, ne tarda pas, non plus, à subir les soupçons de ses coreligionnaires. Les élections de 1887 avaient en effet donné l'occasion d'entrer à l'Hôtel de ville de Paris à neuf *possibilistes*. Les allemanistes, à leur tour, expulsèrent les *broussistes*, qui ne voulurent pas se plier à leurs exigences et accepter pour leurs élus le contrôle du Parti. Ce fut l'œuvre du Congrès de Châtellerault, en 1890.

L'éparpillement des forces socialistes était donc manifeste.

Cet émiettement se manifesta d'une façon plus brutale, lorsque M. Millerand, qui passait pour l'un des chefs du parti socialiste français, accepta de faire partie d'un ministère, dans lequel se trouvaient M. Waldeck-Rousseau et M. le général de Galliffet.

M. Jaurès qui vint depuis au socialisme, après une rapide évolution, eut la pensée de réunir ces forces éparses et d'en faire un bloc. Il fit accepter, par les différentes sectes, l'idée de se rencontrer sur un terrain neutre, dans un congrès d'union.

Ce congrès eut lieu en décembre 1899, au gymnase Japy.

L'Église catholique, dit M. Bourdeau, a convoqué autrefois des conciles, pour mettre un terme aux hérésies qui la divisaient ; les socialistes recoururent à un congrès, pour en finir avec le grand schisme qui venait d'éclater parmi eux. Les signataires du manifeste publièrent une proclamation, où ils blâmaient ceux qui ont « remplacé la lutte de classes par la chasse aux portefeuilles » et où ils proposaient la convocation d'un congrès, qui aura pour mission de décider « si la lutte de classes, qui est la base même du socialisme, permet l'entrée d'un socialiste dans un gouvernement bourgeois ».

Le Congrès s'ouvrit, le 3 décembre, au gymnase Japy, boulevard Voltaire.

Toutes les organisations politiques y étaient représentées, et aussi quelques syndicats, mais non les plus importants, non plus que les grandes fédérations syndicales et les grandes organisations ouvrières, telles que la Fédération des Bourses du travail et la Confédération du travail.

La *Fédération des socialistes indépendants* était représentée par MM. Jaurès, Viviani, Rouanet, Fournière, Gérault-Richard, André Lefèvre, Adrien Veber, Labusquière, Navarre, Henri Turot, Degay, Briand.

Le *Parti ouvrier français* (guesdiste) avait délégué MM. Jules Guesde, Lafargue, Ferroul, Zévaès, Chauvin, Delory, Raymond Lavigne.

Le *Parti socialiste révolutionnaire* (blanquiste) avait comme représentants MM. Vaillant, Sembat, Breton, Allard, Chauvière, Walter, Landrin, Dubreuilh.

Le *Parti ouvrier socialiste révolutionnaire* (allemaniste) comptait dans sa délégation MM. Allemane, Lavaud, Joindy, Charnay.

La *Fédération des travailleurs socialistes* (broussiste) était représentée par MM. Brousse, Rozier, Dalle.

L'*Alliance communiste* (allemanistes dissidents) était représentée par MM. Groussier, Dejeante, Faillet, Berthaut.

De ces six organisations, trois avaient signé le manifeste contre les socialistes parlementaires; c'étaient les guesdistes, les blanquistes et l'Alliance communiste. Les autres, les broussistes, les indépendants et les allemanistes, restaient avec M. Jaurès.

En dehors des nombreux groupes politiques, figuraient à ce Congrès quelques syndicats et sociétés coopératives, ayant accepté les principes essentiels du socialisme définis par M. Millerand, au banquet de Saint-Mandé.

Ces principes sont résumés dans la formule suivante :

Entente et action internationale des travailleurs, organisation politique et économique du prolétariat en parti de classe pour la conquête du pouvoir et la socialisation des moyens de production et d'échange, c'est-à-dire la transformation de la société capitaliste en une société collectiviste ou communiste.

La commission avait exigé, au surplus, des syndicats, qu'ils justifiassent de leur existence au 1er janvier 1899, et des sociétés coopératives, qu'elles eussent prévu dans leurs statuts une part de bénéfice attribuée à la propagande socialiste.

.·.

Les débats commencèrent sur l'ordre de la discussion à suivre. Les ennemis de M. Millerand désiraient qu'on discutât tout d'abord la question de l'entrée d'un socialiste dans un gouvernement bourgeois, suivant l'ordre du programme, et M. Zévaès opinait dans le même sens, tandis que l'allemaniste M. Joindy demandait l'interversion des questions et la discussion immédiate des conditions de l'unité socialiste. — En fin de discussion, le Congrès décidait de conserver l'ordre de la discussion.

La première question était la suivante :

La lutte des classes et la conquête des pouvoirs publics.

a) Dans quelle mesure, — et conformément au principe de la lutte de classes, base même de l'organisation du Parti, — celui-ci peut-il participer au pouvoir dans la commune, le département et l'État?

Sur cette grave question M. JAURÈS prenait le premier la parole et présentait ce projet de résolution :

« Le Congrès déclare que le prolétariat doit s'appliquer SURTOUT à conquérir, dans la commune, le département et l'État, la partie de ses pouvoirs publics qui relève directement de l'élection. Il met en garde la classe ouvrière contre les illusions que pourrait faire naître la participation d'un socialiste dans un ministère bourgeois, cette action partielle étant forcément limitée et dominée par les lois générales du système capitaliste et par les intérêts essentiels de la classe bourgeoise, qui ne céderont qu'à l'expropriation totale, politique et économique. Le Congrès reconnaît en même temps qu'il est DES CAS *où la participation d'un socialiste au pouvoir bourgeois peut être favorablement examinée,* soit lorsqu'une crise grave menace les libertés politiques, qui sont la condition essentielle du mouvement prolétarien et que le concours direct du prolétariat, pour la lutte contre la réaction, est nécessaire et utile, soit lorsque la propagande et l'action du parti socialiste ont conduit à maturité une importante réforme, comme la journée de huit heures, l'institution des retraites pour tous les travailleurs agricoles et industriels, ou encore la substitution des milices populaires aux armées de caserne. Le Congrès reconnaît qu'il peut y avoir intérêt pour le Parti à donner sa marque et sa signature gouvernementale à la réforme préparée et imposée par lui.

« Le Congrès déclare en outre que, pour que cette participation d'un socialiste au pouvoir bourgeois garde un caractère de classe et se rattache à l'action générale du prolétariat, il faut que l'élu socialiste ne participe au pouvoir qu'avec l'assentiment formel du Parti, pour une œuvre et dans des conditions déterminées par le Parti. Il faut, en outre, que le délégué au ministère rende compte personnellement de son mandat ministériel au Congrès général du Parti organisé.

« La situation, ajoute M. Jaurès, est intolérable et ne peut se renouveler, il faut que cesse l'état de division où nous sommes et que la question de méthode soit réglée.

« Pouvons-nous arriver à un accord ? Je le crois.

« Lafargue lui-même, dans une brochure récente, reconnaissait que l'entrée d'un socialiste au ministère était un coup hardi et un fait considérable. Il constate que, lorsque la Commune fut proclamée au 18 mars, il y eut en province une stupeur profonde, parce qu'on ne connaissait pas les hommes qui venaient de prendre le pouvoir. Avec la participation d'un élu socialiste au ministère, une pareille surprise ne sera plus à craindre.

« Eh bien, si Lafargue reconnaît une telle importance à l'entrée d'un socialiste au ministère, comment pourrait-on écarter systématiquement une telle participation ?

« Ce n'est, d'ailleurs, pas une dérogation aux principes socialistes ; si c'en était une, comment le congrès socialiste d'Épernay aurait-il pu confier à son comité national le soin de se prononcer ultérieurement sur la question ; c'est tout de suite qu'il se serait énergiquement prononcé.

« Il y a, entre la classe possédante et la classe

prolétarienne, un antagonisme profond, et le prolétariat doit s'organiser en parti de classe, pour arracher à la classe possédante tous ses privilèges.

« Mais c'est une question de tactique que de savoir si, pour mener cette bataille, le parti socialiste peut se dérober à la responsabilité de la pratique du pouvoir.

« Certes, il est plus commode de s'en tenir à la propagande, au lieu de prendre cette responsabilité.

« Mais ne la prennent-ils pas ceux qui entrent au Parlement? Et ceux qui, comme à Lille, acceptent la lourde charge de la mairie, ne prennent-ils pas en même temps une parcelle de la puissance centrale déléguée par le pouvoir bourgeois?

« Eh bien, nous disons que, à mesure que le parti socialiste grandit, sa force doit se combiner avec les forces environnantes. Nous devons nous installer au cœur même de la place.

« Il y a des camarades qui, enivrés par la sublimité de l'espérance socialiste, s'imaginent que la citadelle capitaliste peut s'écrouler d'un seul coup.

« Guesde, lors de l'inauguration de la maison d'Ivry, disait que, *en 1900, le parti socialiste présiderait à l'inauguration de l'Exposition universelle.*

« Si vous pensez qu'on peut annoncer ainsi à date fixe le triomphe prochain, oui, vous avez raison, il faut nous recueillir et nous garder de tout voisinage dangereux.

« Mais nul ne peut prévoir ni prédire le moment de la chute du régime capitaliste; il faut pénétrer chaque jour la société bourgeoise.

« Il y a des réformes qui préparent la victoire. Donc ces réformes, il faut les réaliser nous-mêmes,

afin de ne pas en laisser le bénéfice aux partis bourgeois.

« On veut parler de subdiviser le parti socialiste en deux fractions : l'une, dite des réformistes, qui serait chargée de la besogne quotidienne et vulgaire de faire triompher les réformes déjà prêtes. L'autre qui s'intitulerait socialiste révolutionnaire et qui resterait sur les hauteurs dans la contemplation de l'Idéal.

« Et c'est vous qui parlez de la faillite des partis bourgeois !

« Mais ne voyez-vous pas que, si vous vous désintéressez des réformes, vous leur en laisserez le mérite.

« Non ! non ! il n'y a qu'un parti qui puisse faire des réformes, c'est celui qui prépare la Révolution.

« Autrefois on détournait les travailleurs d'aller aux syndicats, aux coopératives, aux municipalités, au Parlement.

« Puis peu à peu il a fallu céder et les inviter au contraire à se mêler à toutes les manifestations de la vie politique.

« Eh bien, il faut pousser plus loin cette tactique et envoyer, *dans certains cas*, un des nôtres au ministère pour y planter le drapeau socialiste.

« S'il y avait péril à cela, les termes mêmes de ma proposition suffiraient à le faire évanouir. » (*Tonnerre d'applaudissements.*)

M. Viviani soutient la même thèse :

« On s'étonne que Millerand n'ait pas démoli la citadelle capitaliste en arrivant au pouvoir, dit-il, mais ce reproche ne peut-il être fait même aux députés par leurs électeurs ?

« Et si on demandait quelle est la transformation sociale résultant de la pénétration des socialistes au Parlement et dans les municipalités ? Est-ce que les socialistes en sont responsables ?

« Il a fallu faire violence à la réalité, lorsqu'on a dit qu'il était interdit de faire un choix entre les fractions bourgeoises lorsque la République est en péril.

« On a dit qu'il n'y avait aucune différence à faire entre Millerand et M. de Mun. Demandez aux syndicats ce qu'ils pensent de Millerand ? » (*Longs applaudissements.*)

M. Viviani rappelle, en réponse à M. Létang, à propos des grèves du Creusot, qu'il a vu pendant quinze jours les grévistes dans la rue, alors qu'il n'y avait pas un seul soldat.

« Est-ce que cela serait possible avec M. de Mun ? (*Applaudissements.*)

« Mais il faut voir qui a fait des concessions.

« Millerand s'est abstenu sur le crédit de l'ambassade du Vatican ; mais en novembre 1895, sous le ministère Bourgeois, nous nous sommes tous rencontrés, avec le citoyen Guesde, pour voter le maintien des lois scélérates.

« Toutes les fractions socialistes font des concessions. Qui n'a pas fait d'alliances avec les bourgeois en période électorale ? Est-ce qu'à Lille, nous n'avons pas eu un maire socialiste, dont tout le monde connaît l'intelligence, la loyauté et les opinions, accepter la collaboration des radicaux comme adjoints ? Allez dire à Lille, au mois de mai prochain, que vous ne connaissez que des ennemis dans le parti bourgeois. (*Applaudissements prolongés.*)

« Est-ce qu'il n'y a pas une analogie certaine entre

un maire et un ministre? Le maire est le délégué et l'esclave du pouvoir central. Vous n'avez pas hésité à conquérir les mairies, partout où cela était possible.

« Lorsqu'il s'agit de voter au Parlement, on est plus embarrassé qu'à une tribune de réunion publique, lorsqu'on excommunie les ennemis de la bourgeoisie.

« Au Parlement, que faisons-nous? Nous présentons des amendements à toutes les lois, pour les rendre moins défavorables à la classe ouvrière. Qui nous a enseigné cette tactique? N'est-ce pas le citoyen Guesde, lorsqu'il était député? (*Vifs applaudissements.*)

« Mais, pour les lois ouvrières mêmes, si l'on appliquait la théorie révolutionnaire jusque dans ses conséquences, on ne voterait jamais les réformes les plus utiles, car les classes bourgeoises qui les acceptent peuvent en tirer un profit moral.

« Il faut prendre une responsabilité courageuse, une responsabilité immédiate et décisive. Le parti socialiste n'a pas le droit de se retirer de la lutte, mais il faut descendre dans la société pour la pénétrer et l'attirer à nous.

« Nous, nous demandons de montrer au pays ce que peut un grand parti, capable de regarder l'avenir en face, pour travailler à faire de cette France généreuse une des forces de l'humanité. » (*Longs applaudissements.*)

.*.

M. Guesde se lève alors et démolit argument par argument la théorie « ministérialiste ».

« Si j'ai demandé à répondre à Viviani, ce n'est pas parce qu'il a rappelé qu'il était venu à Charonne et à Wattrelos défendre des candidatures révolutionnaires.

« Mais je suis obligé de lui rappeler que, s'il a soutenu Vaillant, *il n'y aurait pas de Viviani député, s'il n'y avait pas eu de Vaillant, qui se soit fait condamner à mort en 71.*

« Ce n'est pas non plus parce que Viviani a fait appel aux syndicats et aux coopératives. Je ne ferai pas l'injure aux organisations de croire qu'elles sont disposées à vendre leur droit à la révolution pour un plat de lentilles.

« Ce n'est pas parce qu'il a essayé de confondre l'action municipale et législative, avec l'action ministérielle.

« Zévaès a déjà répondu que la force ouvrière ne peut pénétrer que là où elle passe elle-même; *là où il faut le consentement de la classe capitaliste, le socialisme ne passe pas.*

« J'ai demandé la parole quand Viviani a voulu enfermer le Parti socialiste dans ce dilemme : ou pas d'action socialiste, ou la participation ministérielle.

« Si, il y a vingt ans, quand nous avons créé un parti de classe, quand nous avons dit à la classe ouvrière : affirmez-vous comme classe, on nous avait dit : tout cela va aboutir à un portefeuille donné à l'un des nôtres, nous aurions protesté.

« *L'idée de la possibilité d'un mélange des deux classes n'était venue à personne, alors.* Et ce n'est pas seulement les militants d'autrefois, qui auraient répondu non, si on les avait interrogés.

6.

« Il y a aussi le socialisme international qui a répondu que, dans une société basée sur l'antagonisme des classes, on ne peut pas réunir deux classes dans leur expression politique, tant qu'elles seront divisées mortellement sur le terrain économique.

« Le prolétariat allemand a parlé par Liebknecht !

(*Une voix, dans la salle : A bas Liebknecht ! Protestations. Cris : Exclusion !*)

Le Président : « Au nom du bureau tout entier et de l'unanimité du Congrès, je proteste contre l'odieuse interruption que nous avons entendue et nous vous proposons de voter nos félicitations et nos sympathies à la démocratie allemande et à son vénéré doyen Liebknecht. (*Applaudissements dans toute la salle.*)

« J'ai reçu la proposition suivante du citoyen Delory et de plusieurs de ses collègues : « *Nous demandons l'expulsion de l'insulteur de Liebknecht* ». Vous allez être des juges. Je vous demande d'entendre l'interrupteur. »

L'interrupteur, M. Joindy, monte à la tribune : « J'affirme, dit-il, dans la circonstance actuelle, les plus purs sentiments internationalistes. J'affirme également que ce qui nous a amenés dans ce Congrès, c'était l'obligation de lutter en commun contre les forces réactionnaires.

« J'affirme que le plus grand danger était la réaction alliée à l'antisémitisme, et, quand, dans les journaux nationalistes, j'ai vu affirmer les sentiments haineux de Liebknecht contre ceux... (*Protestations violentes.*)

« Je suis prêt à m'incliner devant les décisions du

Congrès. Ce que j'ai dit est suffisant. Maintenant jugez-moi et jugez-vous vous-mêmes. »

(L'expulsion de M. Joindy, mise aux voix par le Président, est votée.)

M. Fabérot : « Je demande au Congrès de revenir sur cette décision.

« Je parle pour un camarade qui est avantageusement connu pour sa résolution, ses principes établis. *(Protestations sur un certain nombre de bancs.)*

M. Fabérot *s'adressant aux interrupteurs :*

« Je sais bien que pour vous, personne n'est pur, sauf vous.

« Je demande à l'assemblée d'avoir la patience de véritables révolutionnaires. Elle ne peut expulser un membre du Congrès pour une interruption, que je ne défends pas, car elle n'avait pas raison d'être. Il faut respecter tous les citoyens. »

Le Président, au nom du bureau, demande que les explications, sur ce point, soient remises à demain. Si l'on veut terminer la discussion, il faut reprendre l'ordre du jour.

M. Jules Guesde : « Je vous disais que sur cette question, ce n'étaient pas seulement les différents partis socialistes du monde représentés, l'Allemagne par Bebel, Schoenlank et Liebknecht, l'Italie par Ferri et Labriola, la Belgique par Vandervelde, l'Espagne par Iglesias, la Russie par Lavroff et Plekhanoff qui avaient répondu que cette méthode n'avait jamais été la méthode socialiste. La même réponse a été faite en France, il n'y a pas longtemps, et la voici :

« Sous peine de faillir à leur mission, les socia-
« listes ne doivent s'approcher du pouvoir que pour

« en chasser la bourgeoisie. Un socialiste qui accep-
« terait de participer, dans quelque mesure que ce soit,
« au gouvernement de la classe capitaliste, signerait
« du même coup son apostasie. »

« Et c'est signé : Gérault-Richard, rédacteur en
chef de la *Petite République*, et ces lignes repro-
duites non comme une attaque, mais comme une
constatation, sont du samedi 28 janvier 1899.

« Ce n'est pas que je veuille exclure *a priori* cette
méthode si nouvelle, si inouïe, si contraire à tout
ce qui s'est fait. Mais, puisqu'elle est nouvelle, j'ai
le droit de l'étudier, non seulement au point de
vue théorique, mais à la lumière de l'expérience qui
se poursuit, pour la première fois, en France, depuis
quelques mois seulement.

« Les raisons théoriques ont été dites plusieurs
fois : je ne ferai pas aux socialistes qui sont ici, l'injure de les répéter.

« C'est au point de vue expérimental que je veux
analyser ici cet événement nouveau. Je n'apporte
aucune animosité personnelle, je le déclare comme
je l'ai déclaré dans toute la France. Je connais les
convictions socialistes du citoyen qui a accepté une
participation au pouvoir, et s'est chargé des affaires
de la bourgeoisie.

« Ce n'est pas une question de personne. Quand
un homme serait traître à sa cause, cela ne prouverait
pas qu'à sa place, un autre ne rendrait pas des services à sa cause. Il faut, au contraire, dépersonnaliser
la question et chercher, dans les faits, ce que la
méthode nouvelle apporte de force au parti socialiste.

« Or ce que personne ne peut contester, c'est

l'impuissance nécessaire du socialiste au ministère. Il y a incompatibilité entre lui, l'homme de la rénovation sociale, et ses collègues, les hommes de la conservation sociale. Les réformes qu'il peut faire ce sont des apparences, *des mensonges de réformes.*

« En janvier 1899, Krauss, reprenant une proposition présentée plusieurs fois par moi, faisait voter par la Chambre une résolution portant que le Conseil supérieur du travail devrait se composer, au moins pour la moitié, de membres élus par les ouvriers. Cette toute petite réforme, voulue par la Chambre, Millerand n'a pas même pu la faire. Le Conseil du travail comptera 22 membres nommés par l'élection ouvrière, et 22 patrons; mais à côté d'eux, 22 fonctionnaires, membres de droit, donneront une majorité formidable à la classe capitaliste.

« Je connais Millerand, ce n'est pas la moitié, c'est tout qu'il eût voulu donner aux travailleurs; mais il s'est heurté à la résistance de ses collègues. Ainsi, *l'impuissance va jusqu'à ne pouvoir opérer ce qui n'est même pas une réforme réelle.* La voix du ministre socialiste ne peut être que celle d'un homme, criant dans le désert capitaliste.

« Mais, deuxième constatation : l'entrée du socialiste au ministère a-t-elle satisfait les espérances et les illusions des prolétaires? On a vu au Creusot, dans l'Est, partout, l'armée ouvrière disant : Il est à nous! il est pour nous! En avant! Et sur sa route, comme auparavant, elle a trouvé la même gendarmerie, la même magistrature, la même armée, elle a été frappée par ce qu'on appelle la justice bourgeoise.

« Espérances écrasées, illusions perdues, qu'est-ce autre chose que *la banqueroute du socialisme?*

« Le socialisme disait au prolétariat : Organise-toi, deviens le maître du pouvoir. Alors, au lieu de subir la loi capitaliste, tu feras la loi socialiste; alors tu seras émancipé. Les moyens de travail et de production seront à toi, et tu cesseras d'être la classe d'une autre classe.

« Et vous lui avez fait croire que ce pouvoir, il l'avait, qu'un socialiste avait conquis le pouvoir, quand c'était le pouvoir qui l'avait conquis. Il a entrevu l'échéance des promesses faites; il a dit : Payez! Et *vous ne pouvez le payer qu'en charges de gendarmerie!*

« Je dis que si cet état de choses se prolongeait, ce serait la faillite du socialisme. De deux choses l'une : Ou les prolétaires, organisés en parti de classe, renonceraient à cette organisation; ils se tourneraient vers la propagande par le fait, n'ayant plus foi qu'en la chimère révolutionnaire. Est-ce une pareille solution que vous voulez? Ou bien d'autres rentreraient chez eux se disant : j'ai cru à mon parti, il m'a trahi comme tant d'autres.

« Et vous qui avez voulu sauver la forme républicaine, vous auriez créé le plus grand péril pour elle. Car, dégoûté de la politique socialiste comme de la politique opportuniste, on laissera passer le premier sabre venu, comme, après les fusillades de juin, on a laissé passer le 2 décembre.

« Ce n'est encore là qu'un des revers de l'arme prétendue nouvelle, que l'on veut, socialistes, vous mettre entre les mains. — Voici un autre point :

« Quand un gouvernement donne place, chez lui, à un

socialiste, c'est pour désarmer les revendications ouvrières. En 1848, Albert; en 1870, un homme que je ne nommerai pas, car vous savez tous son rôle actuel, ont été pris comme otages; on les aimait mieux dedans que dehors. C'est comme otage aussi que Waldeck-Rousseau prend Millerand. Il veut empêcher les révolutionnaires de tirer sur lui, Waldeck, de peur de blesser qui? le socialiste Millerand. (*Interruptions.*)

« Laissez-moi aller jusqu'au bout; je ne m'adresse pas aux passions, je ne m'adresse qu'aux cerveaux.

« J'ai à vous indiquer un troisième point de vue. Il y a quatorze mois environ, au Congrès de Stuttgart où j'étais, la démocratie socialiste allemande décidait que les tarifs protecteurs ne pouvaient être réclamés par des socialistes. Et pourquoi? Parce que le jour où ils protégeraient ainsi l'industrie des patrons nationaux, ils souderaient ensemble les patrons et les ouvriers d'un même pays, et qu'alors, au lieu de s'unir par-dessus les frontières, les divers prolétariats du monde seraient renfermés dans leurs frontières; qu'il n'y aurait plus d'entente internationale possible.

« Eh bien, pensez à ceci : Les grandes guerres d'autrefois sont finies, parce que la bourgeoisie a peur pour ses richesses, parce qu'elle ne veut pas que les fils à papa deviennent de la chair à canon.

« Mais voici l'ère des guerres d'un autre genre, continuelles, pour les débouchés, pour l'extension du marché universel.

« Cette guerre se fait avec votre or, avec votre sang, camarades!

« Or, représentez-vous, dans cet état de guerre, un Millerand français, un Millerand allemand, un Millerand italien, un Millerand anglais, opposant les intérêts des bourgeois et des prolétaires de leur pays respectif.

« Ce jour-là, l'Internationale des travailleurs serait morte. Il vous faudrait alors devenir les nationalistes que, ni vous ni moi, ne voulons devenir. »

*
* *

La question devait être résolue sur le rapport d'une commission. Cette commission se divisa. M. Delesalle fut le rapporteur de la majorité, M. Landrin le rapporteur de la minorité.

Le texte de la minorité était ainsi rédigé :

« Dans une période de révolution, le premier devoir du parti est de s'emparer du pouvoir politique et de réaliser, dans la mesure du possible et pour son émancipation, la dictature impersonnelle de la classe ouvrière.

« Dans le régime capitaliste, un parti ne peut demeurer fidèle à la politique et à la doctrine socialiste révolutionnaire et au principe de la lutte de classes, qu'en étant et restant un parti d'opposition au parti bourgeois, au pouvoir central, au gouvernement de la bourgeoisie : un parti de révolution.

« Les élus, citoyens délégués par le parti dans les conseils municipaux et au Parlement, pour cette politique d'opposition et de révolution, peuvent et doivent accepter toute fonction élective.

« Aucun membre du parti ne peut, sans être considéré comme exclu de fait, accepter un poste ministériel ou une participation quelconque au pouvoir central du capitalisme bourgeois. »

La *formule conciliatrice* présentée par la majorité, était ainsi formulée :

Tout en admettant que des circonstances exceptionnelles peuvent se produire, dans lesquelles le Parti aurait à examiner la question d'une participation socialiste à un gouvernement bourgeois, le Congrès socialiste déclare que, dans l'état actuel de la société capitaliste et du socialisme, tant en France qu'à l'étranger, *tous les efforts du Parti doivent tendre à la conquête,* dans la commune, le département et l'État, *des seules fonctions électives,* étant donné que ces positions dépendent du prolétariat, organisé en parti de classe, qui, en s'y installant avec ses propres forces, commence légalement et pacifiquement l'expropriation politique de la classe capitaliste, qu'il aura à terminer en Révolution. »

C'était le texte adopté par le précédent Congrès guesdiste de Caudry. Pourquoi les guesdistes le repoussèrent-ils à cette heure? On dit que les chefs furent débordés par leurs « militants » désireux de briser les liens qui les unissaient aux « ministérialistes », et de répudier une formule que les « ministérialistes » allaient hypocritement adopter. Toujours est-il que M. Guesde avait accepté de voter le texte de la majorité. Son manque de parole fut l'occasion d'un beau tapage.

Au moment où M. Constant, guesdiste, monte à la tribune pour déclarer que son parti se rallie au texte de la minorité de la commission, M. Jaurès demande la parole.

LE PRÉSIDENT[1] : « Le citoyen Jaurès a la parole. (*Interruptions : Au vote! au vote! Tumulte prolongé, cris : Vive Jaurès! Vive Jaurès! Sifflets.*)

M. JAURÈS : « Citoyens!... »

[1. M. Fournière.

(Le tumulte redouble. On crie : Vive Jaurès ! sur l'air des lampions. On siffle. Le tapage est infernal.)

M. Guesde monte à la tribune. (Vives protestations, il ne peut parler.)

LE PRÉSIDENT : « Voici un amendement du citoyen Guesde.

« En voici un second, de la Confédération générale du travail.

« En voici un autre...

« Je crois que cet amendement rentre dans la contre-proposition de la minorité de la commission. Il y a en présence trois amendements.

« Voici l'amendement Guesde. La priorité est demandée.

« *La lutte des classes permet-elle l'entrée d'un socialiste dans un gouvernement bourgeois ?*

« Le citoyen Guesde demande-t-il la parole ? »

M. GUESDE : « La lecture suffit. » *(Protestations.)*

M. JAURÈS : « Je demande la parole pour un rappel au règlement. *(Bruit.)*

« Guesde ! il y a un acte de déloyauté... *(Interruptions.)* Guesde ! Jules ! Jules ! c'est une trahison ! Guesde, vous avez le devoir de parler au nom de votre parti... *(Tumulte, acclamations : Vive Jaurès ! Les tribunes applaudissent.)*

« Guesde ! c'est une trahison ! c'est une trahison !... »

(Cris : Vive Jaurès ! Vive Jaurès !)

M. Jaurès s'avance vers M. Jules Guesde et répète :

« C'est une trahison ! *(Tumulte prolongé.)*

« Je vous adjure de relever l'honneur de votre parti ! Guesde ! Guesde ! l'honneur ? l'honneur ?... »

M. Guesde reste impassible à son banc pendant

que les délégués, debout, acclament M. Jaurès. Le tumulte redouble. On n'entend que les acclamations à M. Jaurès.

M. JAURÈS : « Nous sommes des socialistes! Guesde, je vous somme au nom de l'honneur de venir ici tenir vos engagements!

« Vous êtes sourd à l'honneur, Guesde! Guesde! je vous appelle ici! Guesde! Guesde! Vous êtes déchu! Vous êtes déshonoré! Vous avez manqué à vos promesses! »

(Cris nourris : Conspuez Jules Guesde! Conspuez!)

Pendant plus d'une demi-heure la salle est agitée d'un tumulte indescriptible.

Une grande partie de l'assemblée se dresse sur les tables, agitant des drapeaux rouges et un écriteau sur lequel est écrit le mot Union. L'autre partie de l'assemblée siffle ou frappe sur les tables. M. Fournière, impuissant à rétablir l'ordre, déclare que la séance est suspendue.

．．

A la reprise, M. Jaurès a la parole :

M. JAURÈS : « Je viens porter devant le Congrès un rappel au règlement qui est aussi un rappel à l'honneur. Je n'ai rien à reprendre à l'attitude du parti socialiste révolutionnaire. Dans la commission et dans le Congrès, il s'est conduit avec loyauté et correction ; dans la commission, quand le Parti ouvrier français, par l'organe du citoyen Delesalle, est venu apporter un projet transactionnel, le Parti socialiste révolutionnaire, par la voix de ses militants, Vaillant, Landrin,

Groussier, a déclaré qu'il le repoussait et il a voté contre.

« Il a annoncé en outre que, devant le Congrès, il reprendrait la motion déposée hier par le citoyen Vaillant, et il l'a en effet reprise.

« Les hommes du Parti socialiste révolutionnaire se sont conduits en socialistes loyaux, qui tiennent leurs engagements. (*Applaudissements*.)

« D'un autre côté, je l'ai dit, le *Parti ouvrier français*, le citoyen Delesalle parlant en son nom, avait apporté à la commission une proposition transactionnelle.

« Nous avons alors déclaré, au nom de la Confédération générale des socialistes indépendants, que nous étions prêts à abandonner nos propositions personnelles, pour voter celle du Parti ouvrier français, si, en retour, ce parti prenait l'engagement de la voter, lui-même, et de n'en pas voter d'autres.

« Par trois fois, les seize délégués du Parti ouvrier français se sont *engagés d'honneur*, en leur nom et au nom de leur parti, à ne voter que la proposition Delesalle.

« Eh bien! le Parti ouvrier français est un parti discipliné.

« Qu'il prenne garde! Cette discipline même le condamne aujourd'hui, car plus les chefs ont d'influence sur leurs troupes, et plus ils sont eux-mêmes coupables, si leurs troupes ne marchent pas. (*Applaudissements*.)

« Vous avez déclaré, citoyen Guesde, que vous ne voteriez que la proposition Delesalle. Si je viens de le rappeler, ce n'est pas seulement pour avertir vos groupes qu'un engagement d'honneur a été pris en leur nom, et je suis persuadé qu'ils sauront le tenir.

« Mais il fallait bien que je dise pourquoi nous n'avons fait, nous, aucune proposition. C'est que nous en avions pris l'engagement vis-à-vis de vous, nous fiant à votre promesse, comme à celle d'hommes de parole et d'honneur. (*Applaudissements prolongés.*)

« Nous avons fait abandon de notre proposition personnelle, par esprit de discipline. Eh bien! s'il y a eu un malentendu, il faut que vous le dissipiez. S'il y a eu félonie, il faut que vous en portiez toute la responsabilité. » (*Applaudissements.*)

M. GUESDE monte à la tribune au milieu du bruit :

« Le Parti ouvrier français, dit-il, tient et tiendra ses engagements. Il a décidé de présenter au Congrès, sous forme de proposition, sa propre résolution du Congrès d'Épernay. Cette résolution, il la votera. Quand je suis monté à cette tribune, il y a une heure et demie, c'était pour rappeler à mon parti qu'il avait une parole à dégager, et je venais le faire. Or, à ce moment, le citoyen Jaurès m'a dit qu'il était nécessaire de soumettre au Congrès la question de principe, avant de lui soumettre la proposition Delesalle.

« Ce que j'affirme est l'absolue vérité. Et tous ceux du *Parti ouvrier français* peuvent témoigner que, malgré leur opposition et leurs protestations, je leur ai rappelé qu'il fallait tenir les engagements pris cette après-midi. Je les ai rappelés à leur devoir.

« L'amendement, déposé par moi, l'a été à la demande du citoyen Jaurès, parce qu'il avait compris que ce qui s'était imposé à la conscience de la commission devait s'imposer aussi à la conscience du Congrès.

« C'est une question préalable, déjà tranchée par la

commission, et qui devra l'être aussi par le Congrès. Quant à la proposition Delesalle, le Parti ouvrier la votera. » (*Applaudissements.*)

.˙.

Le Président met aux voix l'amendement Jules Guesde :

« *La lutte de classes permet-elle à un socialiste d'entrer dans un gouvernement bourgeois?* »

Pour . . . . . . 818 mandats
Contre . . . . . 634 —

La proposition Guesde est adoptée.

Le résultat du dépouillement du scrutin sur la résolution transactionnelle présentée, au nom de la majorité de la commission nommée par le Congrès, est le suivant :

Pour . . . . . . 1140 mandats
Contre . . . . . 245 —

La résolution est adoptée. (*Applaudissements; cris : Vive Millerand!*)
Tant bien que mal, plutôt mal que bien, l'Unité était *décrétée;* on organisa le Parti, on créa un Comité général, on soumit les journaux socialistes au contrôle du Parti.
Lorsque le Congrès d'entente socialiste se termina aux clameurs de l'*Internationale,* tout le monde s'embrassa, se complimenta et farandola.

M. SEMBAT, président, crie : « Pas de discours. Vive la Sociale! Vive la Commune! Vive le parti socialiste! La séance est levée. Chantez l'*Internationale* maintenant. » (*Salves d'applaudissements.*)

Aussitôt, toute l'assemblée se lève. Des cris partent de tous les points de la salle : « *La Carmagnole! L'Internationale!* »

Les délégués se précipitent vers les drapeaux rouges accrochés au mur, les prennent en main, les élèvent et les balancent au-dessus des têtes.

Les acclamations se multiplient, se confondent; une immense clameur monte de cette foule ardente.

Mais l'assistance réclame avec une insistance persistante l'*Internationale*. M. Ghesquière, adjoint au maire de Lille et conseiller général du Nord, monte à la tribune. MM. Guesde, Jaurès, Vaillant, tous les militants du socialisme se rangent à leurs côtés. M. Ghesquière entonne le premier couplet de l'*Internationale* [1], dont toute l'assistance reprend en chœur le refrain.

1.   L' « INTERNATIONALE »

Musique de Degeyter. — Paroles d'Eug. Pottier.

1er COUPLET

Debout! les damnés de la terre!
Debout! les forçats de la faim !
La raison tonne en son cratère,
C'est l'irruption de la fin.
Du passé faisons table rase,
Foule esclave, debout! debout!
Le monde va changer de base :
Nous ne sommes rien, soyons tout

*
* *

« Deux mots pour exprimer notre joie, écrivait le

C'est la lutte finale,
Groupons-nous, et demain,
L'Internationale
Sera le genre humain.

2ᵉ COUPLET

Il n'est pas de sauveurs suprêmes,
Ni Dieu, ni César, ni tribun ;
Producteurs, sauvons-nous nous-mêmes !
Décrétons le salut commun !
Pour que le voleur rende gorge,
Pour tirer l'esprit du cachot,
Soufflons nous-mêmes notre forge,
Battons le fer quand il est chaud !

3ᵉ COUPLET

L'État comprime et la loi triche,
L'impôt saigne le malheureux :
Nul devoir ne s'impose au riche,
Le droit du pauvre est un mot creux.
C'est assez languir en tutelle,
L'égalité veut d'autres lois :
« Pas de droits sans devoirs, dit-elle ;
« Égaux, pas de devoirs sans droits ! »

4ᵉ COUPLET

Hideux dans leur apothéose,
Les rois de la mine et du rail
Ont-ils jamais fait autre chose
Que dévaliser le travail ?
Dans les coffres-forts de la bande,
Ce qu'il a créé s'est fondu.
En décrétant qu'on le lui rende,
Le peuple ne veut que son dû.

5ᵉ COUPLET

Ouvriers, paysans, nous sommes
Le grand parti des travailleurs ;
La terre n'appartient qu'aux hommes,
L'oisif ira loger ailleurs.
Combien de nos chairs se repaissent !
Mais si les corbeaux, les vautours,
Un de ces matins disparaissent,
Le soleil brillera toujours !

lendemain M. Gérault-Richard, pour inviter les militants de France à se réjouir avec nous.

« Le Congrès a donné hier au parti socialiste une constitution.

« Le temps est mort à jamais des rivalités, des divisions, des déchirements, de l'impuissance. »

« Le prolétariat de France, ajoutait M. Jaurès, le prolétariat du monde apprendront avec allégresse que l'union de tous les socialistes français n'est pas seulement proclamée, qu'elle est organisée. »

Le Comité général se composait de 15 guesdistes (P. O. F.), 7 blanquistes (P. S. R.), 6 socialistes indépendants, 4 allemanistes (P. O. S. R.), 3 broussistes (F. T. S.)[1], 4 délégués de syndicats, 1 délégué de sociétés coopératives, 7 délégués de fédérations autonomes.

GUESDISTES. — *Délégués :* MM. Guesde, Lafargue, Chauvin, Roland, Pédron, G. Farjat, Zévaès, Roussel, Prévost, Fortin, Dereure, Delory, Morel, Millet, Constant.
Suppléants : MM. Bracke, Bertholet, Deslinières, Rivet, Maillet, Jean Bertrand, Thison.
BLANQUISTES. — *Délégués :* MM. Breton, Dubreuilh, Ebers, Landrin, Létang, Sembat, Vaillant.
Suppléants : MM. Blum, Le Page, Lignières, Tanger.
SOCIALISTES INDÉPENDANTS. — *Délégués :* MM. Jaurès, Viviani, Revelin, Briand, Camélinat, Labusquière.
Suppléants : MM. Turot, Pasquier, Hamelin.
ALLEMANISTES. — *Délégués :* MM. Allemane, Barrat, J.-B. Lavaud, A. Lenormand.
Suppléants : MM. Bagnol, A. Richard.
BROUSSISTES. — *Délégués :* MM. Dalle, Brousse, Martinet.
Suppléants : MM. P. Morel, Desplas, Boutier.
SYNDICAUX. — *Délégués :* MM. Salembier, Moreau, Semanaz, Chaucheprat.

1. P. O. F. — Parti ouvrier français (guesdiste).
  P. S. R. — Parti socialiste révolutionnaire (blanquiste).
  P. O. S. R. — Parti ouvrier socialiste révolutionnaire (allemaniste).
  F. T. S. — Fédération des travailleurs socialistes (broussiste).

Suppléants : MM. Lebrun, Monin.
COOPÉRATEURS. — *Délégué :* M. Andrieux.
FÉDÉRATIONS AUTONOMES.

	Délégués.	Suppléants.
ARDENNES.	MM. Poulain	MM. Lasalle
BOUCHES-DU-RHÔNE.	Carnaud	Cadenat
BRETAGNE.	Brunellière	
CÔTE-D'OR.	Marpaux	Dagan
SEINE-ET-OISE.	Favrais	
DOUBS.	Remmiz	
SAÔNE-ET-LOIRE.	Chalmandrier	

Le bureau était ainsi constitué :

Secrétaire : M. Dubreuilh (blanquiste); trésorier : M. Barrat (allemaniste); archiviste : M. Farjat (guesdiste).

Le secrétaire recevait une indemnité mensuelle de 300 francs; le trésorier, une indemnité mensuelle de 100 francs.

Afin de faire face à ses dépenses, le Comité décidait de constituer un budget central du parti. Ce budget était fixé à 10.000 francs. La moitié de cette somme était demandée aux organisations socialistes, à raison de 3 francs par groupe représenté au Congrès. L'autre moitié devait être produite par des réunions, des fêtes et des souscriptions.

CHAPITRE II

LE COMITÉ GÉNÉRAL DU PARTI
SOCIALISTE DE 1900.

Le Comité général socialiste institué par le Congrès de décembre 1899, ne fit pas grand bruit, tout d'abord. Les délibérations étaient tenues secrètes. — Mais, dans la séance du 7 mars 1900, M. Semanaz ayant demandé que les votes fussent publiés par la presse, désireux sans doute que les actes du Comité général ne fussent pas étouffés dans le silence, M. Jaurès se rallia vivement à cette idée et demanda même qu'un extrait authentique du procès-verbal, se rapportant à la discussion qui avait précédé le vote, fût également publié, afin que chacun prît la responsabilité de son vote. Et M. Groussier amplifia la demande de M. Jaurès en réclamant que le procès-verbal des réunions fût intégralement publié : ce qui fut adopté à l'unanimité. Et c'est ainsi que nous possédons des documents du plus haut intérêt, qui nous prouvent à quel point s'entendent ceux qui veulent restaurer en ce monde le régime de la fraternité et le régime collectiviste de leurs rêves.

Le vote du conseil général fut immédiatement suivi

d'exécution, au grand plaisir de M. Dubreuilh, alors secrétaire général du Comité et l'intelligence la plus vive et à la fois la plus habile de ce milieu de politiciens aveugles, de philosophes optimistes et d'ouvriers naïfs. — Nous voyons dès la première heure le ton des injonctions adressées aux élus : Le citoyen Krauss, député de Lyon, est délégué à Montchanin. où se débat une grève.

— « Qu'il parte de suite et que le secrétaire lui écrive dans ce sens, s'écrie un allemaniste, M. Barrat. » — Doucement, M. Jaurès demande que l'on évite dans les communications faites aux élus ces formules impératives et blessantes.

— « On ne doit pas être susceptible à ce point! » riposte M. Barrat ».

Un autre Comité de grève, à Troyes, demande l'envoi immédiat du citoyen Roldes.

Un membre du Comité fait observer qu'il est déjà en mission, en province.

— « Qu'on lui télégraphie, » réclame M. Jaurès. D'autres font remarquer que le citoyen Roldes écrit dans un journal radical. Peut-on lui confier une délégation?

Un délégué député, M. Fournière, énumère les motifs de froissement qui peuvent atteindre le groupe parlementaire, à la suite de l'attitude du Comité général.

— « Ils ne sont donc pas socialistes? » s'écrie M. Barrat.

— « Je proteste, riposte M. Fournière; mais il y a de nos collègues qui ne peuvent pas vivre avec 25 francs par jour! » (*Protestations.*)

— « Il y a un prolétariat, parmi les députés socialistes, comme ailleurs ! — Certains de nos camarades peuvent mettre trois semaines par an au « service du parti », ils ne peuvent en mettre quatre. »

La minorité du groupe parlementaire a d'ailleurs présenté l'ordre du jour suivant :

« Le groupe estime que le Comité général du Parti socialiste a pour mission l'entente de tous les militants sur la doctrine et que *le contrôle des actes de chaque élu n'appartient qu'au suffrage universel et à son Comité électoral.* »

Des protestations violentes accueillent cet ordre du jour.

— « Mes amis et moi, proteste M. Vaillant, avons déclaré que nous n'avons pas à discuter les décisions du Comité général, que nous les acceptons par avance. »

— « Bravo ! » crient les délégués.

— « Il est extraordinaire, s'exclame M. Barrat, que, sur 40 députés, on n'en puisse détacher que trois par semaine. Chez nous, au P. O. S. R. (allemaniste), il y a six ans, il y avait 5 élus; ils étaient tous de semaine; aujourd'hui, nous n'en avons plus qu'un, eh bien ! *il marche tout le temps.* — Je dis que l'attitude des députés socialistes est odieuse et honteuse. »

.·.

Les délégués se traitent mutuellement de « mauvais socialistes ». — Aux séances des 21 et 28 mars 1900, M. Moreau (du syndicat des omnibus) demande que les comptes rendus soient dépouillés de tout ce qu'ils ont d'agressif. MM. Chaucheprat et Lenormand insistent pour que le procès-verbal publié ne porte pas trace d'un incident violent survenu entre MM. Briand et Barrat [1].

— « Ce n'est pas nous, s'écrie M. Jean BERTRAND, qui avons demandé que les procès-verbaux fussent publiés. C'est vous! et aujourd'hui, vous vous plaignez! »

On se plaint de la tiédeur des citoyens-députés auxquels ordre a été donné de se rendre à des invitations pressantes, dans des grèves ou des conférences socialistes, et qui n'ont même pas répondu au Comité général, pour s'excuser. Le Comité — on le sent — cherche à prendre une attitude et des mœurs de Comité de Salut Public. — Les députés doivent être à sa dévotion et se trouver prêts à partir en mission, à la première injonction.

Mais les citoyens-députés semblent fort peu disposés à se rendre à ces injonctions.

« Tous nos adhérents, s'écrie M. REMNIZ, doivent être des soldats disciplinés de la cause qu'ils ont volontairement adoptée... Tout le parti socialiste relève de nos décisions. Dans un parti d'action, il n'y a pas de place pour des indépendants! »

La rébellion des *élus* devenait de plus en plus évidente. Le citoyen Devèze, ayant été invité à aller prêter le concours de son éloquence aux grévistes de Floing, s'était contenté de répondre télégraphiquement : « Impossible aller Floing, regrette. » — D'autre part le citoyen Carnaud avait donné sa démission de secrétaire du Groupe socialiste parlementaire et ne daignait pas fournir, à ce sujet, d'explications au Comité.

---

1. Cet incident ne fut pas rendu public malgré la décision du Comité.

« En réalité, disait M. Fribourg, les députés s'insurgent contre le Comité général. »

— « Non, ripostait ironiquement un autre délégué, ils ne s'insurgent pas, ils opposent la force d'inertie ! »

M. Lafargue propose de faire publier par les journaux socialistes les votes des élus.

M. Briand répond que le droit de contrôle sur les journaux n'implique pas l'insinuation du Comité dans la rédaction même de ces journaux.

« Les journaux sont tous pareils, riposte un allemaniste, M. Barrat. — Ils ne cherchent qu'à monter le coup à leurs lecteurs, après être venus, au congrès, faire acte de soumission au Comité général. »

M. Briand proteste alors, en accusant M. Barrat de jouer les Fouquier-Tinville — M. Briand est journaliste, il est rédacteur en chef de la *Lanterne*.

« Lorsque le citoyen Barrat déclare que les journaux socialistes roulent leurs lecteurs, il fait lui-même besogne de mauvais socialiste ! »

.·.

La séance du 18 avril est tellement violente que MM. Revelin et Briand demandent que le procès-verbal n'en soit pas publié.

Leur proposition est ainsi rédigée :

« *Jugeant que la publication du présent procès-verbal serait nuisible à l'union socialiste, nous demandons qu'il ne soit pas communiqué à la presse.* »

Par 34 voix contre 10, leur proposition est repoussée.

« Certains membres du groupe parlementaire, dit M. Andrieux (*délégué des sociétés coopératives*), s'amusent à mettre la Commission de propagande en fâcheuse posture. C'est à peine si depuis un mois nous avons pu déplacer cinq ou six députés, pour les besoins les plus urgents : pour les grèves. »

Le Comité général avait demandé individuellement à chaque député s'il se soumettait à ses injonctions. Vingt-trois députés, sur trente-neuf, avaient répondu affirmativement.

« Non seulement, dit M. LAVAUD, nous devons connaître et publier les votes des élus; mais nous devons *demander aux Comités de grèves et aux Syndicats de nous envoyer un rapport sur l'attitude et les actes des délégués du Comité général.* »

Enfin l'ordre du jour suivant est adopté, par 35 voix contre 10 :

« Le Comité général ayant prié les camarades du groupe parlementaire et du groupe socialiste, du Conseil municipal de Paris et du Conseil général de la Seine, de lui envoyer leur adhésion individuelle pour la propagande, a reçu à ce jour les adhésions des citoyens, dont les noms suivent :

« Allard, Breton, Calvinhac, Chauvière, Coutant, Dejeante, Dufour, Fournière, Groussier, Clovis Hugues, Krauss, Lassalle, Létang, Pastre, Poulain, Renou, Rouanet, Sauvanet, Sembat, Vaillant, Viviani, Walter, Zévaès, *députés;*

« Berthaut, Blondeau, Blondel, Brousse, Chausse, Colly, Faillet, Gelez, Labusquière, Landrin, Lefèvre, Le Grandais, H. Moreau, E. Moreau, Morel, Navarre, Veber, *conseillers municipaux de Paris;*

« Jacquemin, Parisot, Thomas, *conseillers généraux de la Seine.*

« Il prie ceux des membres du groupe parlementaire et du groupe socialiste, du Conseil municipal de Paris et du Conseil général de la Seine, qui n'ont pas encore envoyé leur réponse, de la lui adresser le plus tôt possible, pour hâter l'organisation générale de la propagande.

« Ce sont les citoyens :

Bénézech, Boyer, Cadenat, Carnaud, Chassaing, Colliard, Devèze, Ferrero, Ferroul, Gras, Paschal Grousset, Jourde, Labussière, Narbonne, Palix, *députés;*

Bernier, Marsoulan, Piperaud, Rozier, Vaudet, *conseillers municipaux de Paris.*

.
. .

Dans la séance du 7 mai, M. Chauvin (guesdiste) attaque le ministère, dont fait partie M. Millerand : « Portons au Père-Lachaize, s'écrie-t-il, une couronne, avec cette inscription : Aux victimes de Galliffet! »

« Je ne m'attendais pas, répond M. Jaurès, à ce qu'on cherchât, à l'occasion de l'anniversaire de la semaine sanglante, à diviser de nouveau les socialistes. » — M. Chauvin riposte : « Des socialistes ne pourraient se diviser, quant au jugement à porter sur Galliffet.

« Il y a une tâche plus essentielle à remplir, c'est de lutter contre le nationalisme et d'imposer aux concurrents socialistes, pour le second tour des élections municipales, un programme nettement socialiste. »

On avait fait des propositions à la *Petite République* pour arrêter une liste unique de candidats antinationalistes, qui seraient ainsi patronnés par toute la presse sincèrement républicaine. — « Si le Comité général, déclare M. Jaurès, approuve la résolution que nous sommes décidés à prendre, nous en serons heureux. S'il se déclare incompétent, nous agirons sous notre seule responsabilité. » — « On vous propose, répond M. Chauvin, de refaire la rue Cadet. — Cela, jamais! »

Enfin le Comité désigne une commission d'arbitrage, devant donner l'investiture aux candidats socialistes, que devra soutenir le Parti socialiste tout entier.

C'était quatre jours avant les élections complémentaires! — On accusa plus tard le Comité d'avoir manqué, en cette occurrence, à tous ses devoirs et d'être cause des succès nationalistes aux élections municipales de Paris.

.*.

Les séances des 20 et 22 juin fournissent l'occasion de violentes altercations et d'accusations formelles. Certains députés socialistes, sur lesquels s'étendait la surveillance jalouse du Comité, venaient de soutenir le ministère de défense républicaine « *qui avait fait tirer sur le peuple à Chalon* » et de renier les doctrines collectivistes.

« Le prolétariat ne comprendrait pas, affirmait M. EBERS, que nous ne répudiions pas l'attitude scandaleuse de certains élus, qui non seulement ont appuyé de leur vote le sinistre assassin Waldeck-Rousseau, mais ont, par surcroît, publiquement renié les doctrines collectivistes. Non seulement ils ont renié les doctrines collectivistes, mais ils ont encore déclaré que ces doctrines n'avaient d'autre objet que de *leurrer le peuple*. Il n'y a pas de considération qui puisse nous empêcher de blâmer de tels actes ! »

— « Je demande que les coupables soient entendus, avant de nous prononcer, » répondait M. Charles LONGUET.

— « Le bel enterrement civil ! » disait M. BLUM.

— « Les groupements qui nous ont envoyés ici, ajoutait M. ROLAND, ne comprendraient pas que nous laissions passer sans protester, la répudiation des doctrines collectivistes par certains élus du Parti. N'est-ce pas l'affirmation de ces doctrines le seul lien qui nous réunisse tous?... Et puis, si nous ne protestons pas, quelle sera désormais notre attitude lorsque nous exposerons en réunion publique les doctrines collectivistes, et qu'on nous criera : « Mais tout cela, « c'est de la blague; puisque vos propres députés ont « renié et flétri ces doctrines à la Chambre? » — Tout cela pour sauver le ministère de défense républicaine. Ah! il défend singulièrement la République, ledit gouvernement, en fusillant les travailleurs et les socialistes. — Waldeck vaut Constans; il vaut moins encore, s'il se peut. — Constans, après Fourmies, déplaça le sous-préfet de l'arrondissement. Le souspréfet de Chalon et le préfet du département sont encore en place! »

M. Viviani essayait en vain de défendre ses collègues de la Chambre. Il accusait M. Zévaès d'avoir déposé une demande d'enquête sans en avoir informé ses collègues du groupe parlementaire. Il lui reprochait d'avoir voulu donner un croc-en-jambe à ses collègues appartenant à des confessions différentes de la sienne, et de leur avoir tendu un véritable traquenard, dans lequel ils étaient tombés le plus naïvement du monde. Aucun député socialiste ne devrait déposer une résolution, sans en avoir préalablement saisi son groupe. Dans un Comité général, où il est si souvent question de discipline, il demandait qu'on astreignît tout le monde à la discipline. « J'en ai assez, ajoutait-il, d ce procédé qui consiste à nous traiter en faux frères, et à déposer propositions et ordres du jour, sans en avoir auparavant discuté avec nous, en nous laissant tout ignor r. Si l'enquête eût été votée, quel en aurait été le résultat? — Nous aurions mêlé nos votes à ceux d'hommes qui sont nos adversaires les plus déclarés. Ensuite, *le ministère était renversé!* »

Mais arrivons à la répudiation des principes collectivistes. — Placidement, il expliquait ainsi cet étrange vote :

« Il y a eu deux votes, un vote portant sur la motion Massabuau isolée. Nous avons tous voté contre cette motion. Puis il y a eu le vote sur la motion Massabuau, jointe à l'ordre du jour de confiance au gouvernement. C'était une ruse parlementaire. *Que voulez-vous? il nous a fallu ruser aussi!*

« Enfin, concluait M. VIVIANI, je suis las de ce qui se passe. Depuis douze mois, les gens viennent à nous la main tendue et nous poursuivent ensuite de leurs attaques et de leurs ordres du jour de flétrissure. »

— « Ce n'est pas à moi que vous vous adressez? ripostait M. VAILLANT, courroucé. Depuis dix mois, nous ne nous sommes pas adressé la parole. »

— « Une enquête eût été utile, répondait à son tour M. ZÉVAÈS, particulièrement visé par la défense agressive de M. Viviani; elle aurait permis d'établir les responsabilités, et n'eût-on compté que un ou deux socialistes dans cette commission, ceux-ci auraient été en mesure de faire la lumière, en convoquant les organisations ouvrières et syndicales de Chalon. D'ailleurs, il existe des précédents, et, lors de la fusillade de Fourmies, M. Millerand fut le premier à demander l'enquête parlementaire. Et qu'importe de se rencontrer dans un sentier avec les députés de la droite? Cette crainte a-t-elle dirigé jusqu'à présent les socialistes dans leurs votes. Et, d'ailleurs, les noms des représentants de la grande industrie se rencontrent, non dans ceux qui ont demandé l'enquête, mais accolés aux noms de ceux qui l'ont repoussée. »

— « Soutenir, sous prétexte de défense républicaine, ajoutait M. Roland, un ministère qui fait mitrailler les républicains, on trouve cela drôle dans les ateliers, et il nous devient impossible de défendre ou même d'excuser des députés socialistes, qui poussent la complaisance jusqu'à absoudre les auteurs responsables du crime de Chalon. D'autres aussi ont été à leur heure des démocrates et des révolutionnaires : M. Thiers, par exemple; et ceux-là ont fini, comme remparts de la société bourgeoise et fusilleurs du prolétariat. »

— « Le citoyen Vaillant, répondit M. Jaurès, a reconnu qu'il était parfois gêné, lui-même, pour combattre un ministère de défense républicaine. Et il ajoutait que, dans certaines circonstances, il était obligé de s'abstenir et parfois même de voter pour. »

— « C'est qu'il est des moments. répondit M. Vaillant, où l'intérêt républicain et l'intérêt socialiste se confondent. »

— « Soit, dit encore M. Jaurès, vous admettez donc qu'il y a des heures où, après avoir flétri le ministère, en vous plaçant au point de vue socialiste, vous le sauvez en vous plaçant au point de vue républicain ».

— « C'est, répondit M. Vaillant, que nous n'avons aucune préoccupation ministérielle ou antiministérielle et que nos votes ne sont jamais déterminés que par l'intérêt socialiste. »

— « Eh bien, conclut M. Jaurès, je prétends que vous ne pouvez pas détailler votre opposition. Si vous trouvez le ministère actuel si condamnable, pourquoi ne le poursuivez-vous pas, jusqu'à ce que vous l'ayez renversé? Pourquoi, ne l'ayant pas abattu dans une circonstance, ne cherchez-vous pas à le frapper dans une autre occasion? Votre conduite manque de logique.

« Toutes ces difficultés ne se produiraient pas, si les organisations particulières n'envenimaient pas les questions, et aussi, si une méthode de travail meilleure existait à la Chambre. Si le groupe parlementaire était uni, si ses divers éléments se consultaient et s'entendaient, le groupe aurait certainement trouvé le moyen de déjouer la manœuvre nationaliste, tout en affirmant bien haut les principes collectivistes. Eh quoi! voilà un des incidents les plus graves de la vie parlementaire qui va se produire! Pas de situation plus confuse, mais pas de situation mieux indiquée à l'avance!

« Le Gouvernement va être interpellé sur les événements de Chalon; ces événements sont connus dans leurs détails, on sait de plus comment la réaction se propose d'en jouer. Et le groupe socialiste ne trouve pas moyen d'en délibérer auparavant et d'essayer au moins d'adopter un plan commun d'action! On arrive à la bataille en ordre dispersé; les uns cachant aux autres ce qu'ils se proposent de faire. Et le résultat, vous le connaissez : ce sont des camarades, mis dans une situation pénible, par leur désaveu apparent du collectivisme. — Eh bien! je dis que ces camarades ont été les dupes, les victimes d'une manœuvre qui pouvait être déjouée, si vous vous étiez entendus. »

— « Il n'y aurait pas division, riposta M. Bracke, s'il ne se trouvait pas des socialistes qui oublient qu'il faut juger toutes choses à la lumière de cette vérité évidente : que le prolétariat doit travailler pour lui et rien que pour lui. — Nos amis n'ont qu'un but au Parlement : non pas de renverser ou de maintenir les cabinets, mais d'inviter la classe ouvrière à s'organiser dans son propre intérêt. Là est tout le secret de la vraie méthode socialiste. »

— « Par vous, apostropha M. Chauvin, en s'adressant à M. Jaurès, le Parti socialiste a perdu ce caractère d'opposition, grâce auquel nous glanions toutes les voix de ceux qui, à un titre quelconque, étaient mécontents de l'état actuel. Il faut dire les choses comme elles sont : Il n'y a pas un élu à la Chambre qui doive son siège *uniquement à des voix socialistes conscientes*. Eh bien ! cet appoint, vous le poussez dans les bras des nationalistes.

« Je reviens sur la déclaration de M. Waldeck-Rousseau à cette séance du 15 juin. Qu'est-elle en substance ? ceci : « On vous assassine aujourd'hui et on vous assassinera demain. » — Je déclare que vous ne pourrez plus, après un tel langage, faire comprendre aux travailleurs la nécessité de défendre le régime actuel. Si demain les nationalistes descendaient armés dans la rue, c'est en vain que vous appelleriez les ouvriers à l'aide. Ils ne se soulèveraient plus, parce qu'ils diraient : *Les socialistes sont des fumistes comme les autres !* — Votre attitude a mis en péril, non seulement le socialisme, mais la République. C'est pourquoi il faut que le Comité général se dégage aujourd'hui par un vote unanime. Il faut qu'il dénonce la fausse tactique suivie par certains depuis des mois et qu'il rassure le monde des travailleurs ! »

*
* *

Enfin on passait aux votes.

L'ordre du jour déposé par M. Jaurès était repoussé à mains levées. En voici le texte :

« Le Comité général du Parti socialiste, — considérant que les fâcheuses surprises de séance qui se sont produites à propos du vote sur l'enquête et de la motion Massabuau, tiennent à ce que le groupe socialiste parlementaire ne délibère pas sur les diverses propositions et motions; — rappelle à tous les élus qu'il est de devoir strict de saisir le groupe parlementaire de toutes les propositions et de tous les ordres du jour qu'ils comptent déposer. »

Par contre, par 43 voix contre 3 [1], l'ordre du jour suivant, déposé par MM. Albert Richard, Ebers et Tanger, était adopté :

« Considérant que, dans la séance du 15 juin, à la Chambre, un certain nombre d'élus socialistes ont repoussé la proposition d'enquête parlementaire, faite à la suite de l'interpellation sur les massacres de Chalon-sur-Saône; qu'ils ont de plus, après avoir repoussé isolément *l'amendement Massabuau qui représente les doctrines socialistes comme un piège destiné à abuser les travailleurs*, voté ce même amendement dans un ordre du jour, qui accordait leur confiance au gouvernement responsable;

« Le Comité général désapprouve ces députés d'avoir sacrifié à des préoccupations politiques les principes supérieurs du socialisme, acclamés au Congrès général de décembre 1899.

« Et décide de soumettre le cas au prochain Congrès. »

*
* *

Le groupe parlementaire riposta immédiatement par la protestation suivante :

« Au Parti socialiste :

« Le Comité général accuse un certain nombre d'élus socialistes « d'avoir sacrifié à des préoccupations politiques les principes supérieurs du socialisme ».

1. Avaient voté pour :
MM. A. Andrieux, J. Andrieux, Barral, Blum, Biétry, Boutié, Camélinat, Chaucheprat, Chauvin, Compère-Morel, Constant, Delory, Dereure, Despas, Dubreuilh, Ebers, Farjat, Favrais, Fribourg, Fortin, Guesde, Labusquière, Lafargue, Landrin, Le Brun, A. Lenormand, Létang, Lavaud, Marchand, Millet, Moreau, Patey, Pédron, Prévost, Rivelin, Richard, Roland, Roussel, Sémanaz, Sembat, Vaillant, Zévaès, Toussaint.
Contre : MM. Charles Longuet, Jaurès, Viviani.
Abstenu : M. Poulain.
Absent : M. Carnaud.

« Nous repoussons avec énergie cette imputation, et bien que résolus d'en appeler au prochain Congrès, nous estimons ne point devoir attendre jusque-là pour soumettre nos actes au jugement de l'opinion socialiste.

« Voici les faits :

« Tous les membres du groupe parlementaire ont voté l'ordre du jour Renou-Pastre qui demandait « la punition des *meurtriers* » de Chalon-sur-Saône. Nous tenons à vous rappeler que les citoyens Renou et Pastre avaient été délégués à Chalon par le Comité général, pour faire une enquête sur le massacre. Le chiffre de voix obtenu par cet ordre du jour prouve clairement que *seuls* des *socialistes* et des *démocrates sincères* pouvaient le voter. Il n'a en effet obtenu que quatre-vingt-quatorze voix.

« Seize membres du groupe parlementaire ont voté contre l'ordre du jour Zévaès, qui demandait l'enquête pour « faire la lumière complète sur la *catastrophe* de Chalon-sur-Saône ». — Cet ordre du jour, le groupe parlementaire n'en a connu l'existence que le jour de la séance, en pleine bataille. Il s'était pourtant réuni la veille, mais le citoyen Zévaès avait préféré le communiquer à M. Berthelot, transfuge du groupe socialiste et allié politique de MM. Ribot, Méline et de Mun contre le cabinet.

« L'intervention de M. Berthelot à la tribune a donné à cet ordre du jour une signification telle, que le centre, la droite et les césariens l'ont voté en masse.

« Les seize membres qui ont repoussé l'ordre du jour Zévaès n'ont pas entendu approuver le Gouvernement, *puisqu'ils ont voté l'ordre du jour Renou-Pastre*. Ils ont refusé de se prêter à une manœuvre parlementaire inqualifiable qui avait pour unique objet le triomphe des adversaires du régime républicain, car on ne fera jamais croire à personne que la réaction avait à cœur de faire la lumière sur le crime de Chalon.

« Et quand nous voyons l'auteur de cette manœuvre associer son vote à celui de ses collègues du Comité général, et désapprouver ceux qu'il a attirés dans le piège tendu par la réaction, nous ne pouvons qu'en appeler à la conscience, à la droiture de tous les socialistes.

« Les dix-neuf membres qui ont voté l'ordre du jour Simyan, adultéré par l'addition du droitier Massabuau, ont-ils sacrifié les principes socialistes, et n'est-il resté dans le groupe parlementaire que dix-sept membres fidèles à ces principes?

« Qui ne voit que des affirmations aussi imprudentes ne sont pas moins dangereuses pour le progrès de la propagande socialiste, qu'injurieuses pour la majorité des élus socialistes?

« Pourquoi, au lieu d'exposer les faits, tous les faits, et de s'en fier à l'intelligence et à la maturité politique du parti, le Comité général tente-t-il de faire croire que dix-neuf d'entre nous auraient répudié le collectivisme, tandis que les grands patrons du centre et les cléricaux de la droite se refusaient à cette répudiation ?

« Que ressort-il de tout cela ?

« Que les partis de réaction, incapables de mener loyalement le combat pour leurs idées ou leurs intérêts, emploient des armes de ruse et de mensonge, tendent des pièges, faussent la signification des mots et le sens des formules. C'est la preuve de leur irrémédiable décadence intellectuelle et morale. Hommes du passé, ils pratiquent la politique du passé.

« Mais que des socialistes s'associent à cette politique, par animosité contre ceux de leurs camarades qui, à tort ou à raison, ne sont pas d'accord avec eux, sur la tactique du Parti socialiste, voilà ce que le Comité général doit blâmer avec la dernière énergie s'il a vraiment le souci de la moralité et de la dignité politiques de notre parti et de ses représentants au Parlement.

« Oui, nous eussions compris un blâme général, atteignant à la fois ceux qui sont tombés dans la chausse-trappe réactionnaire et ceux qui les y ont attirés ; nous aurions admis qu'on exigeât des uns l'infaillibilité, du moment qu'on exigeait des autres la droiture. Le Comité général a préféré choisir.

« Quelle que soit notre tristesse de voir méconnus tant d'efforts et de bonnes volontés, nous continuerons à chercher loyalement notre devoir, dans les obscurités d'un combat pénible et dans un Parlement empoisonné de mensonge.

« La lumière des principes socialistes proclamés par le Congrès général nous guidera et la force qu'ils contiennent nous guidera jusqu'au bout.

Vive la République sociale !

Vive le Parti socialiste !

Antide BOYER, CADENAT, CALVINHAC, CARNAUD, COLLIARD, GRAS, CHASSAING, DEVÈZE, FERRERO, FERROUL, FOURNIÈRE, JOURDE, KRAUSS, LABUSSIÈRE, NARBONNE, PALIX, PASTRE, POULAIN, ROUANET, Pierre VAUX, VIVIANI.

La guerre était donc ouvertement déclarée entre le Comité général et le groupe parlementaire socialiste de la Chambre.

A la séance du Comité général, du 4 juillet 1900, M. BRIAND attaqua violemment M. Zévaès, en lui reprochant d'être en coquetterie réglée avec les nationalistes.

« La veille du vote, Zévaès s'était mis en rapport avec le socialiste renégat, le nationaliste Berthelot, pour une intervention dans l'interpellation au sujet des événements de Chalon. Le fait a été reproché publiquement à Zévaès, et celui-ci ne l'a pas nié. A la Chambre, M. Berthelot raconte à qui veut l'entendre, que, dès la veille, il était d'accord avec Zévaès. Eh bien! je veux mettre ce soir Zévaès en demeure de s'expliquer. Oui ou non, a-t-il communiqué à M. Berthelot la demande d'enquête qu'il allait formuler? »

— « On prétend, répond M. Zévaès, que mes amis et moi avons manqué à la discipline, parce que nous n'avons pas communiqué au groupe notre demande d'enquête parlementaire sur les événements de Chalon. Mais comment l'aurions-nous fait, puisque le groupe ne s'est pas réuni pour discuter au sujet de l'interpellation sur les événements de Chalon? Du reste, ce manquement à l'une des décisions du Comité général est de règle au groupe parlementaire. On citerait à peine un ou deux cas où le groupe s'est réuni, pour délibérer sur la question qui allait venir en discussion au Parlement. — Donc, en admettant que certains ici prennent texte de la faute qu'ils nous reprochent *pour essayer de prendre une revanche de l'énergique désapprobation infligée à son avant-dernière séance par le Comité général aux députés qui ont renié la doctrine et la tactique socialiste*, on n'a pas le droit de nous blâmer seuls.

« J'arrive au grief direct formulé contre moi. Ma demande d'enquête a été rédigée par moi et par moi seul, non pas la veille, mais en séance même, à deux heures et demie. A deux heures et demie, je me suis rendu à la bibliothèque de la Chambre. J'ai consulté le *Journal officiel* pour y trouver le texte de la demande d'enquête rédigée par Millerand, dans un cas analogue, à propos des assassinats de Fourmies. J'ai reproduit littéralement ce texte en substituant simplement Chalon à Fourmies. Ma proposition a été transmise au bureau. A ce moment, la signature de M. Berthelot n'y figurait pas. »

— « Oui ou non, repartit M. Briand, y a-t-il eu entre vous et M. Berthelot un conciliabule, au sujet de l'interpellation sur les événements de Chalon ? »

— « Non, répondit M. Zévaès. — Il est arrivé qu'à plusieurs reprises, avant ou depuis, j'ai causé avec M. Berthelot. Mais je revendique le droit, sans être mouchardé, de causer avec qui bon me semble. De ces procédés de délation, nous en avons assez. »

— « J'ai des choses graves à dire, affirma à son tour M. Poulain. Je vais prouver que le pacte avec les nationalistes existe. — Lorsque M. Berthelot est descendu de la tribune, j'allai le trouver et je lui dis : « En voilà « du propre : Qu'est-ce que c'est que cette histoire ? » — Et, comme il me croyait de ses amis, il me répondit : « Mais nous nous sommes entendus, Zévaès et « moi, pour présenter la demande d'enquête... » Donc, ou Berthelot a menti, ou Zévaès a menti. — Je n'ai aucune confiance dans la parole de Zévaès. Je suis au courant d'un fait passé, qui me donne le droit d'avoir cette opinion. »

Une confrontation semblait nécessaire. En attendant, le Comité, par 43 voix contre 5, vota l'ordre du jour suivant :

« Le Comité général rappelle aux membres du groupe parlementaire qu'ils ont été invités par une décision du Comité général, en date du 21 février, à se réunir pour délibérer en commun sur toutes les questions à l'ordre du jour, de façon à amener, autant que possible, l'unité du vote et à éviter les surprises de séance.

« Il est bien entendu que ce rappel ne vise pas l'attitude de membres du groupe dans une séance en particulier, mais leur attitude générale dans le passé, jusqu'ici. »

Quelques jours plus tard, le 11 juillet, le Comité général s'occupait de la déclaration des députés socialistes, appelée « manifeste des 21 », que nous avons reproduit plus haut, et y ripostait par deux ordres du jour extrêmement sévères, dont voici le texte :

« Considérant le manifeste publié par vingt et un députés, à propos de la résolution votée par le Comité général dans sa séance du 23 juin ;

« Considérant que le groupe parlementaire socialiste avait décidé, à la majorité, de passer à l'ordre du jour sur une proposition de réponse collective à cette résolution ;

« Qu'au nombre des vingt et un signataires du manifeste, se trouvent deux députés, dont l'un a déclaré, par une lettre adressée au Comité général, ne pas appartenir au groupe, et l'autre n'a pas cru devoir se mettre à la disposition du Comité général pour l'action et la propagande socialistes ;

« Le Comité général déclare qu'en appréciant les votes émis à la Chambre lors de l'interpellation sur les massacres de Chalon-sur-Saône, et en décidant de soumettre le cas au prochain congrès, il n'a fait qu'user d'un droit, dont il avait été investi par une décision votée unanimement au Congrès d[...]ris, en décembre 1899, et aux termes de laquelle les élus o[...]vec leur consentement formel, placés sous le contrôle direc[...] comité général. »

Le second ordre du jour décidait de la discipline du Parti socialiste.

« Le Comité général, disait cet ordre du jour, a simplement voulu faire un rappel aux principes supérieurs du socialisme,

autour desquels se rallie le prolétariat, et qui, *sous aucun prétexte et dans aucune circonstance*, ne devaient être subordonnés
aux incidents de la politique courante. »

Il revendiquait également la nécessité du contrôle
des élus par le parti :

« C'est un parti sans organisation, n'ayant pas de contrôle
sur les élus qui les livre, isolés, privés du secours puissant de la
solidarité, aux entreprises des partisans de la dictature, et
substitue, aux principes, des influences hétérogènes et des combinaisons variables selon les milieux et les temps.

« Le Parti socialiste, en se constituant, a précisément voulu
remédier à de si graves inconvénients. Ce n'est pas lui qui
manque de respect au suffrage universel, mais plutôt ceux qui
réduisent la fonction politique et sociale des électeurs à de
simples relations avec leur élu.

« ... Le suffrage universel, qui n'a pas de constitution organique et qui ne saurait imposer un contrat positif à ses élus,
sait parfaitement, quand il nomme des socialistes, que ceux-ci
relèvent d'un parti organisé qui les contrôle en même temps
qu'il les soutient. — Si ce parti laissait s'affaiblir dans ses rangs
le lien de la discipline et le sentiment du devoir, le suffrage
universel n'y trouverait pas plus de garanties que dans les
autres partis se détournant de nous.

« Un député qui méconnaîtrait ces vérités ne saurait être
considéré comme un député socialiste : aucun travailleur
socialiste n'oserait prendre sa défense.

« ... Nous espérons que ces explications seront comprises de
tous et qu'on n'y verra que l'ardent désir du Comité général
d'élever la pensée socialiste au-dessus de toutes les considéra-
tions de personnes, au-dessus de toutes les tactiques, et de faire
l'union entre tous les socialistes, sur la base durable des principes, et *jamais sur des plates-formes politiques, destinées à
disparaître avec les causes secondaires qui les ont produites*. »

Pour donner à ce désaveu un sens encore plus
précis, le Comité général clôturait par la résolution
suivante, adoptée à l'unanimité, la discussion sur le
« cas Zévaès » :

« Le Comité général, après avoir entendu les explications
fournies par les citoyens Vaillant et Groussier, au sujet d'une

prétendue entente entre M. Berthelot et le citoyen Zévaès, au cours de l'interpellation à la Chambre sur les affaires de Chalon, — déclare que le citoyen Zévaès ne s'est pas un seul instant départi du devoir socialiste, contrairement aux insinuations formulées à cette occasion. »

A partir de ce moment, le parti socialiste était virtuellement coupé en deux et divisé en « ministérialiste » et « antiministérialiste ».

Le ministre du commerce, M. Millerand, semblait d'ailleurs se soucier fort peu de ces condamnations sévères. Dans un banquet qui lui était offert par les associations ouvrières de production, il faisait un éloge pompeux de M. Waldeck-Rousseau « l'éminent homme d'État[1] » qui lui avait confié un portefeuille, et prononçait un discours que le *Temps* couvrait de ses louanges.

Le Congrès international et le Congrès national de 1900 allaient-ils porter sur le ministre socialiste et adopter les votes de flétrissure du Comité général ?

1. Dans un banquet, donné le 15 mai 1897, au gymnase Huygens, M. Millerand, non encore ministre, disait : « Comment ne resterions nous pas attachés au suffrage universel, au moment où se forme, sous l'initiative de M. Waldeck-Rousseau, la coalition patronale que vous connaissez. Vous avez lu l'appel qui a été publié, et au bas duquel il ne manque, pour être complet, que la signature de M. Eiffel. » (*Rires et applaudissements.*) Et il ajoutait : « C'est le syndicat des rentes ! »

CHAPITRE III

LES DEUX CONGRÈS DE SEPTEMBRE 1900

La grande question qui se posa au Congrès international, aussi bien qu'au Congrès national, fut la « *question Millerand* ». Elle déplut fort aux étrangers. M. Auer dit même à ce sujet :

« Venons-nous vous importuner, nous Allemands, avec des questions qui ne regardent que nous? Nous sommes en Allemagne, plus près des portes de la prison que des portes du ministère, et nous sommes dans la situation de ce brave homme, devant lequel on vantait les mérites d'un bon beefteack : « Sans « doute, répondait-il, un bon beefteack est une bonne « chose, mais il faudrait d'abord s'en procurer! »

On ne peut plus galamment dire, en style germanique : « Laissez-nous donc tranquilles avec vos vieilles histoires, qui nous importent peu! »

Cependant, puisque l'oracle était consulté, l'oracle parla, par la bouche de M. Kautsky, grand docteur ès socialisme, théologien de première classe du marxisme intégral. La parole de l'oracle, à vrai dire, ressemblait fort à ces sentences de la sibylle de Cumes, qu'on ne comprenait qu'après coup et sur lesquelles l'inquiétude humaine pouvait patiemment s'exercer.

.·.

« Il est interdit à un socialiste d'entrer dans un ministère bourgeois », disait la sentence; mais elle ajoutait :

« Si, *dans un cas particulier*, la situation politique nécessite cette *expérience dangereuse*, c'est là une question de tactique, et non de principe, dont le Congrès international n'a pas à connaître. »

« *Cependant*, reprenait le sibyllin Kautsky, le fait ne peut se produire que *si tout le parti ou la grande majorité du parti socialiste approuve pareil acte et si le ministre reste le mandataire de ce parti.*

« Dans le cas contraire, la présence d'un socialiste au ministère menace d'amener la désorganisation et la confusion pour le prolétariat militant. »

Donc, concluez-vous, M. Millerand doit démissionner aussitôt?

Pas du tout.

« Un socialiste, ajoute l'Écriture, doit quitter le ministère, lorsque le parti organisé reconnaît que ce dernier donne des preuves évidentes de partialité... »

Donc, concluez-vous encore, après l'affaire de Chalon, où le ministère fut blâmé et flétri par tout le parti socialiste, M. Millerand devait quitter le ministère?

Nullement.

M. Jaurès répond négativement à ces questions, et il explique :

M. Millerand ne pouvait être solidaire du Parti socialiste organisé et unifié, *puisque ce parti n'existait pas encore.*

Le gouvernement n'a pas été blâmé par tout le Parti socialiste, puisque, pour le soutenir, certains députés socialistes ont renié jusqu'à leur foi et sont allés jusqu'à dire que leurs doctrines n'avaient pour but qu'abuser les travailleurs.

Et voilà comment l'oracle fut interprété. Nous ne nous chargerons pas de rétorquer de tels arguments, n'ayant pas à notre disposition la sophistique nécessaire pour une telle réfutation.

Ce qui nous console, c'est que tout le monde parut satisfait de « la savante consultation de M. Kautsky ». M. Jaurès fut satisfait, M. Guesde également, non moins que M. Vaillant ; chacun pouvant l'interpréter à sa façon.

.··.

Mais il était dit que tout serait équivoque au cours de ces deux congrès. M. Vaillant en eut la preuve évidente, lorsqu'il voulut faire voter à l'égard du ministère une flétrissure.

La fédération socialiste de Saône-et-Loire proposait une résolution catégorique, à l'égard des députés socialistes qui avaient renié leurs principes :

« Considérant que, dans la séance du 15 juin, à la Chambre, un certain nombre d'élus socialistes ont repoussé la proposition d'enquête parlementaire, faite à la suite de l'interpellation sur les massacres de Chalon-sur-Saône, qu'ils ont de plus, après avoir repoussé isolément l'amendement Massabuau, qui représente les doctrines socialistes comme un *piège destiné à abuser les travailleurs*, voté ce même amendement dans un ordre du jour qui accordait leur confiance au gouvernement responsable ;

« Le Congrès

« Désapprouve ces députés d'avoir sacrifié à des préoccupations politiques les principes supérieurs du socialisme, acclamés au Congrès général de décembre 1899. »

Au milieu des cris de colère et de menace des représentants de la Fédération à l'endroit de M. Jaurès, cette résolution nette était écartée, pour donner place à une résolution hybride et alambiquée, fruit de la collaboration de M. Turot, ami du ministère, et de M. Vaillant, adversaire de M. Millerand.

« Attendu qu'il ressort des débats, disait M. Turot, que, si des tactiques différentes ont été suivies, *tous les membres du Parti socialiste ont agi avec une entière bonne foi et la seule préoccupation de servir leur parti...*

« Le Congrès, ajouta M. Vaillant, *flétrissant* les auteurs responsables des massacres de Chalon *et leurs complices*, passe à l'ordre du jour. »

D'après M. Vaillant, M. Millerand était atteint par cette flétrissure infligée aux « *complices* » des auteurs responsables des « massacres ».

— « Nullement, ripostait M. Turot, puisque vous avez reconnu la bonne foi de *tous les membres du Parti socialiste*. Diriez-vous maintenant que M. Millerand n'est pas socialiste ; mais comment expliqueriez-vous alors que trois congrès se soient tenus pour élucider cette question : *De l'entrée d'un socialiste dans un ministère bourgeois ?* »

Alors, pourrions-nous demander à notre tour, que signifie ce mot *complices ?* à qui s'applique-t-il ? où sont les complices? et peut-être satisfaction nous serait donnée par M. Vaillant, homme fin et profond, qui nous répondrait : « Il y a des complices de bonne foi ; mais il existe aussi des complices inconscients. »

⁂

Nous ne nous attarderons pas à rappeler les séances bruyantes et les scènes sauvages du Congrès d'union socialiste. Le Congrès international qui l'avait précédé avait conservé une certaine tenue. M. Guesde y avait proclamé la trêve de Dieu et M. Jaurès avait répliqué à un interrupteur un peu bruyant : « Mais nous ne sommes *pas encore* au Congrès national! » — On avait donc attendu ce Congrès national avec une certaine impatience, et l'on s'était contenté de reconstituer, dans cette première assemblée, l'Internationale, sous forme d'un secrétariat international et d'un bureau parlementaire international, à Bruxelles.

Voici maintenant le Congrès national qui commence : Les étrangers sont partis. Les Français restent entre eux. La journée du vendredi, qui est la première journée, se passe dans le tumulte. Il s'agit de la validation des mandats, au nombre de 2.748, dont 158 sont contestés et 81 annulés. Sur les 2.507 qui restent, une partie revient au parti guesdiste, augmenté des forces du parti blanquiste, de l'Alliance communiste (dissidents allemanistes), des Fédérations de Saône-et-Loire et du Doubs et des syndicats de Saône-et-Loire. En tout, le parti des *doctrinaires* ainsi constitué dispose de 1.241 mandats.

Par contre, 1.266 mandats restent au parti des *unitaires*, constitué par les forces broussistes, allemanistes, la Fédération des indépendants, les coopératives, les syndicats isolés et les fédérations autonomes.

On voit combien peu ces deux partis différaient sous le rapport du nombre, et combien il pouvait importer aux guesdistes que les mandats contestés fussent examinés sérieusement. Les 158 mandats contestés appartenaient, en effet, presque exclusivement à leurs adversaires. — Ces mandats annulés, la victoire restait aux guesdistes et aux blanquistes étroitement unis et habitués aux marches parallèles, tandis que l'autre camp était composé de forces divisées, ayant des programmes divers, sinon opposés. Les mandats sont validés. Grande fureur des guesdistes qui demandent que le vote, ratifiant les décisions de la commission de vérification, soit émis par mandats. Plusieurs de leurs délégués ont, en effet, jusqu'à dix mandats, et si le vote par mandat n'est pas admis, ces délégués, et avec eux le parti doctrinaire, perdent 9 voix sur 10, alors que le règlement est formel et qu'ils ne se sont chargés de dix mandats, que parce qu'ils savaient devoir obtenir dix suffrages. « Le règlement ! » crient les guesdistes. — « Le règlement ! répondent ironiquement leurs adversaires, qu'importe le règlement ! » — On décide que l'on votera par tête, malgré les protestations des guesdistes et des blanquistes. Les résolutions de la commission sont adoptées. Un bureau est nommé, malgré l'abstention des guesdistes et des blanquistes, qui ne veulent pas reconnaître la validité du premier vote et vont jusqu'à nier l'existence légale du Congrès. Allemane est nommé président; mais c'est en vain qu'il essaie de faire entendre sa voix. Le côté gauche de la salle hurle la *Carmagnole* et l'*Internationale*, qu'applaudit ironiquement le côté droit. On éteint les lumières et tout le monde s'en va dans une bousculade.

.·.

La deuxième journée fut d'abord un peu plus tranquille, les guesdistes ayant reçu la consigne de se montrer calmes; mais la consigne ne tint pas longtemps.

Le président, qui est encore le citoyen Allemane, avait formé le projet de faire sortir les guesdistes de leur rôle passif de spectateurs. Il fait voter motions sur motions; les guesdistes s'abstiennent. On nomme une commission; les guesdistes s'abstiennent encore. Enfin, comme au jeu de pigeon-vole, le président arrive à une motion en faveur de l'abrogation des « lois scélérates ». — Emportés par la nécessité de faire profession de foi révolutionnaire, les guesdistes lèvent les mains. Le tour est joué : « Je prends acte, s'écrie Allemane, que le Congrès a voté à l'unanimité la résolution. » Dépités et furieux, les guesdistes envoient un des leurs, et non des moins violents, porter à la tribune une motion de flétrissure contre le gouvernement et les fusilleurs de Chalon; mais le pauvre diable ne sait par où commencer la lecture de sa motion. « Le... la réunion, dit-il... (*Cris : Non! le Congrès!*) Les citoyens réunis salle Wagram... » (*Cris : Non! le Congrès!*)

Bref le président lui retire la parole, puis il somme l'ancien secrétaire général du Comité général, le citoyen Dubreuilh, de remettre les cartes aux 136 mandataires validés, la veille, par la commission. « Je les remettrai, répond M. Dubreuilh, qui est blanquiste et partant ami des guesdistes, quand le Congrès sera légalement institué et m'en donnera l'ordre. » Cependant il est obligé de se soumettre, mais il va se venger des indépendants par la lecture de son rapport où sont énumérés tous les votes de blâme pour les députés socialistes et toutes les flétrissures à l'égard de M. Millerand. Le soin de défendre les uns et les autres revient à M. Rouanet, qui, au lieu de riposter, attaque vigoureusement ses adversaires, passant de la tactique défensive à la tactique offensive.

« Les détracteurs d'aujourd'hui n'étaient pas aussi intransigeants, en 1895, lorsqu'ils soutenaient de leurs votes le ministère Bourgeois; et cependant le cabinet Bourgeois n'a rien laissé, alors que le cabinet actuel laissera derrière lui (*Du sang! crie-t-on*) des réformes sérieuses. »

Des réclamations violentes éclatent lorsque le représentant des députés socialistes proteste contre le rôle de « valets », qu'on veut leur faire jouer, et contre les avanies systématiques, qui n'atteignent pas seulement les élus, mais le parti socialiste tout entier.

Mais le tumulte prend des proportions fantastiques, lorsque, après M. Rouanet, le rapporteur de la commission de propagande de l'ancien Comité général, le citoyen Andrieux, flétrit les alliances compromettantes. « Galliffet! Galliffet! » crient les guesdistes, tandis que les briandistes-jaurésistes montrent ironiquement M. Edwards qui a retiré sa veste et essaie par cette apparence débraillée de faire oublier le luxe dont il jouit. « En voilà un qui a retourné sa veste! » hurle un loustic. Nouveau tumulte, lorsque le rapporteur lit, avec un fort accent de la Lozère, les noms des députés qui se sont difficilement déplacés pour les grèves et pour la propagande, et les absences constatées des mêmes députés aux séances de la commission de propagande.

M. Briand a été absent vingt et une fois, M. Jaurès vingt-quatre; ils sont hués par les guesdistes. Mais M. Zévaès a été absent vingt fois, et les indépendants exultent. Dans ce palmarès grotesque, le prix revient à M. Boutié qui n'a pas manqué une séance.

M. Vaillant a fait deux campagnes, M. Groussier en a fait quatre, M. Zévaès sept. « Bravo! » crient les guesdistes. M. Sembat réclame. Il n'est que « deux fois nommé », et il a fait trois campagnes. « Citoyens, dit le rapporteur, ce n'est pas la faute de Sembat, ni la mienne, c'est une faute d'impression. »

*
* *

La matinée du dimanche devait être consacrée à l'audition de M. Briand, chef du parti des indépendants, membre de la minorité de l'ancien Comité général. Sa présence n'a pas pour effet d'amener le calme. Il reproche aux guesdistes de « manier les principes comme un coup de poing américain » et au Comité général d'avoir été « une machine de flétrissure ». Quelqu'un du parti blanquiste propose de nommer présidents d'honneur MM. Waldeck-Rousseau et Millerand. Du tac au tac, le président répond : « Ne mêlons pas aux débats des querelles de famille. » M. Edwards est, en effet, le beau-frère de M. Wal-

deck-Rousseau. On crie : « A Chalon! A l'église! »
M. Lafargue défend à M. Briand de le traiter de camarade. « Voyez-vous ce monsieur, répond M. Briand,
qui, toute l'année, fait l'aristocrate dans les châteaux,
et qui vient ici jouer les démagogues! » Les esprits
sont tellement montés que deux représentants des
sociétés coopératives, ne trouvant pas leurs arguments assez violents, en viennent aux coups de poing.
Le sang coule... légèrement. Les guesdistes demandent l'exclusion de « l'assassin ». On ne tient aucun
compte de leurs réclamations. Alors, comme un seul
homme, ils se lèvent, décrochent leurs larges ban-
nières rouges qui décorent la salle et partent au
milieu du tumulte. « Nous fuyons les assassins, clame
M. Guesde, nous ne voulons rien avoir de commun
avec eux! »

La séance est suspendue. Elle n'est reprise que
dans l'après-midi. Les blanquistes sont restés, mais
ils se déclarent tout d'abord solidaires de leurs amis.
La puérilité du motif de la rupture montre jusqu'à
l'évidence le désir manifeste des guesdistes de déserter le Congrès, où ils n'ont pu obtenir la majorité.
C'est d'ailleurs dans leur tactique d'agir de la sorte.
Ils vont alors constituer à eux seuls un autre congrès, qu'ils déclarent le seul congrès véritable, et
ils signent une protestation violente contre le *faux*
congrès, qu'ils viennent d'abandonner.

⁂

Il s'agit dans cette séance de l'après-midi d'examiner la motion de flétrissure contre les députés socialistes qui ont repoussé l'enquête parlementaire. Deux

délégués de Saône-et-Loire, MM. CHALOT et JOUR-
NOUD, viennent appuyer cette motion, au nom des
« victimes » de Saône-et-Loire. Ils ont été, eux aussi,
ministériels, ils ne le sont plus! M. Millerand, qu'ils
ont été voir, n'a su que leur conseiller de « ne pas
avouer leur syndicat et de cacher leur bureau ». Cette
conversation avec le ministre comble de joie les
blanquistes et les quelques délégués qui représentent,
en l'absence des guesdistes, la gauche de l'Assemblée. Contre M. Gérault-Richard, qui attaque l'inutilité de ces narrations, M. Journoud proteste :
« Vous étiez tranquillement devant votre bureau,
alors qu'on nous assassinait! »

M. VIVIANI essaie de ressaisir l'opinion déconcertée
par ce récit. Son discours est soutenu par les approba-
tions de M. Jaurès assis sous la tribune : « Ça va!
Ça va! lui crie-t-il, ne vous laissez pas démonter!
Dites tout ce que vous avez à dire, tout! tout! N'ou-
bliez pas surtout le banquet des maires! » — « Ils n'y
étaient pas, les guesdistes! » reprend M. Viviani. —
« Qu'est-ce que ça fait? » répond M. Jaurès.

« En admettant que, par miracle, dit M. Viviani,
nous eussions, pour faire l'enquête que vous auriez
désiré nous voir demander, obtenu plusieurs socialistes dans la commission, et même que les neuf
commissaires eussent été socialistes, qu'aurions-nous
pu faire de plus que de sommer le régime bourgeois
d'appliquer à ses propres agents sa propre légalité?
Or, nous avons obtenu sans enquête tout ce que nous
pouvions obtenir. Les gendarmes sont devant le
Conseil de guerre! »

Cette allusion faite à une décision administrative,

rendue publique le jour même de l'ouverture du Con-
grès, ne semble pas heureuse. « Vous réhabilitez les
Conseils de guerre, qui ont fusillé les communeux! »
crie M. Vaillant au milieu du tumulte déchaîné.

« Ce que nous aurions dû faire, continue l'orateur,
c'est de dire à la majorité parlementaire : Ah! vous
voulez flétrir le collectivisme; mais il vous faut
d'abord le connaître, et nous allons vous l'expliquer! Et alors, pendant huit jours, s'il eût fallu,
nous eussions fait de l'obstruction systématique. »

M. VAILLANT répond qu' « il ne s'agit pas de savoir
quels sont les députés dont les votes ont été les plus
corrects; mais qu'il est nécessaire que le Congrès se
prononce et dise franchement s'il est avec les victimes de Saône-et-Loire, ou avec les assassins. On
dit qu'une enquête n'eût pas abouti. Elle nous aurait
toujours permis de saisir l'opinion publique et de faire
témoigner nos amis. Ah! on prétend qu'il n'y a pas
de ministérialisme! — Et nous prétendons, nous, que
ce mal existe et qu'il est d'autant plus grave qu'il est
insoupçonné par ceux qui en sont le plus gravement
atteints. C'est le mal qui désorganise notre parti, car
certains esprits sont tellement préoccupés de l'existence ministérielle, qu'ils subordonnent toute leur
conduite et tous leurs votes à cette préoccupation
unique. »

Enfin, on vote, et la proposition de la Fédération de
Saône-et-Loire et du Comité général est repoussée.
Chacun est satisfait du vote de la proposition Turot-
Vaillant, que chacun interprète suivant ses passions.

Le Congrès va être clos. — M. JAURÈS, au nom de

la Commission d'initiative, vient proclamer l'unité du parti socialiste... *à brève échéance.*

Un nouveau Comité général sera constitué, qui rendra ses comptes à un nouveau congrès d'unité socialiste, réuni dans six mois. D'ici là un large *referendum* sera ouvert, auprès de toutes les organisations, sur le meilleur moyen de réaliser l'unité.

CHAPITRE IV

LE CONGRÈS DE LYON (MAI 1901)

Le parti ouvrier français (guesdiste) avait manifesté par cette déclaration son intention de ne pas se faire représenter au Congrès de Lyon.

« Le Parti ouvrier ne se fera pas représenter au Congrès de Lyon.

« C'est à l'unanimité de ses fédérations, agglomérations et groupes, consultés directement, que cette décision a été prise, non pas *contre*, mais *pour* l'unité socialiste.

« Si quelque chose, en effet, a été démontré expérimentalement et par deux fois, gymnase Japy et salle Wagram, c'est que l'unité ne saurait sortir de congrès truqués comme une féerie, dont la composition n'a pu être contrôlée et est restée incontrôlable.

« L'unité, qu'appelle l'organisation du prolétariat en parti de classe, on sait, notre projet l'a dit, dans quelles conditions elle peut et doit être réalisée.

« Ces conditions essentielles, ce n'est ni le P. O. F.[1], ni le P. S. R., ni l'A. C., ni la Fédération du Doubs, de la Haute-Saône et du Haut-Rhin qui les ont inventées. Ils n'ont fait que les rappeler à ceux qui les auraient oubliées.

« 1° Parti de classe, de lutte de classe, le Parti socialiste est obligatoirement un parti d'opposition, combattant, au même titre que la société bourgeoise, tous les gouvernements bourgeois, qui n'en sont et n'en peuvent être que l'expression et l'instrument, et auxquels par suite — à peine de trahison —

---

1. Parti ouvrier français. — Parti socialiste révolutionnaire. — Alliance communiste.

9.

non seulement toute collaboration directe, mais toute espèce de subsides doit être refusée.

« 2° Parti de révolution, poursuivant, par l'expropriation politique et économique de la classe capitaliste, l'avènement d'une société nouvelle, collectiviste ou communiste, le Parti socialiste doit, d'autre part, laisser en dehors de ses rangs, à leur rôle nécessaire d'unification professionnelle, de défense quotidienne et d'amélioration immédiate, les organisations, syndicales ou coopératives, qui se meuvent forcément dans les limites d'une légalité, dont nous n'avons à nous préoccuper que pour la détruire.

« 3° Il est enfin indispensable que, pour couper court à toutes manœuvres et pour bannir toute méfiance à l'intérieur du socialisme unifié, ce soit, non les groupes, inégaux sinon fictifs, mais les membres actifs, c'est-à-dire cotisants, qui soient pris pour base de toute représentation, tant aux congrès départementaux et nationaux qu'au comité exécutif du parti ».

C'était la scission définitive des guesdistes avec les autres fractions du Parti socialiste, sauf avec les blanquistes, qui prenaient cependant part au Congrès pour y maintenir les droits de leurs amis.

.·.

Et les guesdistes se moquaient agréablement des faux mandats qui allaient représenter, au Congrès de Lyon, des majorités fictives.

Nous disions, lisait-on dans *Le Petit Sou* du 22 mai 1901, que les ministériels nous préparaient à Lyon une comédie semblable à celle de la salle Wagram. Les listes de groupes publiées en sont la preuve.

Nous nous consolons à la pensée que nous retrouverons cette année quelques-unes de nos vieilles connaissances de l'an dernier.

Il est vrai que, si l'arithmétique et les almanachs ne nous induisent pas en erreur, le comité de Blancafort (Cher) n'entrera dans sa soixante-deuxième période d'existence que le 27, soit le second jour du Congrès. Mais alors, comme il occupera sa place avec fierté! On sait que ce groupe, semblable à certains phares, n'est visible qu'à intervalles périodiques, ainsi qu'il appert des documents suivants, envoyés tous deux à la commission de vérification des mandats pour le Congrès de septembre 1900 :

> Blancafort (Cher), 20 septembre 1900.

« Messieurs,

« En réponse à votre circulaire de ce matin, j'ai l'honneur de vous informer qu'à mon grand regret, je ne peux répondre aux questions que vous me posez, et pour cause : c'est qu'à Blancafort, il n'y a pas moyen de se réunir en comité.

« Léon AZAMBOURG. »

A deux jours de distance :

> « Blancafort (Cher), 22 septembre 1900.

« Citoyen secrétaire,

« Nous vous informons que notre groupe est socialiste. Il a été fondé en 1898, en vue des élections législatives. Les réunions sont mensuelles et régulières. Elles ont lieu au siège social, chez le citoyen Azambourg, secrétaire.

« Léon AZAMBOURG. »

Nous aurons également le plaisir de rencontrer le délégué du cercle républicain socialiste de Bédoin (Vaucluse), dont les statuts, espérons-le, n'ont pas été changés et contiennent toujours les prudents articles suivants :

ARTICLE PREMIER. — Le Cercle républicain socialiste, constitué dans un local indépendant du café Peyre, a pour but de resserrer les liens de franche amitié et de cordiale sympathie qui doivent unir les habitants d'une même cité, *à quelque parti qu'ils appartiennent.*

ART. 2. — Nul ne peut faire partie du Cercle s'il n'est pas Français et majeur.

ART. 17. — Toute discussion politique et religieuse est rigoureusement interdite.

ART. 18. — Tout jeu de hasard est formellement interdit. Sont défendus notamment le baccarat, le lansquenet..., le pharaon, le passe-dix et autres similaires, etc.

Quant au groupe de Malancène, du même département, nous pensons qu'il aura pu s'offrir de nouveaux imprimés et qu'il ne sera plus obligé — comme l'an dernier — de justifier son existence socialiste sur du papier portant en tête : « République Française. — Comité républicain radical ».

A ceux-là viendront certainement s'ajouter de nouveaux venus, les capitaines au long cours, des armateurs et capitaines au cabotage, etc., etc. Ce qui en eux sera le moins nouveau, c'est la façon dont ils auront été inventés, extorqués ou falsifiés.

Les combats passent, la méthode reste. Quelques facultés d'imagination qu'il faille reconnaître aux fabricants de faux mandats, ils ne disposent que d'un petit nombre de trucs, dès longtemps dévoilés. La preuve s'en trouve dans la série des protestations qu'a publiées et que publiera le journal socialiste *Le Petit Sou*, et dont il a été tenu grand compte dans les modifications apportées aux listes d'adhésions.

Leurs artifices se réduisent à deux ou trois : on fait, par exemple, adhérer un comité, un syndicat, tantôt à son insu, tantôt contre sa volonté formelle. Ce dernier cas est celui des groupes du P. O. F., qui, se trouvant nommés sur les listes, ont, avec ensemble, déclaré qu'ils avaient l'habitude de se conformer aux résolutions qu'ils avaient prises. L'autre avait attiré au comité de l'année dernière des lettres comme la suivante :

« Somain, le 21 septembre 1900.

« La section des ouvriers tisserands de la Tour-Landry (Maine-et-Loire) ne s'occupe ni ne s'est jamais occupée de politique.

« Elle n'a donc pour but que l'intérêt des ouvriers, en ce qui concerne le tissage.

« *Le secrétaire* : AUGEREAU. »

Quant au troisième truc, — le plus simple, — il consiste à copier des noms de communes sur le *Bottin* et à mettre devant chacun : *Comité socialiste*. Avec celui-là on est à l'abri des protestations. Leur inexistence ne peut être révélée que par des voisins grincheux ou par les facteurs — lorsque, comme en 1900, la commission de vérification s'avise d'écrire aux secrétaires.

Alors, les lettres reviennent avec la mention *inconnu* ou avec des mentions plus nettes, comme celles adressées aux groupes de Boisset et de Gaujac (Gard), qui revinrent portant cette déclaration du facteur : « Il n'existe pas de groupe socialiste à Boisset et Gaujac par Anduze (Gard). »

Tout cela, cercles de jeu, comités radicaux, groupes à secrétaires inconnus, se retrouve sur les listes de cette année et acclamera à Lyon la méthode nouvelle. On s'en tire, il est vrai, par une note disant que « la publication de ces listes ne signifie pas que les groupes, qui y figurent, ont adhéré au Congrès; mais seulement qu'ils sont dans les conditions d'existence requises pour être admis à ce Congrès ». Mais il semble que la volonté d'adhérer soit parmi les conditions à requérir.

Autrement, comme le dit la *Voix du Peuple* du 5 mai, « les listes auraient pu porter encore bien d'autres syndicats... Il suffisait de copier l'*Annuaire des syndicats*, et on en aurait eu 2.500 ».

***

D'autre part, les chefs syndicaux des Bourses du travail conseillaient aux syndicats de ne pas aller au Congrès de Lyon.

« On veut, disait M. Baumé, secrétaire de l'*Union des syndicats* du département de la Seine [1], nous faire servir à établir la prépondérance d'une doctrine sur d'autres doctrines, et de personnalités politiques sur d'autres personnalités. Nous désapprouvons complètement cette tactique, qui ruinerait l'œuvre syndicale, qui a un tout autre but. »

Les blanquistes, par contre, acceptaient de se rendre au Congrès de Lyon, en compagnie de l'Alliance communiste et de la Fédération du Doubs.

« Quelques-uns, écrivait M. Vaillant [2], s'imaginent qu'ils nous donneraient satisfaction en demandant au Congrès de mettre Millerand en demeure de quitter le ministère. Pas plus qu'en 1899 et moins encore, nous ne pouvons accepter une telle proposition, qui serait la négation des résolutions des congrès, national et international, qui ont dégagé le Parti de toute res-

---

1. *Éclair* du 24 mai 1901.
2. *Petit Sou* du 17 mai 1901.

ponsabilité des actes purement personnels de Millerand. Jamais le Parti socialiste n'a pris part au pouvoir, n'est entré par délégation ou représentation au ministère, pas plus qu'il ne le peut à l'avenir. Demander à Millerand de s'en retirer serait reconnaître qu'il nous y représente. L'exclure du Parti serait admettre qu'il ne s'en est pas séparé en devenant ministre. Ce serait nous rendre responsables de deux ans de gouvernement capitaliste et réactionnaire. « Ce serait du ministérialisme en action... — Le Congrès n'a été convoqué que pour traiter de l'organisation de la constitution du Parti. Il doit se renfermer dans cet ordre du jour. »

Ainsi il ne devait pas être question du « cas Millerand » au Congrès de Lyon ; mais on avait compté sans l'ardeur des jeunes socialistes, qui allumèrent un pétard, au début du Congrès et avant toute autre discussion.

.·.

Le Congrès s'ouvrit le 26 mai 1901 ; 927 mandats étaient réprésentés par 300 délégués. Le président, M. Augagneur, maire de Lyon, prêcha l'union et déclara que le socialisme n'est pas une religion, mais une doctrine réfléchie et que les congressistes devaient sortir du Congrès en bon accord et la main dans la main.

Dans la séance de l'après-midi on entre immédiatement dans le vif de la question.

Le début de la séance est marqué par quelques escarmouches. — M. Augagneur fait voter une adresse de sympathie aux révolutionnaires russes. Les *blanquistes* profitent de la circonstance pour faire suivre cet ordre du jour d'une addition blessante pour le ministre Millerand :

— « Trop tard, répond M. Augagneur, le vote est acquis. »

— « Ah bien ! il est « rigolo », ce président, s'exclame M. Walter. — Monsieur le maire, nous ne sommes pas au Conseil municipal. »

Enfin l'addition suivante est proposée et votée :

« Les Socialistes français protestent contre les génuflexions du ministère français devant le tsarisme. »

Le rapporteur du Comité général, M. Révelin, peut aborder l'ordre du jour qui porte sur « l'unification du Parti socialiste ». — Après lui, l'adjoint de Lille, M. Delesalle, vient faire appel à la conciliation. Il ne représente pas le Parti ouvrier français, et il en est à souhaiter que ce parti reprenne bientôt sa place dans la grande famille socialiste. Mais un blanquiste, M. Argyriadès, géant brutal et bégayant, vient jeter dans le débat le brûlot de la question Millerand. — « Le Congrès doit flétrir le renégat », conclut-il. — Puis, voici le citoyen DE LA PORTE, fils d'un ancien sous-secrétaire d'État radical, jeune élève de l'École des Chartes, qui pose la question avec une grande habileté. — Sa proposition va donner au débat toute son ampleur :

« Considérant que la tâche essentielle du Congrès est de faire tomber les obstacles actuels à l'unification des forces révolutionnaires ;

« Considérant que la présence au ministère d'un député, ayant fait autrefois partie du groupe parlementaire socialiste, crée une équivoque favorable aux divisions intérieures.

« *Que cette question de la participation au pouvoir a été tranchée pour le passé et pour l'avenir, mais non pour le présent;*

« Le Congrès déclare, une fois pour toutes, que Millerand, s'étant placé lui-même HORS DU PARTI, en entrant au ministère sous sa responsabilité et son initiative personnelles, N'A JAMAIS PU ENGAGER LE SOCIALISME QU'IL NE REPRÉSENTE PAS;

« Déclare en outre que l'attitude du Parti à l'égard du ministère actuel doit être la même que son attitude à l'égard de tout ministère bourgeois. »

Cette résolution était présentée au nom d'un certain nombre de fédérations autonomes et se trouvait fortifiée par la signature de M. Briand.

« Ah! Ah! » ricanent les blanquistes.

M. BRIAND monte à la tribune pour s'expliquer :

« J'étais de ceux, dit-il, qui pensaient que, si la question de la participation au pouvoir était posée, une motion générale et de principe s'imposait. Il était nécessaire d'établir que le Parti socialiste, à aucun moment, n'avait été engagé dans le ministère actuel, et il était indispensable de l'inviter à mener son action, hors de toute préoccupation ministérielle ou antiministérielle; des amis m'ont invité à signer la motion de la Porte. Je l'ai fait, après avoir réussi à y faire apporter une atténuation; en cela, je restais fidèle à l'opinion que j'ai affirmée au premier congrès socialiste, car je n'ai pas varié et ce n'est pas moi qui ai la plus lourde responsabilité. Ce sont ceux qui se sont montrés les plus durs à l'égard de Millerand.

« Oui, la première déviation date du discours de Saint-Mandé. Ce jour-là, les chefs autorisés du blanquisme et du guesdisme [1], en s'associant aux déclarations plus électorales

1. Voici quel était le toast de M. Jules Guesde au banquet de Saint-Mandé :

« Je bois à la première Union socialiste, à l'*Union sans conditions*, qui s'est imposée au lendemain des élections générales de 1893 et a été un fait politique de premier ordre. En affirmant à l'état de force constituée le socialisme qui n'avait été jusqu'alors qu'une opinion, elle a redonné confiance au pays, désemparé par la banqueroute successive des opportunistes et des radicaux. »

« Elle a permis de barrer la route à la pire des réactions et de briser que révolutionnaires de Millerand, ont pris une large part dans la faute commune. Je tenais à faire cette déclaration, comme socialiste révolutionnaire et comme ami de Millerand. »

A ces mots la tempête se déchaîne. Ce ne sont qu'imprécations à l'adresse du ministre du Commerce. Au bout de cinq minutes de tapage, M. Briand peut ajouter ces mots :

« Oui, je suis ami de Millerand, que je considère comme un honnête homme. »

Coups de sifflets, cris : « A Chalon! » accueillent cette péroraison. M. Briand ne se laisse pas démonter :

« C'est un devoir d'amitié que je remplis ici, ajoute-t-il, au moment même où je me dispose à voter la motion [1] qui

l'homme aux 40 millions qui l'incarnait, Casimir d'Anzin et de l'Élysée. Pour cette besogne de défense — ou de défensive — républicaine, point n'était besoin d'accord théorique. Derrière notre barricade il y avait, il devait y avoir place pour tous les concours, pour toutes les bonnes volontés.

« Je bois à la nouvelle Union socialiste, à l'*Union avec conditions*, celle-là, réclamée à la fois par le développement du Parti et par les responsabilités qui peuvent lui incomber demain. Qu'il soit au bout de l'évolution pacifique et légale qui s'achève, ou qu'il doive s'opérer révolutionnairement — si le suffrage universel, la seule arme qui nous reste, venait à être entamé entre nos mains —, le prochain avènement au pouvoir politique du prolétariat organisé ne fait doute pour personne. Or, pour que cette victoire soit définitive, pour que le pouvoir ne nous échappe pas, il est indispensable que nous soyons d'accord sur l'usage à en faire; il faut qu'à l'avance les travailleurs sachent comment, dans quel sens, par quelles mesures devra être résolu le problème de leur affranchissement.

« J'applaudis donc aux paroles de Millerand; et, puisque comme nous, après nous, il vient de déclarer que socialisme et collectivisme ne faisaient qu'un, je demande à compléter mon double toast à l'Union socialiste d'hier et à l'Union sociale de demain, en buvant au collectivisme libérateur. »

1. Que l'on remarque bien ici que tous les défenseurs de M. Millerand, dans les congrès d'union socialiste (les deux Congrès de Paris et le Congrès de Lyon), ont adopté partout la même tactique. Adopter les textes mêmes des motions présentées par les adversaires, pour les rendre suspectes à ceux-ci.

vous a été présentée et que j'ai défendue dans le journal même dont Millerand fut directeur; mais il ne me convient pas de laisser interpréter mon vote comme une vilenie. C'est le vote d'un socialiste, qui en juge un autre au point de vue des principes. Je ne veux pas que l'on me croie capable d'obéir à des sommations, qui peut-être ne procèdent pas uniquement de préoccupations socialistes. — Quand nous aurons fait cela, nous saurons si la gauche de cette assemblée est venue avec une pensée d'unité. »

— « Farceur, » crie un assistant.
— « Grossier personnage, » riposte l'orateur.

M. Vaillant monte à la tribune. — Il déclare qu'il a voulu empêcher M. Millerand de prononcer son discours électoral de Saint-Mandé.

« Il existe entre nous de trop grandes divergences, pour que l'unité soit possible. Elle est, en tout cas, immédiatement irréalisable. Si l'on voulait un rapprochement des groupes, on n'aboutirait qu'à une dispersion plus grande. — Nous ne demandons, pour l'instant, qu'une chose : que l'on recherche le meilleur moyen de lier les organisations. Il faut, pour aboutir à l'unité, commencer par l'union entre les groupes. »

Mais voici M. Jaurès, M. Jaurès, le défenseur et l'*alter ego* de M. Millerand. Il demande le renvoi de la proposition de la Porte à la Commission, pour éviter une surprise et un vote irréfléchi.

« Il est un fait indéniable, dit M. Jaurès, il serait puéril de nier que l'avènement d'un socialiste au pouvoir a été le signe de la croissance du socialisme; mais, dans tous les cas, il est certain que c'est à titre purement individuel que Millerand est entré au ministère.

« Parmi les signataires de la proposition de la Porte, se trouve le citoyen Hubert Lagardelle, qui, il y a à peine un mois, dans une revue des États-Unis, reconnaissait que, depuis l'entrée d'un socialiste au ministère, l'organisation ouvrière française avait vivement progressé. Comment ce même militant a-t-il sur Millerand un jugement pour l'Europe et un autre pour l'Amérique?

« Vous prétendez que nous avons voulu imposer la participation d'un socialiste au pouvoir, contrairement aux décisions des congrès. Mais ces décisions s'appliquent, en même temps qu'au ministère, à d'autres fonctions. La bourgeoisie a deux organes d'administration : le Ministère et la Commission du budget. Je dis que participer à la Commission du budget [1] c'est participer au pouvoir bourgeois. En dépit des améliorations que peut faire adopter un rapporteur socialiste, c'est exprimer la volonté de la majorité bourgeoise. Je vous demande de ne pas envenimer les discussions de tactique qu'il y a entre nous, parce qu'il en est des vôtres qui seront forcés d'assumer des responsabilités. Le citoyen Vaillant parle de divergences de doctrines; vous venez de voir quelle en est la largeur et quelle en est la profondeur. Votre but, c'est la transformation de l'ordre capitaliste en société communiste. Direz-vous que nous sommes des réformistes? Et vous, ne voulez-vous pas arracher des réformes chaque jour? Direz vous que nous attachons trop d'importance à la défense de certaines libertés élémentaires? Je rappellerai au citoyen Vaillant que, pendant la Commune, il répondait aux doctrinaires qu'il fallait avant tout défendre la République et c'était avec les Jacobins bourgeois qu'il combattait. Nous avons le devoir de donner à notre Parti l'unité d'organisation; cela ne veut pas dire que nous voulons réaliser de force l'unité. Il suffit que certains veuillent conserver les anciennes organisations, pour que nous nous inclinions. Il faut chercher le moyen de les concilier avec le maximum d'unité organique. Comment le ferons-nous? La Commission le recherchera.

« Nous pouvons cependant tracer le plan d'unité complète, qui restera devant nous jusqu'au jour où il deviendra une réalité, pour le triomphe de la Révolution sociale. »

M. Lagardelle répond. Il met à son tour M. Jaurès en contradiction avec lui-même, en lisant des articles où il disait, en 1898, que toute main-mise partielle du parti socialiste sur le pouvoir n'aboutissait qu'à des mécomptes [2].

---

1. Allusion à M. Sembat, rapporteur du budget des Postes et Télégraphes.

2. « *Le socialisme ne peut accepter une parcelle du pouvoir, il faut qu'il attende le pouvoir tout entier. Nous pouvons collaborer à des réformes partielles et nous y collaborons en effet, mais un parti qui se propose la réforme totale de la société, la constitution d'un principe*

M. Groussier répond à son tour, au nom de M. Sembat absent, qu'on ne peut comparer le rapporteur d'un budget spécial avec un ministre, qui est forcé de prendre sa part de responsabilité du gouvernement bourgeois. D'ailleurs, il suffit que le Congrès intime l'ordre au citoyen Sembat de démissionner de son rôle de rapporteur, pour qu'il obéisse aussitôt.

.·.

La séance du 27 mai était présidée par M. Allemane, qui, dans toute cette affaire, semble avoir servi de paravent aux ministériels.

Par 342 voix de majorité, le renvoi à la Commission de la proposition DE LA PORTE était ordonné.

Pendant que la Commission délibère, M. VIVIANI demande la continuation de la discussion. Il monte à la tribune pour repousser les accusations dont lui-même a été victime. Et il s'étonne de voir les attaques partir d'un groupe (le parti *blanquiste*) où il voit un député révolutionnaire, qui a failli, dans une voiture où il figurait entre un général et un amiral, l'écraser, à Toulon.

— « C'est une attaque personnelle, crie M. Allard. — Si j'étais

de propriété et de vie à un autre principe, ne peut accepter que l'intégralité du pouvoir.

« S'il en a seulement une part, il n'a rien, car cette influence partielle est neutralisée par les principes dominants de la société présente.

« Les grands intérêts ennemis prennent peur sans qu'on puisse les frapper, *l'idéal nouveau n'est point réalisé mais compromis*, et il y a une crise capitaliste dont le socialisme ne sort pas.

« Jean Jaurès. »
Cosmopolis, Janvier 1898.

dans une voiture entre un général et un amiral, c'était pour recevoir le Président de la République. Si vous me le reprochez, quelles seront vos critiques contre un socialiste qui accepte un portefeuille dans un ministère bourgeois? »

On veut alors poursuivre la discussion de l'ordre du jour; mais les blanquistes et les membres de l'Alliance communiste se retirent, à l'exception de MM. Groussier et Dejeante. Le Congrès discute paisiblement la question de l'admission des coopératives et des syndicats dans le Parti socialiste.

La Commission continuait ses délibérations. La séance, commencée à deux heures et demie, ne se termina qu'à dix heures du soir.

Alors, M. Briand, ayant eu le temps de se ressaisir, avait retiré sa signature de la motion de la Porte et lui avait opposé un nouveau texte, n'en différant que par une équivoque :

« Considérant que la tâche essentielle du Congrès est de faire tomber les obstacles actuels à l'unification des forces révolutionnaires de France;

« Considérant que la présence au ministère d'un député ayant fait partie du groupe parlementaire socialiste, crée une équivoque propice aux divisions intérieures;

« *Que cette question de la participation au pouvoir a bien été tranchée pour le passé et pour l'avenir, mais non pour le présent;*

« Le Congrès déclare que Millerand, en entrant au ministère, c'est-à-dire en acceptant, sous sa responsabilité personnelle et de son initiative privée, une fonction qui le met HORS DU CONTRÔLE DU PARTI SOCIALISTE, N'A PU ENGAGER AU POUVOIR CE PARTI; que, conséquemment, il ne l'y représente pas et ne l'y a représenté à aucun moment;

« Déclare en outre que l'attitude du parti et du groupe parlementaire à l'égard du ministère actuel doit être la même qu'à l'égard de tout ministère bourgeois, c'est-à-dire *déterminée exclusivement par l'intérêt du prolétariat tout entier.* »

On ne saurait trop admirer l'habileté procédurière

de l'avocat qui a rédigé cette proposition. — Qu'on remarque cependant deux points :

1° M. Millerand n'est pas hors du parti; il est *hors du contrôle* de ce parti, il est en congé... donc le parti n'a pas à s'occuper de ses faits et gestes, et, lorsque son congé sera expiré, il n'aura qu'à revenir prendre sa place dans le Parti socialiste.

2° Le groupe parlementaire ne doit déterminer son attitude à l'égard du ministère Waldeck-Millerand, que suivant l'intérêt du prolétariat tout entier. — Qui nous expliquera jamais quel est « L'INTÉRÊT DU PROLÉTARIAT TOUT ENTIER »? Quel est le docteur infaillible qui nous dira que telle mesure est à l'avantage du prolétariat et telle autre à son désavantage? Est-ce que le prolétariat — puisque prolétariat il y a — ne se divise pas sur toutes les lois, sur toutes les mesures qui le concernent?... Et alors, il sera permis aux députés socialistes de voter constamment pour le ministère. La formule est élastique.

Dans la Commission, M. Jaurès, qu'un assistant dépeignait « *une grosse dame sensible* », versa des pleurs. Il cria à la trahison, à la trahison de la Porte, à la trahison de Lagardelle, à la trahison de tous ses disciples. Et il restait seul abandonné, bafoué, injurié [1].

La séance de la Commission se termina par le vote, à 47 voix contre 10 et 1 abstention, de la motion Briand. L'équivoque continuait.

---

[1]. Un jour, dans une réunion publique, à Toulouse, M. Jaurès se plaignit d'avoir été frappé, injurié par les verriers de Carmaux, avant qu'il devînt leur député. Et il se compara au Christ, à un Christ gras et n'ayant souffert, il est vrai, que de modestes injures. Et la salle emballée des méridionaux de Toulouse l'applaudit et compatit à ses douleurs.

Le 28 mai, au matin, le Congrès était assemblé, pour entendre le rapport de sa commission. M. Briand en fut le rapporteur. Nul ne dira assez le talent de parole et l'habileté consommée de cet avocat ignoré de Saint-Nazaire, devenu l'un des chefs du parti ministérialiste.

« La Commission, dit-il, a dû décider quelle méthode de travail elle adopterait. Le citoyen Vaillant voulait qu'elle adoptât d'abord la question ministérielle. Jaurès demandait que la question ministérielle restât en tête de l'ordre du jour, mais que la Commission abordât ensuite le projet sur l'unification, afin de pouvoir présenter au Congrès un rapport d'ensemble sur tous les points.

« C'est à cet avis que la Commission s'est ralliée. Mais la discussion sur la première question s'étant prolongée très tard. nous croyons devoir seulement présenter le rapport de la Commission sur la question ministérielle.

« Le Parti ouvrier socialiste révolutionnaire (*parti allemaniste*), opposé à l'entrée d'un socialiste dans un ministère, propose de déclarer, afin d'éviter les polémiques, que les actes du citoyen Millerand ne regardent pas le Parti et que seule l'organisation à laquelle il appartient a qualité pour le sommer de quitter le pouvoir [1].

---

1. Cette rédaction était habile — M. Millerand n'appartenait à aucun groupe. Et c'est ce qui prouvait l'imprudence qu'avaient commise les groupes organisés, en laissant prendre place à côté d'eux, en qualité d'amateurs, des individualités se réclamant de l'étiquette socialiste.

Voici le texte de cette proposition :

« 1° Si Millerand est resté dans la situation où il se trouvait à son entrée dans le ministère, c'est-à-dire s'il n'appartient toujours pas à une organisation nationalement constituée, ses actes ne nous intéressent pas plus que ceux de tout autre ministre bourgeois et échappent à toute sanction effective de notre part.

« 2° Si, au contraire, Millerand est actuellement membre d'une organisation ou d'une fédération socialiste, nous invitons cette organisation à le faire connaître, et dans ce cas le Congrès devra la mettre en demeure, comme ayant seule qualité pour cela, de sommer Millerand de quitter le ministère.

« Comme conclusion et sanction pratiques, le P. O. S. R. demande si un des groupes représentés au Congrès compte Millerand parmi ses membres.

« Si oui, le Congrès doit inviter ce groupe à demander à Millerand

« Venait ensuite la motion de la Porte qui déclarait que le ministre s'était mis « hors du Parti ».

« Venait enfin la motion proposée par l'orateur et acceptée par la commission, qui mettait le ministre, non plus hors du Parti, mais « *hors du contrôle du Parti* ». Ce qui a un sens presque diamétralement opposé.

« Cette motion, ajoutait M. Briand, a l'avantage de satisfaire ceux qui veulent dégager le Parti, sans attaquer les individus. Le P. S. R. (parti socialiste révolutionnaire, ou *blanquiste*) n'a pas cru devoir s'y rallier.

« Camarades, vous allez avoir à déclarer que jamais le Parti n'a été engagé dans le pouvoir bourgeois. Ainsi, vous ferez cesser une équivoque, une confusion fâcheuse.

« Millerand n'est pas exclu du Parti; ou alors tous ceux qui ont soutenu Millerand à la Chambre, devraient en être exclus, eux aussi! Il vous est impossible, camarades du parti blanquiste, d'accepter cette interprétation, qui serait votre condamnation, car vous l'avez quelquefois soutenu de vos votes, notre ami Millerand! La motion de la Porte consiste à aller mettre un revolver dans la chambre d'un individu, en l'engageant au suicide, n'osant pas soi-même le tuer.

« Vous voulez chasser Millerand sans l'entendre? Nous ne le permettrons pas. Jamais nous ne consentirons à lui donner un pareil croc-en-jambe, étant donnée la façon dont il est entré au ministère.

« Millerand ne s'est jamais caché de vouloir un jour accepter le pouvoir. Le programme de Saint-Mandé en est la preuve. On le considérait comme un homme ministrable. Vous n'avez jamais rien fait pour empêcher cette situation.

« Millerand se présente un jour au groupe socialiste et l'avertit des offres qui lui sont faites. Il dit que la combinaison n'est plus à envisager, car elle a avorté. — Si un socialiste ne devait pas accepter le pouvoir, si pareil acte était un si grand crime, pourquoi alors n'avez-vous pas violemment protesté?

« Le citoyen Vaillant était troublé; sa conscience de révolutionnaire devait bien l'éclairer encore, mais ce n'était plus qu'un petit fanal tremblotant qui éclairait mal la route; le blanquisme travaillait Vaillant, et il songeait, lui aussi, au salut de la

sa démission immédiate, afin d'éviter toute division et dans l'intérêt supérieur du Parti.

« Si non, le Congrès constate que Millerand n'appartient pas au Parti socialiste, et que celui-ci, en conséquence, ne saurait, en aucune façon, être rendu responsable de ses actes.

« Et demande le vote par mandat et la priorité pour sa proposition. »

République, si bien que, tout amicalement, il dit à Millerand :
« Vous savez, si vous devenez ministre, ce sera sous votre res-
« ponsabilité personnelle, le Parti ne sera pas engagé. »

— « Millerand est un assassin, » crie M. Létang.

— « Aux assassins on permet d'avoir des juges, répond
M. Briand, décidément admirable dans son amitié pour le ministre socialiste, à moins qu'il ne songeât, en ce moment, à
défendre la situation des futurs ministres socialistes, dont il
espère illustrer la série.

— « Qu'il vienne ici ! » reprend M. Létang.

— « C'est donc qu'il n'a pas été exclu, que vous l'autorisez à
venir, riposte M. Briand. — Toute la différence entre nos deux
motions est là. Nous voulons que Millerand puisse être jugé
par son parti. Vous, vous désirez le juger sans l'entendre. —
Demain les travailleurs vous jugeront[1]. Ils se prononceront
entre ceux qui veulent dégager un principe et ceux qui poursuivent des satisfactions d'amour-propre ou des triomphes de
comités. »

M. DE LA PORTE, au nom de la minorité de la Commission, prend à son tour la parole.

« Aucune différence, dit-il, ne doit être faite entre le ministère
actuel et les autres ministères bourgeois. Vous perpétuez les
équivoques en substituant aux mots « Hors du Parti » les mots
confus « Hors du contrôle du Parti ».

« La question est très simple : ou dire que Millerand doit être
considéré comme ayant quitté le Parti, ou lui demander des
explications.

« C'est abuser des mots que dire que l'entrée de Millerand au
ministère n'a pas soulevé de protestation. Il y en a eu, puisque
le groupe parlementaire s'est divisé.

« Le citoyen Millerand s'est exclu du Parti, et lorsque la cause
qui aura motivé son exclusion aura disparu, il pourra demander son admission, et cette demande, le Parti l'examinera ;
mais il sera libre d'y opposer la question préalable, comme il
l'opposerait à une demande semblable, provenant de M. Méline
ou de M. de Mun. — Pour nous, nous voterons cette question
préalable ; et, à vous, il sera loisible alors de faire valoir vos arguments pour son admission. »

1. Les ouvriers n'étaient ni pour ni contre les défenseurs de M. Millerand. Ils se désintéressaient entièrement de ces arguties ridicules.
Aucun syndicat important n'était représenté à ce Congrès doctrinaire.

La motion de la Porte fut repoussée par 910 mandats contre 286[1].

M. Landrin monta alors à la tribune.

« Vous n'avez pas voulu faire cesser l'équivoque, dit-il. Il nous est impossible, dans ces conditions, de continuer à travailler avec vous, pour le moment du moins. »

Et le Parti blanquiste, suivi de l'Alliance communiste et de quelques fédérations, quitta la salle du Congrès.

* *

« Maintenant, s'exclame M. Jaurès, tous les voiles, tous les masques sont tombés. Nous savons ce que valaient les protestations pour l'union de ceux qui viennent de s'en aller. Ceux qui nous accusent de manquer à la discipline viennent de refuser de s'incliner devant la majorité... *La France socialiste n'est pas diminuée par le départ d'une secte! Vous êtes le prolétariat!* »

— « Il n'y a pas à apprécier la fuite de ceux qui viennent de partir, dit à son tour M. Viviani; on les trouve dans les antichambres ministérielles, on les a vus, esclaves de journaux d'outrage, de chantage, de calomnie. Si ces messieurs sont partis, ils n'ont pas emporté tous les dévouements. Nous devons des sacrifices au prolétariat; à son appel, nous répondrons toujours. »

La motion Briand fut alors acceptée par 904 mandats contre 42.

Puis le projet d'unité était adopté et une Commission nommée, pour rédiger un manifeste à la France socialiste [2].

1. La Commission de vérification des mandats avait admis en bloc tous les mandats, dont beaucoup étaient contestés.
2. Voici ce manifeste :

Lyon, 28 mai 1901.

Citoyens,

Le Congrès de Lyon avait reçu du Congrès de Paris le mandat de réaliser l'unité socialiste. Ce mandat, le Congrès de Lyon l'a rempli.

L'unité n'est pas seulement proclamée : le plan en est défini. Désor-

Du Congrès de Lyon, il sortait donc, non pas l'unité, mais deux unités.

mais, c'est dans le cadre d'un seul et grand parti que toutes les énergies socialistes et révolutionnaires peuvent trouver place.

Tous ceux qui reconnaissent de cœur et de fait les mêmes principes essentiels, sont appelés à une action commune, et c'est par les fédérations autonomes que l'unité s'accomplit, avec le concours de celles des organisations nationales qui, tout en conservant leur existence propre, travaillent de bonne foi au rapprochement de toutes les forces socialistes.

Par ces fédérations départementales ou régionales, toutes les intelligences, toutes les consciences, toutes les activités socialistes sont mises en éveil, et le mouvement socialiste, au lieu d'être déterminé de haut *par la volonté de quelques hommes ou la passion étroite de quelques sectes*, jaillira de la conscience socialiste et de la spontanéité populaire.

Citoyens,

L'heure de l'unité est enfin venue, et la preuve que maintenant l'unité est à la fois nécessaire et possible, c'est que les organisations nationales qui s'y refusent encore sont obligées, pour justifier leurs scissions préméditées, d'alléguer les plus futiles prétextes.

Il y a sept mois, le Parti ouvrier français se retirait de salle Wagram à la suite d'un incident minuscule. Hier le Parti socialiste révolutionnaire et l'Alliance communiste étaient réduits, pour expliquer leur départ, à dénaturer le sens évident de la motion adoptée par nous.

Nous avons tenu à dégager le Parti socialiste de toute responsabilité collective dans le fonctionnement d'un ministère bourgeois.

Nous avons voulu dire et nous avons dit qu'aucun citoyen n'avait reçu mandat du Parti socialiste et du prolétariat organisé d'entrer dans une combinaison bourgeoise.

Nous avons voulu dire et nous avons dit qu'entré dans un ministère, sous sa responsabilité personnelle et de son initiative, le citoyen Millerand n'avait, en aucune façon et à aucun moment, représenté et engagé le Parti socialiste, et il est fâcheux que des socialistes, dont toutes les préoccupations de principes étaient consacrées par notre vote, aient cru devoir rompre avec nous, sans doute par la raison qu'à notre décision très ferme et très nette, ne se mêlait aucune arrière-pensée d'excommunication et de flétrissure.

Nous sommes convaincus que ces scissions factices ne dureront pas. Nous sommes sûr que l'expérience décevante où ils sont entrés et l'attraction croissante de l'unité socialiste ramèneront bientôt, militant à militant, groupe à groupe, tous les socialistes de bonne foi, tous les révolutionnaires agissants, qui ne tarderont pas à comprendre que l'intérêt du prolétariat socialiste doit être placé au-dessus de toutes les préoccupations de personnes.

Ils entreront dans ce grand Parti unifié qui leur reste ouvert et qui bientôt sera fait de toutes les forces socialistes.

Vive l'unité socialiste!

Vive la Révolution sociale!

I. Le Parti socialiste français, dirigé par MM. Briand et Jaurès.

II. Le Parti socialiste de France (unité socialiste révolutionnaire), dirigé par MM. Guesde et Vaillant.

Enfin, les allemanistes, sans abandonner immédiatement le parti de MM. Briand et Jaurès, commençaient une évolution pour arriver à reprendre leur isolement farouche.

Le premier résultat du Congrès de Lyon fut la désunion, portée dans le groupe socialiste de la Chambre. « Le bon grain se sépare de l'ivraie », disait le *Petit Sou* du 1er juin 1901.

Le secrétaire du groupe socialiste parlementaire, M. Marius Devèze, reçut la démission de MM. Coutant, Groussier, Allard, Walter, Vaillant, Dejeante, Zévaès, qui constituèrent immédiatement le groupe socialiste révolutionnaire, auquel venaient bientôt s'adjoindre MM. Dufour, Sauvanet, Létang, Sembat, Chauvière.

Cependant ces deux derniers adhéraient au nouveau groupement, tout en continuant à adhérer à l'ancien.

« Le collectivisme de la fraction (Jaurésiste), disait alors M. Charles Bos [1], est un collectivisme singulièrement édulcoré, car son programme est exactement celui que Millerand a défini dans son fameux discours de Saint-Mandé. Est-ce même du collectivisme? Dire en effet que les raffineries peuvent être nationalisées, tout comme les chemins de fer, les mines, etc., et baptiser ce retour à l'État ou à la société, collectivisme, c'est restreindre dans des proportions énormes le système collectiviste. A coup sûr, c'est là *une dose infinitésimale de collectivisme* introduite dans la société actuelle. J'oserai même soutenir qu'en paraissant faire une concession considérable aux collectivistes purs, Millerand n'a fait qu'ajouter le mot collectivisme à son ancien programme radical-socialiste. »

[1]. Le *Rappel*, 30 mai 1901.

D'où il résultait évidemment que les radicaux et radicaux-socialistes pouvaient se rallier, sans crainte, au programme de Saint-Mandé.

Les socialistes-ministérialistes se trouvaient ainsi compromis, accaparés avec leur programme et choyés comme des enfants prodigues par les radicaux, que la présence des Vaillant et des Guesde écartait jusque-là du parti socialiste.

« On se retrouve », disait le *Petit Sou,* ironique [1].

« La cassure de Lyon nous ravit, disait un député du groupe radical-socialiste. Nous l'attendions et notre rêve de voir venir à nous Viviani et quelques-uns de ces amis est aujourd'hui réalisé. Aussi bien, rien ne nous séparait et l'entrée de Millerand avait aplani les quelques aspérités qui pouvaient exister entre eux et nous [2]. »

Cependant un député, du parti de M. Vaillant, abandonnait les blanquistes à leur intransigeance et passait avec armes et bagages au ministérialisme. C'était M. Breton, le disciple favori de M. Vaillant. Il accusait aujourd'hui son maître d'avoir appelé l'affaire Dreyfus « ce fumier qui a pourri les meilleurs citoyens » et d'avoir empêché l'union entre tous les socialistes, et, à l'appui de son dire, il citait cette phrase brutale de l'ancien membre de la Commune : « Comment voulez-vous que nous fassions l'union avec des gens que nous ferions fusiller demain, si nous étions au pouvoir [3] ? »

M. Breton fondait immédiatement une fédération

1. *Petit Sou* du 1er juin 1901.
2. *Petit Sou* du 1er juin 1901.
3. *Petite République* du 2 septembre 1901. — *Le Congrès du Cher.*

autonome du Cher et attaquait violemment ses alliés de la veille.

**

Dans d'autres Fédérations, la discorde s'élevait également. Ainsi, dans la Fédération du Nord : M. Édouard Delesalle, adjoint au maire de Lille, qui dirige une importante fabrique de papiers peints. avait été le fondateur du *Réveil du Nord*, grand journal quotidien, qui devint l'organe officiel du parti guesdiste.

Quand fut soulevée, pour la première fois, la question Millerand, M. Delesalle, qui était l'ami personnel du ministre du commerce, se rangea du côté des ministériels, sans pourtant abandonner son parti.

Dès ce jour, on put prévoir une scission imminente. Le *Réveil du Nord*, qui s'imprimait à l'imprimerie du Parti ouvrier, commença par reprendre son autonomie, et, du même jour, réapparut hebdomadairement le *Travailleur*, organe des guesdistes.

Au moment du Congrès de Lyon, le parti guesdiste refusa d'y prendre part. M. Delesalle accepta d'y représenter un groupe socialiste ministériel de Lens. Il y allait, disait-il, pour essayer d'aboutir à la réalisation du rêve d'unité, qu'il faisait pour le Parti socialiste, et il donnait les explications suivantes à la veille de son départ :

« J'ignore ce que penseront de cet acte mes camarades du Parti ouvrier français. Je n'en ai consulté aucun, de crainte qu'il ne s'efforçât d'affaiblir ma conviction, que je servais la cause socialiste et que je ne desservais pas le Parti ouvrier français, en accueillant l'offre du secrétaire de la fédération autonome.

« J'ai dit que, pour apporter mon appoint modeste au rapprochement de toutes les forces du prolétariat socialiste français, j'irai jusqu'au bout. J'y vais, et advienne que pourra. »

Le *Travailleur* répliqua :

« Le gros événement socialiste de ces derniers jours, c'est la lettre du citoyen E. Delesalle, au secrétaire des autonomes, lettre par laquelle il a déclaré accepter d'être le délégué du groupe de Lens au congrès Wagram de Lyon.

« Nous nous étions cependant bien promis de ne pas nous occuper de ce congrès, qui ne nous intéressait nullement. La fédération du Nord, représentée à Ivry, ainsi que toutes les fédérations, agglomérations et groupes du Parti ouvrier français, ayant décidé de ne pas se faire représenter à Lyon, le devoir de tous les membres du parti était donc d'observer strictement cette décision.

« Mais il y a des gens qui sont impayables, l'immobilité les tue; les uns éprouvent le besoin de sortir des rangs pour se constituer en médiateurs et les autres, qui répudient leur qualité de membres du parti ouvrier, pour ne pas subir sa discipline qu'ils étaient cependant des premiers à appliquer à autrui, s'arrogent le droit de lui déterminer sa ligne de conduite vis-à-vis des partis bourgeois.

« Des médiateurs et des directeurs de conscience, on n'en a que faire dans le Parti ouvrier; des « intellectuels » et des grands frères spirituels, trop spirituels (!), je crois que nous en avons assez, nous autres, les petits frères !...

« Le Parti ouvrier français a, pour régler sa marche, des organes, qui sont les conseils locaux et régionaux, et son conseil national; car ce sont eux qui sont chargés d'appliquer les décisions — des congrès absolument souverains — pendant l'intersession d'un congrès à un autre. La doctrine, le programme et le règlement général déterminent la ligne de conduite de chaque jour, pour tous les militants; aucun d'eux ne peut prétendre s'y soustraire, sans se mettre de lui-même en dehors du parti. Il ne peut donc y avoir qu'un même poids, qu'une seule mesure! »

M. Delesalle fut rayé du parti et obligé de donner sa démission d'adjoint.

.*.

Mais la Fédération autonome, qui s'était formée à

la suite de ces incidents, voulut proposer à la vieille Fédération guesdiste d'instituer « une commission mixte, pour décider quelles circonscriptions seraient laissées aux candidats de chaque organisation ».

La vieille Fédération répondit avec brutalité :

« Le Comité fédéral du P. O. F. ne pouvant oublier que la fédération des autonomes, qui ne lui a, après tout, pas demandé la permission de naître, a essayé, dans son ardeur ministérielle, de supplanter le P. O. F. dans la région du Nord, comme son comité général de la rue Portefoin tente encore tous les jours de le faire dans la France entière ;

« Que, malgré les ordres du jour votés dans certaines réunions publiques, cette fédération, ou plutôt ceux qui la dirigent, restent des ministériels et continuent à se refuser aux conditions de tactique, c'est-à-dire à la lutte de classe, qui exige du parti socialiste en France une opposition révolutionnaire dans les pouvoirs publics et dans le pays ;

« Par ces motifs,

« Le comité fédéral du Nord (P. O. F.) déclare ne pas accepter une pareille proposition et passe à l'ordre du jour. »

Ainsi, partout naissaient des divisions entre socialistes, partagés sur la question Millerand. Tels étaient les résultats les plus immédiats du Congrès de Lyon.

CHAPITRE V

LE COMITÉ GÉNÉRAL DE 1901

Le Comité général, après le Congrès de Lyon, ne se trouva plus composé que d'éléments ministérialistes. Ce ne fut pas encore une raison suffisante pour que les séances fussent paisibles

La question Jaurès.

La première question qui fut soumise au Comité général, fut la question Jaurès. On reprocha au grand orateur socialiste d'avoir fait célébrer la première communion de sa fille, à Villefranche d'Albi.

M. Jaurès s'expliqua dans la *Petite République* du 11 juillet 1901. Après avoir rappelé qu'il avait, il y a trois ans, dit aux lecteurs de son journal ce qu'il était et ce qu'étaient les siens, M. Jaurès écrivait :

« J'ai dit que ma femme était chrétienne et pratiquante et que, pour l'éducation des enfants, une transaction nécessaire était intervenue entre la mère, pratiquante et chrétienne, et le père, socialiste et libre-penseur. J'ai pensé aussi que je n'avais pas le droit d'interdire aux enfants de participer au culte, sous la direction de leur mère. Mais j'ai pensé aussi que mon devoir était, en les faisant élever dans des établissements laïques, d'assurer la liberté de leur esprit. A ce devoir je n'ai jamais manqué.

« C'est au lycée Molière que ma fille est élevée. Elle n'a pas eu, elle n'aura jamais d'autres maîtres que des maîtres laïques. Et j'espère bien que je saurai l'aider à s'élever, sans souffrance et sans crise, à ce qui est, à mes yeux, la vérité. »

Il ajoutait qu'il ne reniait rien de sa vie et qu'il appartenait à son parti « avec ses forces et avec ses faiblesses ».

Le 24 juillet, le Parti allemaniste saisissait le Comité général de ce cas étrange, d'un socialiste se disant anticlérical, dénonçant à tout instant le cléricalisme et lui livrant son enfant. Non seulement la fille de M. Jaurès avait fait sa première communion, mais elle aurait été préparée à cet acte religieux par les sœurs de Villefranche !

Pendant six semaines, on discuta. — De jeunes socialistes — M. Parsons entre autres — demandèrent que le parti socialiste prît, pour l'avenir, certaines garanties contre les « défaillances » religieuses de ses membres. M. Briand faisait observer que le Comité général ne disposait d'aucun moyen de coercition contre la femme d'un membre du Parti socialiste. — Enfin, dans la séance du 29 août 1901, la discussion générale était close par le procès-verbal suivant :

PARTI SOCIALISTE

Comité général.

Le Comité général, dans sa séance des 28 et 29 août, a discuté la motion suivante présentée par l'Union fédérative du Parti ouvrier socialiste révolutionnaire [1] :

Paris, ce 21 juillet 1901.

Aux membres du Comité général, rue Portefoin, 18.

Sur la proposition du groupe l' « Action de Levallois-Perret »,

____
1. Allemaniste.

les délégués de l'Union fédérative (Parti ouvrier socialiste révolutionnaire) ont, à l'unanimité, voté la proposition suivante, laissant le soin aux délégués du Parti de la défendre à la réunion de ce soir :

« Vu la défection du citoyen Jaurès relative à la première communion de sa fille ;

« Considérant que ce manquement à la logique socialiste peut atténuer l'autorité de la propagande du Comité général,

« Proposent de demander des explications au citoyen Jaurès et, au cas où elles ne seraient par satisfaisantes, de le relever de toute délégation pouvant engager le Parti socialiste.

« Pour l'Union fédérative du Centre et par ordre :

« *Le secrétaire :* J.-B. LAVAUD. »

La discussion terminée, la priorité demandée en faveur de la motion ci-dessus a été repoussée à l'unanimité, moins les voix des délégués du Parti ouvrier socialiste révolutionnaire, qui ont voté pour ; la priorité a été accordée à la motion suivante, qui a été adoptée :

« Considérant que le contrôle du Comité général a été nettement limité à la sauvegarde des principes socialistes, tels que les ont formulés tous les congrès nationaux et internationaux ;

« Qu'aucune règle concernant la question religieuse n'a encore été établie par ces congrès ;

« Que le Comité général ne pourrait donc se saisir du cas qui lui est soumis par le Parti ouvrier socialiste révolutionnaire, sans sortir de ses attributions ;

« Considérant, au surplus, que le but final poursuivi par le Parti socialiste est *l'émancipation de tous les êtres humains, sans distinction de sexe, de race et de nationalité* ;

« Que si, actuellement, l'enfant est soumis à la puissance paternelle, si *la femme doit obéissance à son mari,* c'est en vertu des lois bourgeoises, que le Parti socialiste condamne et dont il ne peut se réclamer ;

« Qu'il a, au contraire, dans tous les pays, affirmé comme son idéal et mis au nombre de ses revendications, l'éducation de l'enfant par la société, l'égalité civile et politique de l'homme et de la femme ;

« Qu'en conséquence, si le militant a pour devoir de ne proposer aux siens, comme objets de croyance, que des vérités scientifiques et de s'employer de tout son zèle, de toute la force de ses convictions, à les leur faire accepter, le Comité général ne saurait, sans manquer aux principes socialistes, conseiller la violence matérielle ou légale, qui deviendrait pourtant la seule solution possible, en cas de conflit familial persistant.

« Le Comité général

« Passe à l'ordre du jour et décide de proposer au Congrès de Tours de définir, dans le programme du parti, l'attitude du socialisme à l'égard des religions et des Églises. »

Ainsi le Comité général déclarait qu'il ne savait pas quelle devait être l'attitude du socialisme à l'égard des religions et des Églises ! On donnait donc mission au Congrès de Tours, ainsi que le fait observer fort spirituellement M. G. Sorel [1], de discuter la communion de Mlle Jaurès et d'approfondir les relations qui existent entre le programme de Saint-Mandé et la croyance à la transsubstantiation eucharistique.

Cette décision ne satisfaisait pas tout le monde. Le Comité d'action révolutionnaire socialiste de Belleville mettait en demeure le Comité général de « préciser à la France socialiste organisée quelle sera l'attitude du Parti socialiste envers la réaction cléricale, et en face des compromissions faites, avec les pires ennemis du socialisme, par les militants les plus autorisés ».

Les membres de la Jeunesse socialiste de Castres votaient également un ordre du jour, pour « blâmer énergiquement les militants socialistes, quels qu'ils fussent, qui livraient les leurs aux ensoutanés de toutes marques, en leur faisant jouer la comédie de la première communion ».

Mais le Comité général avait décidé. — La question devait être posée au Congrès de Tours, transformé en réunion eucharistique. A Tours la question ne fut d'ail-

_____

1. *Histoire des Bourses du travail* de Fernand Pelloutier, Préface de G. Sorel, Schleicher éditeur, 1902.

leurs pas posée. On y oublia de discuter ce cas de conscience et on y détruisit, par contre, le Comité général, que certains trouvaient trop inquisitorial et trop gênant.

La question Millerand.

La seconde question que le Comité général eut à traiter, fut la question Millerand, question insidieuse et tenace, dont les socialistes ne parvenaient pas à débarrasser leurs discussions. Et ce fut le citoyen Amilcare Cipriani qui jeta cet éternel brûlot dans le calme de la rue Portefoin.

Au nom de la Fédération du Loir-et-Cher, dont il était le représentant attitré, M. Cipriani présenta, dans la séance du 9 octobre 1901, la motion suivante :

« Droiture, honnêteté et justice furent, sont et doivent être les guides du socialisme.

« Le devoir de ses délégués, au Comité général, doit être la cohérence, la fermeté, l'inflexibilité même, envers tous ceux qui s'en écartent et les foulent aux pieds en pactisant cyniquement, tous les jours et partout, avec les pires et les plus implacables de ses ennemis.

« Lorsqu'on annonça l'arrivée du tsar en France, le Comité général lança un manifeste digne et ferme de protestation qui l'honore, et qui fut accepté et approuvé par tous les délégués présents.

« Dans ce manifeste, il était dit : « Il (le Comité général) affirme hautement ses sentiments de solidarité à l'égard de toutes les victimes de l'odieuse tyrannie tsariste et invite les militants à se tenir à l'écart de toute manifestation humiliante, dont la venue du despote russe sera l'occasion. Il engage les élus qui se réclament des principes socialistes à refuser tout crédit pour sa réception, sous peine de déchoir aux yeux du prolétariat révolutionnaire. »

« Cet appel de cohérence sociale ne fut pas écouté. Un socialiste y a manqué.

« J'invite le Comité général à faire respecter ses actes. Or, un élu socialiste, M. Millerand, a pris part à cette manifestation, d'une façon éclatante, et, après avoir fraternisé avec le féroce massacreur de nos frères de la Commune, Galliffet, trinqué à la santé et à la prospérité de la sanguinaire monarchie italienne, accepté publiquement la responsabilité des massacres de Chalon et de la Martinique, il s'est honteusement prosterné aux pieds du tsar et a accepté des honneurs, des décorations de tous les massacreurs de tous les pays.

« Si, en entrant dans un ministère bourgeois, Millerand a déserté la cause, dans tous les cas, il l'a trahie.

« Une décision ferme, exemplaire, énergique et définitive s'impose au Comité général, s'il ne veut pas déchoir dans l'estime des socialistes militants.

« Cette décision je viens vous la proposer.

« C'est de *chasser définitivement de notre Parti M. Millerand :* et, pour empêcher qu'on continue à jongler avec notre cause en la dévoyant de son véritable but, je propose que cette mesure s'applique, à l'avenir, à tous ceux qui persisteront à le défendre et à le soutenir.

« En faisant cela, le Comité général aura bien mérité du socialisme révolutionnaire international et, en même temps, arrêté le départ justifié de quelques fédérations, à juste titre indignées de voir notre cause dévoyée et ballottée entre prêtres, bourgeois et monarchistes, et sérieusement compromise par l'incohérence et l'ambition effrénée de quelqu'un de ses membres. »

La discussion de cette motion dangereuse fut renvoyée à la séance suivante, fixée au 16 octobre 1901.

*
**

A cette séance, M. ALLEMANE déclara que la question aurait dû être enterrée depuis longtemps.

A quelle organisation socialiste appartenait M. Millerand? Il ne se réclamait d'aucune, et alors « son cas » n'était intéressant pour personne. M. Millerand n'est pas adhérent au Parti socialiste, et le Parti n'a pas à s'occuper de lui plus qu'il ne s'occupe de M. Monis ou de M. Waldeck-Rousseau.

M. VIERNE (*indépendant*), en pleine conformité d'idée avec M. Allemane, déposa la motion suivante :

« Le Comité général, considérant que le citoyen Millerand, ayant été mis hors du contrôle du Parti, n'appartient plus à celui-ci et qu'aucune sanction ne peut lui être applicable, passe à l'ordre du jour. »

Ce n'est pas l'opinion de M. Jean LONGUET, que délègue en ces lieux le Comité de Basse-Normandie; il estime que M. Millerand est et reste membre du Parti. Il lui semble donc inadmissible qu'il ne soit pas, comme les autres élus, soumis au contrôle du Comité général, comme les camarades de la Chambre. Cependant, ajoute le malicieux petit-fils de Karl Marx, la motion votée au Congrès de Lyon le place dans une situation exceptionnelle, sur un autel où les anathèmes ne sauraient l'atteindre. Et cette motion demeure souveraine et inviolable, jusqu'au prochain Congrès.

M. CIPRIANI s'élève avec force contre cette thèse amphibie. Il considère comme spécieux et sans portée les arguments en vertu desquels Millerand est placé dans une situation privilégiée, alors que, pour la masse prolétarienne, il reste un des chefs du Parti socialiste. — Tout citoyen, — conclut le farouche révolutionnaire italien, — qui a foulé aux pieds les principes socialistes, en s'inclinant devant le despote russe, qu'il soit simple militant ou qu'il soit ministre, mérite d'être impitoyablement chassé du Parti socialiste.

Mais, riposte M. RÉVELIN, le fait même, que le Congrès de Lyon a placé Millerand hors du contrôle du Parti, prouve irréfutablement qu'il est membre de ce

Parti. Aujourd'hui le Comité général ne peut aller contre les décisions du Congrès de Lyon.

C'est évident, approuve M. JAURÈS.

« Il est certain, dit-il, que le dernier congrès s'est placé dans l'hypothèse, que Millerand était socialiste et que, cette hypothèse une fois posée — implicitement mais nettement, il a déclaré que Millerand avait accepté le portefeuille de ministre dans des circonstances exceptionnelles et imprévues, qui le mettaient en dehors du contrôle du Parti. Le Comité général est lié par cette décision et son manifeste n'est valable que dans la mesure où il ne la contredit pas.

« Il est, d'autre part, périlleux de poser la question, sous cette forme superficielle et restreinte. Si Millerand a commis un acte considéré comme criminel, peut-on dire que bien des conseillers généraux et municipaux, le citoyen Landrin notamment, n'ont pas commis antérieurement le même crime, par des démarches aussi significatives et plus directes ? Il est illogique, puéril et vain d'affirmer qu'ils n'échappent à la même sanction que parce que leurs actes ont précédé celui de Millerand.

« Enfin l'on ne peut envelopper la question dans un acte isolé qui, pris en lui-même, à parler franc, n'est que l'accomplissement d'une formalité gouvernementale. Ce qui est grave pour la République française, ce n'est pas qu'un tsar soit venu en France, mais que cette visite soit la résultante d'une situation diplomatique qui peut amener la France à entrer dans les vues de la politique moscovite et l'éloigner des traditions de la Révolution — et cependant les socialistes approuvent leurs élus d'avoir, à certaines heures, voté pour un cabinet qui a resserré les liens unissant les deux gouvernements.

« Les responsabilités que les élus socialistes français ont assumées n'incombent-elles pas aussi aux camarades du parlement italien, sanctionnant l'alliance de leurs pays avec l'Allemagne Impériale, avec l'Autriche qui, pourtant, devrait être pour l'Italie l'expression vivante du despotisme ?

« C'est sur une base internationale qu'il faudrait poser la question, pour qu'elle fût dans son vrai jour, en pleine lumière ; c'est une sentence internationale qu'il faudrait réclamer. »

La suite de la discussion fut renvoyée à la prochaine séance, fixée au 23 octobre 1901.

Cette séance débuta par un ordre du jour sévère, présenté par le parti allemaniste. En voici le texte :

« En présence des interprétations différentes, répandues dans la presse et dans le public, sur la présence de socialistes aux fêtes données lors de la venue du despote russe en France ;

« Le Comité général renouvelle sa déclaration, disant que tous ceux qui, à quelque titre que ce soit et dans quelque fonction que ce soit, ont assisté ou pris part à ces fêtes sont, dès maintenant, flétris devant le prolétariat international et exclus à jamais du Parti socialiste. »

Puis M. Renaudel, délégué de la Fédération de la Seine-Inférieure, déclara que M. Millerand, qu'on le voulût ou non, appartenait au Parti socialiste, et que c'était résoudre la question par la tangente que de refuser de se prononcer nettement et franchement.

« Le Comité général, ajoutait l'orateur, n'est pas lié, comme le dit Jaurès, par la décision du Congrès de Lyon. Le Comité général a toujours le droit de proposer, sinon de trancher. Ses décisions n'ont qu'une valeur d'attente, jusqu'au moment où le Congrès les ratifie. C'est ce droit de proposer qu'avec Cipriani nous revendiquons, pour lui.

« Il paraît d'ailleurs indispensable de faire une distinction entre les actes strictement personnels de Millerand, et ceux pour lesquels on peut, en vertu de la motion de Lyon, le considérer comme lié par la solidarité ministérielle. Or, la réception du tsar, dont la valeur symbolique se trouve encore accrue du fait que cette visite suivait de près le mouvement d'éveil des énergies révolutionnaires en Russie, est un de ces actes devant lesquels une conscience socialiste, même au pouvoir, devrait reculer, et c'est là, en quelque sorte, le fait nouveau, sur lequel nous pouvons nous prononcer.

« Rares sont évidemment ceux qui ont été, dès le début, antiministérialistes de principe, et Briand avait raison de dire, à Lyon, que nous n'avions pas le droit de frapper au nom d'un

principe qui n'avait pas encore été affirmé au moment où Millerand eut à prendre sa décision.

« Mais, depuis que le socialisme français se débat dans les difficultés dont l'entrée de Millerand dans un ministère a été l'occasion, Millerand a-t-il montré le souci des avis de son Parti ?
— Et pourtant s'il l'eût fait, il se fût grandi lui-même, en gran-
dissant son parti.

« Dans le cas présent, le Comité général et avec lui, peut-on
dire, le parti tout entier avait dicté la conduite à tenir, et cependant Millerand, ainsi prévenu, se rendit à Compiègne porter
son salut à l'autocrate russe.

« Le Parti socialiste en a assez supporté. Le mieux est de rompre, sans injures mais aussi sans hésitation, et de dire qu'il ne
peut assumer plus longtemps la responsabilité d'erreurs, dont il
peut être au moins moralement rendu solidaire. »

En conséquence M. Renaudel proposait la résolution suivante au vote du Comité général :

« Le parti socialiste français, en son Congrès, à Lyon, s'est refusé à partager les responsabilités qu'a créées, pour un des élus
« ayant fait autrefois partie du groupe parlementaire », l'entrée
dans un ministère bourgeois.

« L'expérience « ministérielle » a joui d'un large crédit, et
nul ne peut nier que le prolétariat lui-même n'en ait suivi les
phases avec sympathie, au moins au début.

« Aussi le Parti socialiste, dans sa résolution de Lyon, enten-
dait-il ne pas frapper Millerand au nom d'une règle interdisant la participation ministérielle, règle inexistante au moment
où Millerand eut à prendre sa décision. — Le Congrès refusait,
par là même, d'atteindre ceux qui, dans le passé, avaient soutenu le principe de la participation et qui sont définitivement
hors de cause.

« Mais, si Millerand, en ce qui concerne les actes où la solidarité ministérielle le lie, a été reconnu « hors du contrôle du
Parti », il n'en reste pas moins tenu dans ses actes strictement
personnels, dans ceux surtout qu'une conscience socialiste ne
peut accomplir sans déchoir.

« Or, le Comité général, par un manifeste, et avec lui le
Parti tout entier, par les ordres du jour pris un peu partout
par ses groupes, avait indiqué aux élus socialistes la conduite
à tenir devant la réception du tsar. La visite de l'autocrate du
Nord suivant de près l'éveil des énergies révolutionnaires russes,
faisait à Millerand, socialiste, ou réputé tel, l'impérieux devoir

envers son parti, et envers lui-même, de montrer qu'il n'était pas indifférent aux résolutions prises.

« En constatant que, par son attitude en cette circonstance, Millerand semble avoir voulu rompre lui-même les derniers liens qui le rattachaient au parti socialiste, que le désarroi jeté dans la conscience prolétarienne s'en trouve augmenté, que l'internationalisme socialiste lui-même en est blessé, le Comité général déclare que Millerand ne saurait plus être accepté, désormais, dans les rangs du Parti socialiste, et décide que cette résolution sera soumise à la ratification du Congrès de Tours. »

M. Cipriani se rallia à cette rédaction qui avait l'avantage d'établir une distinction très nette entre les faits qu'a jugés le Congrès de Lyon et le *fait nouveau*, sur lequel le Comité général doit se prononcer.

M. Révelin se refusa à voter la proposition Renaudel.

Les camarades qui réclament la peine de l'exclusion savent-ils si le Congrès de Tours ratifiera leurs rigueurs et si, s'arrêtant au blâme, il ne donnera pas un démenti au Comité général? C'est pour sauvegarder scrupuleusement les droits du Congrès et éviter au Comité général un échec possible, que M. Révelin demandait la priorité pour la résolution suivante :

« Le Comité général décide de soumettre au Congrès de Tours l'attitude des socialistes qui ont, à quelque titre que ce soit, participé aux fêtes officielles à l'occasion de la réception du tsar. »

Cette proposition était également signée du citoyen Rappoport.

Le citoyen Goret, au nom de la fédération de la Seine, donnait lecture de la déclaration suivante :

« Les soussignés, délégués de la F. S. R. de la Seine, ne pouvant accepter le vote de la dernière assemblée générale, se voient obligés de se retirer.

« Ils ont été élus sur un programme d'unité socialiste et d'action nettement révolutionnaire en opposition avec la tactique ministérielle. Dans leurs votes, ils ne devaient se décider que d'après ce programme.

« Ils trouvent que la motion, en discussion devant le Comité général, est en conformité d'idées avec le mandat qui leur fut confié, il y a quelques mois. Or, un ordre leur impose de ne pas le voter. Ils s'abstiennent et décident d'en appeler à tous les groupes de leur fédération, dont un grand nombre n'était pas représenté à la dernière assemblée générale. »

Va-t-on enfin voter une résolution définitive à la fin de cette longue séance? Il est minuit et demie, et toutes les opinions semblent avoir eu le temps de se faire connaître? — Nullement. — M. Briand, en tacticien habile, recule encore la redoutable échéance. « Le Comité général, dit-il, doit réfléchir mûrement à la gravité de la décision qu'il va prendre, et songer que les fédérations ne pardonneraient pas à leurs délégués d'avoir émis un vote qui pourrait n'être que le reflet de leurs sentiments personnels. Il faudrait ne clore le vote qu'après avoir demandé l'opinion des comités fédéraux. Sur ces instances, le Comité général accepte l'idée, qui lui est soumise par M. Briand, d'envoyer, à tous les comités fédéraux et à toutes les organisations, une circulaire où seront présentés tous les ordres du jour et de réclamer un *referendum*.

* *

A la séance du 30 octobre 1901, l'éternelle question revient sur le tapis. Et l'on s'occupe longuement — bien que le compte rendu de la séance soit fort écourté — de la rédaction de la circulaire à envoyer aux fédérations.

A la séance du 6 novembre, on attend les réponses à la circulaire.

A la séance du 15 décembre, des réponses ont été reçues, mais tellement vagues et imprécises, qu'il est nécessaire d'en lire les commentaires pour en comprendre l'esprit. — MM. Millerand et Gérault-Richard sont opposés à la lecture de ces longs et fastidieux commentaires.

Le dépouillement du vote est commencé et se poursuit le 26 décembre.

A cette dernière séance, on apprend que l'ordre du jour pur et simple est réclamé par 26 voix, la proposition du parti allemaniste soutenue par 8 voix, la motion Cipriani par 2 voix, la proposition Renaudel par 5 voix, la proposition Vierne par 3 voix. Les abstentions sont au nombre de huit.

M. Révelin, à la séance du 8 janvier 1902, déclare que « l'effet du mal causé par le passage de Millerand au pouvoir sera long à s'effacer et qu'il faudra plusieurs années pour apaiser les querelles et désarmer les haines qu'il a fait naître.

« Il y aurait un moyen d'atténuer la gravité du débat soulevé autour de cette nouvelle question, en publiant, non pas tous les procès-verbaux des séances dans lesquelles cette question a été discutée, mais le résultat complet de la consultation des fédérations. »

— « Au début de la situation fâcheuse dans laquelle nous avions été placés par l'acte personnel de Millerand, répond M. Briand, et, il faut le dire, par l'imprévoyance des personnalités socialistes les plus notoires, qui aujourd'hui affectent les allures les plus intransigeantes, le parti avait à choisir entre deux attitudes : — ou bien expulser Millerand, ce que personne ne voulut prendre la responsabilité de proposer; — ou bien se dégager, dans le présent, en tant que Parti, tout en prenant les plus sérieuses précautions pour garantir l'avenir contre le renouvellement de pareils faits. — C'est cette deuxième attitude qu'au premier Congrès et à la salle Wagram et à Lyon, le Parti socialiste a adoptée.

« Dans ces conditions, pour rester logiques, nous devrions ajourner tout jugement sur les faits actuels, et consacrer nos efforts à armer l'avenir contre le danger des initiatives individuelles.

« Or nous nous trouvons à la veille d'une échéance grave, les élections législatives, qui, dans trois mois, doivent mettre fin à la situation ministérielle.

« J'ai pensé qu'il était de mon devoir d'inviter ceux de nos camarades, qui ont préconisé *la politique de patience*, avec l'espoir que la disparition du ministère marquerait la fin de nos discordes intestines, à s'assurer des intentions de Millerand pour l'avenir, à lui demander formellement s'il est disposé à repousser désormais toute offre de portefeuille dans une combinaison nouvelle, ou si, au contraire, sa volonté persistante est d'opposer une politique personnelle à celle du Parti socialiste. — Je proposai donc qu'une démarche officieuse des membres de son groupe, auprès de lui, nous renseignât à cet égard. — Suivant la réponse, nous agirions.

« A ma grande surprise, cette proposition, tout officieuse et non susceptible d'engager le Comité général, uniquement inspirée par le désir que j'avais d'assurer pour l'avenir le respect des décisions de nos congrès, fut combattue et finalement repoussée. »

A la suite de ces débats irritants, des scissions se produisaient de toutes parts.

C'étaient d'abord les Fédérations de l'Ain et de la Bretagne qui décidaient de suspendre toutes relations avec le Comité général, qu'elles accusaient d'avoir posé des questions déjà tranchées et soulevé des discussions stériles.

C'était la Fédération du Gard qui « s'étonnait que le Comité général ait cru devoir décider la publication des commentaires accompagnant le vote de certaines fédérations, sans avoir demandé aux autres s'il leur plaisait d'accompagner également leurs votes de commentaires ».

C'était le parti allemaniste qui abandonnait définitivement le Comité général socialiste, à la suite du rejet de la motion Cipriani, tendant à exclure du parti M. Millerand, pour sa participation aux fêtes russes. Et ce parti adressait un appel aux fédérations autonomes, pour les convier à se séparer des socialistes ministériels, à former avec lui un comité interfédéral et à « préparer une action commune sur le terrain nettement socialiste et révolutionnaire[1] ».

C'était encore la Fédération du Jura qui « suspendait » sa représentation au Comité général, tout en annonçant qu'elle se ferait représenter au Congrès de Tours.

C'était enfin le groupe socialiste auxerrois qui manifestait son intention de « briser toute attache avec les politiciens domestiqués qui avaient trahi la con-

---

[1] « Nous prétendons, disaient-ils, qu'en période capitaliste le ministère toléré ne pourra être que l'expression, l'exacte représentation du régime capitaliste.

« Introduire un des nôtres dans ce milieu spécial est en faire un complice, ou une dupe. D'autre part, nous n'avons jamais considéré M. Millerand comme socialiste : Pour tous, il est probant que nous avions raison. Tout le prouve. Sa solidarité avec ses collègues du ministère, dit de défense républicaine, qui, dans toutes les grèves, se rangent spontanément contre les travailleurs qui réclament un peu plus de pain et de liberté; son indifférence devant les massacrés chinois et arméniens; son insouciance à châtier l'insolence soldatesque; sa faiblesse devant les nationalistes qui abrutissent nos faibles compatriotes; enfin, pour couronner cette carrière ministérielle, les poursuites multiples contre la presse socialiste et sa complicité dans les infamies commises, contre les membres de l'Université qui pensent différemment que M. Leygues.

« Cette guerre sans merci, faite aux travailleurs manuels et intellectuels, est, à elle seule, assez probante pour opérer une sélection nouvelle dans le socialisme. »

fiance du parti en soutenant la politique du ministère de trahison républicaine ».

C'est l'écroulement de la maison Portefoin, disait
le *Petit Sou*. « Suivez la foule », ajoutait-il, ironique.
« Enfin seuls », terminait-il, en montrant MM. Briand
et Jaurès restés les seuls défenseurs de la vertu con-
testée de M. Millerand.

Décidément la géniale création d'un Comité général était condamnée par les partisans d'un socialisme de tout repos. — Le Congrès de Tours devait
en débarrasser le Parti socialiste *indépendant*.

CHAPITRE VI

LE CONGRÈS DE TOURS (MARS 1902)

Le Congrès de Tours s'ouvrit le 2 mars 1902 dans la salle du Manège, dépendant de la vieille église romane de Saint-Julien.

Une centaine de délégués, à peine, prit place sous un buste de la République drapé d'étoffes rouges et encadré de drapeaux tricolores.

On y compta trente fédérations régionales, qui représentaient 940 groupes plus ou moins fictifs et 360.000 voix électorales, au dire du programme.

Parmi les délégués se trouvaient : MM. Jaurès, Aristide Briand, Gérault-Richard, Gabriel Deville, Rouanet, Devèze, Viviani, Pastre, Breton, Augagneur, maire de Lyon, Camelle, adjoint de Bordeaux, Rozier, conseiller municipal de Paris. Les « jeunes émancipés » du Parti unifié ne sont pas présents (M. de la Porte fait son service militaire).

Le mode de représentation a été modifié. Ce ne sont plus les groupes qui sont représentés, mais les fédérations, auxquelles on accorde un délégué pour deux cents membres cotisants et un délégué pour cinq mille voix, obtenues aux dernières élections. Le nombre des mandats s'élève au chiffre de 171.

Notons, avec M. Gabion, rédacteur du journal *Le Temps*, qu'au précédent Congrès de Lyon 65 fédérations étaient représentées (non pas régionales mais départementales) et que le chiffre total des suffrages recueillis par les socialistes aux dernières élections, s'éleva à 700.000.

C'est dire que de nombreux éléments socialistes étaient absents de ce Congrès. Et il en résulta qu'il fut d'une placidité à étonner les bourgeois.

Les figures parisiennes y dominent et les ouvriers peu nombreux y sont représentés ou remplacés par des normaliens ou des avocats.

Cependant une bande de calicot porte la fameuse devise :

« L'émancipation des travailleurs doit se faire par les travailleurs eux-mêmes. »

La première séance débuta par la discussion du programme général du Parti.

M. DEVILLE ouvrit cette discussion :

« Le socialisme, dit-il, est né de la Révolution française. Et au moment où l'on affiche la Déclaration des droits de l'homme, il nous faut démontrer que nos principes en sont la véritable application. Les crédits militaires ne doivent être refusés qu'autant qu'ils ne sont pas entièrement justifiés par les besoins de la défense nationale. Le mot « révolutionnaire » doit disparaître du programme, car il est équivoque et aurait besoin d'être expliqué. La dette publique ne peut être supprimée. C'est pure folie, car cette suppression équivaut à la socialisation immédiate des moyens de production. Il faut être *légaliste*, car il n'est pas possible d'agir en dehors des voies légales et sans l'assentiment de la majorité du pays. — La grève générale doit être écartée, car les actes de violence sont néfastes, et, dans une grève générale, on ne peut les empêcher. »

M. POULAIN, député des Ardennes, parut encore plus modéré. « Il ne faut pas supprimer le Sénat, ni la présidence de la République, c'est aller trop vite en besogne. Il ne faut pas, non plus, effrayer le paysan avec le mot de *Révolution*. Des résultats par la légalité, et même par la force, si on nous fait trop souffrir. »

Ces deux thèses sont combattues par M. RÉVELIN, auteur du projet de résolution, que M. Jaurès devait en séance de commission modifier complètement.

M. Révelin est, lui-même, professeur de philosophie.

« Le socialisme, dit-il, ne saurait se rattacher à la Déclaration des droits de l'homme, dont on se sert précisément pour combattre la thèse tyrannique du socialisme. En 1789, il ne pouvait être question de propriété collective, et la Déclaration n'est qu'une énergique affirmation de la nécessité de la propriété individuelle. »

M. Révelin n'est pas d'avis, non plus, de transformer la question ministérielle, de question de tactique en question de doctrine ; enfin il se déclare hostile à la grève générale qu'il considère comme un *moyen mystique* de réaliser la révolution en une séance de nuit.

M. BRIAND ne semble pas davantage disposé à accepter l'opportunisme *légaliste* de M. Deville, jadis révolutionnaire avéré, revenu depuis de ses erreurs. Sa dignité de socialiste se refuse à solliciter humblement des réformes de la classe bourgeoise. — Il lui déplaît de se déclarer antirévolutionnaire et il se défie des heures troubles qui marquent l'approche des élections. — Il répudie la formule célèbre de M. Millerand : « Ayons peur de faire peur. » Il est impossible de compter sur la majorité pour faire une révolution et il n'est pas permis de repousser *a priori* la grève générale, que le Congrès de la salle Japy a déjà acceptée.

Il est deux heures du matin. Les blanquistes, qui sont la majorité du Parti socialiste tourangeau, manifestent leur impatience dans les tribunes réservées au public.

« Envoyons-les se coucher *révolutionnairement*, » crie M. GÉRAULT RICHARD.

« Si nous y allions aussi? » propose congressiste. Mais M. JAURÈS n'a pas encore parlé. Il n'est pas permis de lever la séance sans l'entendre.

Le discours de M. Jaurès fut des plus vagues :

Il y avait, dit M. Jaurès, dans la Déclaration des droits de l'homme une vertu latente, dont le socialisme et le prolétariat ont su tirer la conclusion... Le suffrage universel est un communisme politique et il n'est pas admissible qu'il puisse servir de soutien à une oligarchie économique... L'affirmation révolutionnaire, sans cesse renouvelée, ne réussit qu'à inciter le prolétariat à ne pas se servir de ses conquêtes : suffrage universel, syndicats, coopératives..... Des deux méthodes, — révolutionnaire ou évolutionniste, — il est impossible de décider quelle est la bonne ; mais il est possible d'affirmer que les révolutions ne peuvent être efficaces qu'avec l'appui des majorités... L'expérience ministérialiste ne doit pas se renouveler immédiatement, et il faut le recul nécessaire pour pouvoir la juger.....

*
* *

Le lendemain, M. JAURÈS présenta la charte du nouveau parti.

Sa déclaration posait en principe que le socialisme

procède du mouvement de la démocratie et des formes nouvelles de la production :

« Les prolétaires se sont aperçus que la Déclaration des Droits de l'homme resterait illusoire, sans une transformation sociale de la propriété. Comment la liberté, la propriété peuvent-elles être garanties, dans une société où des millions de travailleurs ne possèdent que leurs bras et sont obligés, pour vivre, de vendre leur force de travail à la minorité possédante ? Le communisme est donc l'expression suprême de la révolution.

. . . .

« Dans l'ordre politique, la démocratie se réalise : tous les citoyens participent également, au moins en droit, à la souveraineté. Le suffrage universel est le communisme du pouvoir politique. Dans l'ordre économique, au contraire, c'est une minorité qui est souveraine, c'est l'oligarchie capitaliste qui possède, dirige, administre, exploite. Les prolétaires sont reconnus aptes, comme citoyens, à gérer les milliards du budget national et communal. Comme travailleurs dans les ateliers, ils ne sont qu'une multitude passive, qui n'a aucune part dans la direction des entreprises, et ils subissent la domination d'une classe qui leur fait payer cher une tutelle désormais inutile et arbitrairement prolongée. La tendance irrésistible du prolétariat est donc de faire passer dans l'ordre économique la démocratie, partiellement réalisée dans l'ordre politique. De même que tous les citoyens possèdent et manient en commun le pouvoir politique, ils doivent posséder en commun le pouvoir économique. Ils doivent nommer eux-mêmes les chefs du travail dans l'atelier, comme ils nomment les chefs du gouvernement dans la cité, et réserver à ceux qui travaillent et à la communauté, tout le produit du travail.

. . . .

« Tout espoir d'universaliser la propriété et l'indépendance par la multiplication des petits producteurs autonomes, a disparu. La grande industrie est de plus en plus la loi de la production moderne. Par l'élargissement des marchés du monde, par la facilité croissante des transports, par la division du travail, par l'application grandissante du machinisme, par la concentration des capitaux, l'immense production concentrée ruine peu à peu ou subordonne les petits et moyens producteurs. Là même où le nombre des petits industriels, des petits commerçants, des petits propriétaires paysans, ne diminue pas, leur importance relative dans l'ensemble de la production décroît sans cesse. Ils tombent sous la dépendance du grand capitaliste. Même les propriétaires paysans, qui semblent avoir retenu un peu d'autonomie, sont de plus en plus livrés aux forces du marché universel, que manie sous eux et contre eux le capitalisme [1].

« L'immense progrès de la production et de la richesse n'a pas abouti pour les travailleurs, pour les prolétaires, à un progrès équivalent de bien-être. Le capitalisme lui-même avoue le désordre du régime actuel de la production, puisqu'il essaye de le régler à son profit par les syndicats capitalistes, par les *trusts*. Mais, s'il parvenait à discipliner, en effet, toutes les forces de production, ce ne serait qu'en portant au plus haut degré la domination et le monopole du capital.

« Donc il n'y a qu'un seul remède à cet état de choses ; transférer à la communauté sociale les moyens capitalistes de production. Le prolétariat l'a compris, et il s'oppose comme classe opprimée et exploitée, à tout le système de propriété qui le ravale à n'être qu'un instrument. Il n'attend pas sa libération de la bonne volonté des masses possédantes, mais de la pression continue qu'il exerce sur les privilégiés et sur les pouvoirs publics. Il ne se suppose pas comme but final une amélioration partielle, mais la transformation totale de la société. Le prolétariat est, et doit rester, une classe révolutionnaire.

« Déjà le prolétariat, par les réformes obtenues, a commencé à réagir contre les effets du régime capitaliste. Il continuera et ne cessera la lutte, que lorsque toute la propriété capitaliste aura été résorbée par la communauté et lorsque l'antagonisme des classes unifiées par la propriété commune, aura pris fin.

« Comment s'accomplira cette révolution? Le prolétariat ne doit pas écarter l'hypothèse d'événements révolutionnaires, qui peuvent être suscités par la résistance des privilégiés. D'autre part, il serait puéril de négliger les moyens légaux dont dispose le prolétariat : action syndicale, action coopérative, etc… La grève générale ne peut être féconde que si elle est préparée par une organisation et une éducation ouvrière suffisantes.

« Aux religions, aux dogmes, aux Églises, doivent être opposées la pensée libre et la conception scientifique du monde… Le socialisme est essentiellement pacifique et international; il condamne toute politique d'agression continentale ou coloniale et il prépare, par l'organisation de milices nationales, le désarmement *simultané* des nations. »

1. Il faut ici remarquer ce tour ingénieux de l'habile rhéteur. Ne pouvant affirmer que la propriété des cultivateurs est détruite par la concentration capitaliste, il cherche à leur persuader qu'ils sont les victimes de la concurrence universelle. Mais les collectivités le seraient-elles moins?

La charte était adoptée à grand enthousiasme. Puis le Congrès approuvait le rapport du groupe parlementaire présenté par M. DEVÈZE, avec adjonction, d'un amendement qui condamnait formellement et excluait du parti les députés ayant voté les crédits de l'expédition chinoise. Mais le président de séance, M. VIVIANI, escamotait habilement cet amendement et oubliait de le soumettre au vote de l'assemblée.

M. RENAUDEL, dans le projet de programme qu'il présentait au nom de la minorité, avait inséré un paragraphe n'admettant l'entrée d'un socialiste dans un ministère que comme un expédient forcé, transitoire et exceptionnel. — Une pareille mention, figurant dans la charte du parti, eût pu être gênante. M. Aristide BRIAND le fit remplacer par la suivante, dont l'ambiguïté cachait la faute du présent.

« Le Congrès, en exécution de la résolution votée par le Congrès socialiste international de Paris sur la participation d'un ou de plusieurs socialistes au pouvoir bourgeois, décide qu'à partir de la prochaine législature aucun socialiste ne pourra entrer dans une combinaison ministérielle, tant qu'un congrès du parti n'en aura pas décidé autrement ».

Ainsi se trouvait résolue de nouveau, mais pour l'avenir seulement, cette question qui souleva tant d'âpres polémiques et contribua si puissamment à diviser le Parti socialiste !

**

Le lendemain, le Comité général était supprimé, et les députés débarrassés de ce Conseil des Dix, inquisitorial et autoritaire.

Désormais, le Parti socialiste ne sera constitué que

par des fédérations autonomes, reliées entre elles par un bureau de *demoiselles du téléphone*, que représenteront, pour la circonstance, les délégués au Comité interfédéral. Les députés ne relèveront plus que de leurs électeurs et de leur fédération. — Quand on prend de la liberté, on n'en saurait trop prendre.

On vota ensuite un projet sur les décorations. M. Parsons voulait que les socialistes, tout en refusant pour eux ces colifichets, aient le droit d'en affliger des bourgeois influents. Quelle gloire, pour les socialistes, que de corrompre des bourgeois. — La plaisanterie sembla de mauvais goût.

Enfin, à onze heures du soir, M. Rouanet faisait adopter à l'unanimité le programme qui devrait servir aux prochaines élections [1]. Puis, le congrès finissait au chant de l'*Internationale*.

---

1. Nous avons donné ce programme dans l'exposé des doctrines du Parti socialiste français, p. 6.

CHAPITRE VII

LE CONGRÈS DE BORDEAUX
(AVRIL 1903)

Entre le congrès de Tours et celui de Bordeaux, se passa un événement important. M. Millerand était librement descendu du pouvoir. Et cependant, ce fut encore lui dont s'occupa le nouveau congrès.

L'acte d'accusation avait été dressé, d'avance, contre l'inculpé. Et ce ne fut pas sans une certaine surprise qu'on lut, dans *la Petite République* du 20 mars 1903, dans *la Petite République*, organe de MM. Jaurès et de Gérault-Richard, le réquisitoire en forme, dressé contre M. Millerand par MM. Gustave Hervé et Pierre Renaudel, deux universitaires !

« Quelle que soit, disaient les deux accusateurs, la volonté manifeste du citoyen Millerand de lier à sa cause d'aujourd'hui les amis qui l'ont défendu jadis, les faits se chargent de démontrer, mieux encore que les écrits, quelle distance existe entre la conception de l'ancien ministre du commerce et celle du Parti socialiste tout entier.

« Le scrutin sur le budget des cultes n'est pas le seul qui ait été de nature à soulever l'émotion des socialistes. Si le retentissement s'en est trouvé accru parce que M. Millerand a pensé devoir faire connaître, par l'intermédiaire de l'agence Havas, la rectification par laquelle il déclarait avoir voté le budget des cultes, d'autres faits viennent « illustrer » toute une tactique personnelle. C'est un vote accordant un crédit aux œuvres congréganistes d'Extrême-Orient, c'est un vote contre la suppression de l'ambassade du Vatican, ce sont surtout quatre votes qui, pour les socialistes, ont spécifiquement plus de gravité.

« Lors des interpellations de M. Briand sur les événements de Terre-Noire, et de MM. Dejeante et Jaurès sur la grève générale des mineurs, un ordre du jour fut présenté, qui invitait le gouvernement à ne plus envoyer de troupes dans les grèves. M. Millerand s'abstenait.

« Puis M. Millerand votait une motion de confiance au ministre de la Guerre, qui avait ordonné des poursuites contre les auteurs du *Manuel du Soldat*, et, dans la même séance, il s'abstenait sur l'ordre du jour interdisant aux soldats l'entrée des Bourses du travail.

« Enfin, lors des interpellations de MM. Sembat et de Pressensé sur les affaires de Macédoine, il s'abstenait encore sur l'ordre du jour invitant le Gouvernement « à poursuivre le développement de l'arbitrage entre nations, préparant pour l'avenir le désarmement simultané des puissances ». Sur cette proposition, qui ne cachait aucun piège, se comptaient 131 radicaux-socialistes et socialistes.

« M. Millerand tendrait donc à substituer sa politique individuelle à la politique collective du parti et à mettre celui-ci en face du fait accompli, en lui demandant une approbation *forcée*.

« Faut-il, pour approuver M. Millerand, que le socialisme dise de la séparation des Églises et de l'État, reprenant une doctrine fameuse et justement flétrie : *le moment n'est pas opportun ?* — Faut-il que le socialisme renie son rêve de paix universelle par la préparation du désarmement simultané des peuples ? — Faut-il consentir à *laisser mutiler les libertés de penser et d'écrire,* et se faire complice de condamnations, analogues à celles dont les socialistes furent si souvent les victimes ? — Faut-il que les socialistes consentent à l'envoi, sur les champs de grève, des troupes mises au service du capital, risquant ainsi de provoquer des conflits sanglants ?

« Faut-il enfin, concluait ce redoutable réquisitoire, pour approuver le citoyen Millerand, *rendre toute unité socialiste impossible en France ?* — Le citoyen Millerand prend allégrement son parti de la scission actuelle, et il envisage d'un cœur léger la nécessité pour lui d'en provoquer une nouvelle, lorsqu'il nous dit : « Mieux vaut la séparation que l'équivoque ». Nous comprenons bien qu'il lui faut des éléments, pour constituer le parti indispensable au soutien de sa politique. Mais pour nous, nous lui répondons : *Il n'y a pas, il ne peut y avoir place pour deux partis socialistes. L'unité se fera, parce qu'il faut qu'elle se fasse, en dépit même des individus.* Et d'abord, « l'équivoque » n'existe plus, ou du moins se dissipe. L'une après l'autre, les fédérations du Parti socialiste français se dégagent de la politique où l'on prétend les entraîner. »

*
* *

Le Congrès s'ouvrit, le dimanche de Pâques, 12

avril 1903, dans la salle de l'Alcazar, à la Bastide qui est un faubourg de Bordeaux situé de l'autre côté du fleuve. Cent cinquante délégués y représentèrent les fédérations restées fidèles au socialisme opportuniste [1].

M. Amilcare Cipriani est nommé président, pour affirmer *les tendances révolutionnaires du Parti*.

Dès le début, nous entrons au cœur de la discussion. Et d'abord l'audition des témoins à charge et à décharge.

M. Rouanet donne l'appréciation hésitante du groupe parlementaire sur les incartades de l'accusé. Après avoir reproduit les déclarations de l'ancien ministre, lorsqu'il reprit sa place sur les bancs du groupe parlementaire, M. Rouanet fait remarquer que celui-ci ne se trouvait pas dans les conditions exigées par le Congrès de Tours, pour faire partie du groupe parlementaire ; mais... qu'il répugnait au groupe de prononcer une exclusion. Il n'aime pas les excommunications. Personne, j'imagine, ne le lui reprochera. — L'excommunication, lorsqu'il s'agit des vérités humaines, soumises comme toutes les choses à l'évolution et au changement, est un procédé toujours prétentieux et souvent ridicule. Et puis c'est le rôle du Congrès, et non du groupe, de trancher la question. Mais, ajoute

---

1. Les délégués étaient : MM. Briand, Jaurès, de Pressensé, Millerand, Gabriel Deville, Gérault-Richard, Bouhey-Allex, Piger, Lassalle, Rouanet, Krauss, Fournier, J.-L. Breton, Pastre, *députés* ; Viviani, Reveillard, Lenormand, Calixte Camelle, *adjoint au maire de Bordeaux*, Maurice Dejean, Audibert, Monier, Charles Longuet, Jean Longuet, Kosciusko, Persil, Sarraute, D' Coutant, Alfr. Clément, Ladevèze, Bonnet, Calvignac, Joucaviel, Baudot, Verdier, Imbert, Ollivier, Heppenheimer, Martinet, Millière, Bigot, Walter, Gibeaud, Orry, Thizon, Mesnard, Treich, Amilcare Cipriani, Renaudel, Hervé, Mad° Bonnevial et Mad° Renaud etc...

le sympathique rapporteur — sympathique d'abord à
son collègue du Parlement, — quelle que soit l'opinion que l'on ait sur la conduite politique du citoyen
Millerand, on ne pourra pas l'accuser de fuir la discussion et le jugement de son parti. Quelle preuve
plus grande de la sincérité de ses actes!

Le rapport de la Fédération socialiste de la Seine,
dont dépend M. Millerand, est plus brutal. Son secrétaire donne lecture de l'ordre du jour que la Fédération a voté :

« La fédération socialiste de la Seine,
« Considérant que le citoyen Millerand a voté, lors de l'inter-
pellation du citoyen Dejeante, en faveur du Gouvernement,
« Qu'il a voté le maintien du budget des cultes.
« Qu'il ne s'est pas conformé à la tactique du parti socia-
liste;
« *Comme premier avertissement :*
« Blâme l'attitude du citoyen Millerand dans ses différents
votes, sans préjuger des mesures à prendre, si pareil écart à
la tactique du parti se renouvelait. »

Plus dur encore est M. Hervé, l'ancien rédacteur
du *Pioupiou de l'Yonne,* l'ancien universitaire déplacé
par M. Leygues, collègue de ministère de M. Millerand.
Il se fait l'accusateur public.

« Bien que frappé par le ministère dont M. Millerand faisait
partie, il n'apporte, dit-il, aucune animosité personnelle. Il ne
lui reprochera pas son passage au ministère, mais seulement
des faits postérieurs et des votes qu'il a émis, comme simple
député, alors qu'il n'était plus lié par les nécessités du pouvoir.
Ces faits constituent la condamnation la plus complète de la
participation gouvernementale, en même temps qu'ils mettent
le Parti dans l'impossibilité de faire la critique des votes radicaux et de la tactique radicale, puisque M. Millerand vote
avec les radicaux et s'empare de leur tactique.
« Si le *Manuel du Soldat* s'inspire des idées anarchiques, ce

n'est pas à un socialiste d'autoriser des poursuites contre ce libelle et de nier ainsi la liberté de la presse.

« Si Millerand agit ainsi, c'est qu'il veut encore tâter du pouvoir. » (*Protestations.*)

Enfin l'orateur se demande si, persuadé que le *réformisme* doit triompher, Millerand n'a pas le dessein de creuser entre les deux grandes fractions du parti socialiste un fossé que rien ne pourrait plus tard combler..... Ce fossé ne doit pas exister.

Mais voici M. MILLERAND, qui va répondre, avec un indiscutable talent et une admirable habileté.

Éloigné depuis trois ans de son parti, il trouve en y rentrant le « cas Millerand ». Il est vrai que ce n'est pas le même « cas » et qu'il n'entend plus les accusations qui retentirent contre lui pendant son ministère. Ce premier « cas » a été tranché. Néanmoins il défend ses actes, comme ministre, et prouve que, sous son ministère, l'organisation ouvrière s'est accrue dans des proportions considérables.

Il est resté semblable à lui-même dans toute sa politique et dans sa foi socialiste. Il a voulu seulement montrer aux masses populaires indisciplinées et crédules qu'il n'était pas besoin de révolution pour réaliser des ambitions légitimes, alors que le parti républicain était prêt à leur abandonner les réformes indispensables.

Qu'est-ce qu'on lui reproche aujourd'hui ? Quelques votes, que certains trouvent imprudents et que d'autres estiment contraires à la tactique du parti ?

« Expliquons-nous, dit M. Millerand.

« Sur la question cléricale, j'ai voté contre la suppression du budget des cultes, parce que je n'aurais vu dans un vote contraire qu'une manifestation platonique et un contresens, au moment où le Gouvernement entreprenait contre la puissance cléricale une lutte sans précédent. La séparation de l'Église et de l'État ne peut se faire en vingt-quatre heures, et il est besoin de recourir d'abord à des mesures préliminaires. C'est pourquoi j'ai signé le projet de Pressensé, qui prépare les voies à la séparation.

« Sur la question antimilitariste, j'ai dit que non seulement je ne suis pas hostile aux Bourses du Travail, mais que j'ai fait tout ce que j'ai pu pour en favoriser le développement. Je pense que rien ne serait plus utile que de laisser aller les soldats dans les Bourses du travail, à condition pourtant que celles-ci ne sortent pas de leur rôle et ne donnent pas aux soldats des conseils de désertion. A la place du général André, j'aurais agi comme lui et je l'ai approuvé. Il est impossible à un ministère de la guerre de laisser les soldats recevoir de pareils conseils. Il n'y a dans le *Manuel du Soldat*, qui est poursuivi par le ministère de la guerre, que ce refrain répété « Désertez ! » Ceux qui donnent de pareils conseils n'ont servi qu'à la propagande nationaliste.

« On m'a reproché encore de n'avoir pas voté l'ordre du jour sur la question du désarmement.

« Le ministre des affaires étrangères, qui a la responsabilité des intérêts de la France à l'extérieur, ayant déclaré qu'il ne pouvait actuellement prendre, au nom de la France, l'initiative de proposer le désarmement, je n'ai pas voulu voter un ordre du jour de méfiance contre M. Delcassé.

« En résumé, conclut M. Millerand, *tous ces votes*, qui me sont reprochés, *sont les conséquences d'une idée et d'une politique*. L'attitude que j'ai prise a été celle de tous les socialistes *partisans des réformes pacifiques et légales, repoussant la révolution, au jour d'ailleurs improbable, où le suffrage universel lui-même serait menacé*.

« Les faits ont porté leur conséquence. Un parti, qui s'était organisé pour conquérir les pouvoirs publics, a été tout à coup amené à prendre sa responsabilité du pouvoir.

« Je livre à mes adversaires, comme à mes amis, ma pensée et mes actes. Derrière chacun de ceux-ci, vous ne trouverez jamais que la passion ardente d'un républicain socialiste, uniquement préoccupé de servir la République et le socialisme. »

Ainsi parla M. Millerand. M. Jaurès, se faisant, pour un instant, « l'avocat du diable », riposta que la tactique de Millerand était vraiment trop facile et qu'il semblait ne retenir du programme socialiste que ce qui est immédiatement réalisable, tandis que l'autre partie du programme ne serait à ses yeux qu'une survivance morte. — La manifestation contre le budget des cultes n'était pas une manifestation vaine. Par cette manifestation, on fortifiait le gouvernement. Il est utile à un gouvernement d'être soutenu par un parti qui le dépasse. On l'a bien vu au Sénat, où, après les déclarations de M. Combes, quatre-vingts républicains — un tiers de l'assemblée — ont voté l'abrogation du budget des cultes. — Il en est de même pour la question antimilitariste. Il est certain que le *Manuel du Soldat* est le fruit d'une mauvaise tactique. La désertion, c'est la forme militaire de l'émigration. On ne dit pas aux ouvriers : « Quittez l'usine ! Émigrez ! » Non, on leur dit de s'organiser, de se syndiquer. Le *Manuel* fait appel, non à l'énergie des soldats, mais à leur faiblesse. Enfin la propagande antimilitariste est imprudente, lorsque, au lieu d'attaquer le personnel militaire disqualifié, on se livre à d'injustes généralités. Les socialistes doivent tendre la main aux officiers imprégnés de l'esprit républicain.

« Tout cela, nous ne l'avons pas assez dit, conclut M. Jaurès, et c'est pourquoi, dans les fautes commises, nous avons une part de responsabilité, et c'est pourquoi ce fut une faute de ne pas repousser les poursuites contre les auteurs du *Manuel du Soldat*. »

Mais est-ce que ces votes, émis de bonne foi par M. Millerand, doivent entraîner son exclusion ? M. Jaurès proteste contre cet ostracisme. La motion d'exclusion est une iniquité et ceux qui la soutiennent continuent à faire peser sur M. Millerand l'abominable esprit de secte, que tous les socialistes présents au congrès ont jadis été unanimes à réprouver.

On a comparé la tactique de M. Jaurès, au congrès de Bordeaux, à l'acte d'un sauveteur qui commence par étourdir celui qu'il peut sauver. M. Jaurès nous rappelle encore le président Dupin, qui encourageait à voix basse un fougueux orateur, son ami, adversaire du Gouvernement, pendant qu'il lui prodiguait, à haute voix, toutes les menaces du règlement. Nous ne dirons pas que M. Jaurès et M. Millerand furent deux compères, — nous n'aurions pas cette impertinence, — mais ce sont deux amis, dont la tactique diffère fort peu et dont les ambitions sont identiques, ainsi qu'en témoigne un article de M. Millerand en réponse aux légères critiques de son ami.

« Mon cher ami, écrivait-il dans *la Petite République* du 15 mars 1903, c'est pour moi une vive joie, en même temps qu'une grande force, de constater, au bout des quatre articles que vous avez bien voulu consacrer à mon « Socialisme réformiste », *notre plein accord sur toutes les questions essentielles, sur la méthode comme sur les principes*. De la politique que je soutiens, vous avez, aux heures difficiles, été, trois ans durant, le courageux et tenace défenseur. Nous n'avons changé ni l'un, ni l'autre. Tous deux, nous nous réclamons de la méthode pacifique et légale.

. . . .

« Conception et méthode sont solidaires. On ne peut être révolutionnaire en théorie et réformiste en action. Résignons-nous à être logiques, au risque de froisser certains sentiments. *La probité, plus sûrement que les plus rares habiletés, vaut et maintient à un parti la confiance du pays.* »

*
* *

M. RENAUDEL essaya de riposter au plaidoyer de M. Millerand, en attaquant vivement la thèse soutenue par l'ancien ministre du commerce.

12.

« L'attitude du citoyen Millerand, dit-il, a été *conservatrice* et non réformiste, lorsqu'il a prétendu que le moment n'était pas arrivé de supprimer le budget des cultes. — Il en a été de même pour le vote reproché à Millerand, qui autorisait des poursuites contre le *Manuel du Soldat*. Il n'y a aucun déshonneur à déserter, et les socialistes n'ont pas à se faire juges des opinions individuelles et des actes qui en découlent. Ils ne doivent pas se placer au point de vue de la discipline bourgeoise, mais rester fidèles à leurs convictions? Il en a été de même encore, pour le vote interdisant les Bourses du travail aux soldats. Et il n'est besoin, pour stigmatiser ce vote, que de reproduire les arguments que Jaurès lui-même a invoqués, pour condamner la conduite de Millerand. Sur le budget des cultes, Millerand a tenu à rectifier son vote et à déclarer hautement qu'il était hostile à la suppression de ce budget. *L'Agence Havas* a été chargée par lui de porter cette protestation à la connaissance des journaux, afin que nul n'en ignorât. Le citoyen Millerand n'a donc cherché qu'un but. Il s'est constamment et manifestement séparé du parti socialiste.

« Son talent, les services qu'il a pu rendre au parti, ne doivent pas excuser les déchirements que cause dans ce parti l'attitude individualiste de Millerand. Comme argument contre lui, *il faut ajouter qu'il a confié sa boîte de bulletins de votes, non pas à un socialiste, mais à un radical*, et encore est-il obligé de rectifier ses votes. *Eh bien! qu'il suive sa boîte!*

« Pourquoi rester ainsi *collés* les uns aux autres, sans pouvoir jamais nous entendre? *Séparons-nous, une bonne fois, à l'amiable!*

« La conception de Millerand ne peut mener qu'à une *alliance continue, ininterrompue, absolue avec la bourgeoisie.* »

MM. Pierre Bertrand, Ladevèze, Ballet, le D' Coutant, Moulinier, Billot vinrent demander à M. Millerand des explications complémentaires. M. Millerand remonta à la tribune, pour leur répondre.

« Mes votes, dit-il, ont leur signification, non pas en eux-mêmes, mais dans les motifs qui les ont dictés. Au lieu de faire de la surenchère, j'ai voulu faire un premier pas, qui en préparera un second, et marcher sans arrêt. Si on peut dire qu'en agissant ainsi, un militant trahit la cause laïque, c'est que l'esprit public, par notre faute à tous, a été abusé.

« On m'a accusé d'avoir émoussé les pointes du prolétariat! Nos adversaires les ont bien senties, ces pointes, si l'on en juge par les clameurs qu'ils ont poussées! — Non, il n'est pas exact de dire que toute ma politique se borne à retenir de la conception socialiste ce qui est immédiatement assimilable.

« Plus s'impose à nous le devoir impérieux de faire entrer toutes les réformes possibles dans les lois, les faits, les mœurs, plus s'impose à nous, au moment où nous réalisons ces réformes par voie pacifique légale, le devoir de montrer, dans son entier édifice socialiste, le but vers lequel nous marchons. Ce but, je ne l'ai jamais oublié, pour les réformes immédiates. J'ai tenu à le rappeler comme ministre au moment où j'étais occupé à réaliser ce que je pouvais des réformes partielles. Je l'ai dit à Lille, à Lens, à Firminy. J'ai dit que j'étais le soldat fidèle du Parti socialiste, me réclamant, au pouvoir, de mon parti et affirmant, au pouvoir, l'intégralité de notre idéal.

« Sur la méthode essentielle du Parti, je suis certain que nous sommes tous d'accord. Nous sommes d'accord sur les principes et sur la participation au pouvoir. Il ne peut donc y avoir divorce sur la question d'application. *Je ne demande qu'à marcher en soldat discipliné, d'accord avec mon parti.* »

*
* *

La discussion était close. Une commission fut nommée, composée d'un membre par fédération, pour rédiger la résolution définitive qui devait être proposée au vote du congrès.

La proposition de M. Renaudel, que la commission eut tout d'abord à examiner, était ainsi conçue :

« Le Congrès,

« Tout en reconnaissant que le citoyen Millerand a revendiqué hautement la responsabilité de son attitude et de ses actes,

« Sans renoncer à poursuivre la politique des réformes qui pourraient être obtenues par la légalité républicaine,

« Affirme que le Parti socialiste reste un parti révolutionnaire dans son but : transformation de la société capitaliste en société collectiviste ou communiste; et dans ses moyens : grève générale et recours à la force prolétarienne, pour le cas où l'expropriation bourgeoise serait impossible par voie parlementaire;

« Déclare n'admettre la politique, dite des réalités, qu'autant qu'elle n'entraîne, pour le socialisme, aucune violation de son programme et de ses principes, aucune abdication de son idéal ;

« Décide quepar ses votes, illustration de sa tactique personnelle, le citoyen Millerand s'est mis hors du Parti socialiste ;

« Décide qu'il n'y a pas place dans le Parti socialiste pour la tactique et la conception du citoyen Millerand. »

La Commission lui préféra une formule plus simple et plus expéditive, qu'elle adopta par 19 voix contre 16 et 2 abstentions :

« Le Congrès décide que le citoyen Millerand est exclu du Parti socialiste, en raison de ses votes antisocialistes. »

Ce fut alors que M. JAURÈS eut à déployer toutes les ressources de son éloquence, pour secourir son ami. Il ne s'agit plus de reprocher à M. Millerand ses votes audacieux, il s'agit de le sauver et, avec lui, tout le parlementarisme socialiste, la participation au pouvoir et le triomphe des ambitions socialistes.

« Quelle comédie a-t-on joué depuis deux jours? s'écrie-t-il. Sans cesse on a demandé des explications et des engagements à Millerand. Les explications, il les a données, les engagements, il les a pris. Et l'on vient dire maintenant que cela compte pour rien? On veut humilier tout le Parti, car ce ne sont pas seulement les votes de Millerand que l'on veut blâmer, c'est sa conception même que l'on veut atteindre. Il ne peut y avoir dans le Parti socialiste de conception, de tactique unique. Il faut la diversité, la contradiction même des méthodes. Il faut qu'elles se corrigent l'une par l'autre. »

L'orateur se sent lui-même atteint par ces votes de défiance et de proscription.

« En me gardant, dit-il, vous me mutilez. Vous allez faire de nous des infirmes balbutiant, obligés de cacher la moitié de leur conscience.

« On prétend que nous ne voulons pas de rapprochement avec

Vaillant et Guesde. Vous voulez que nous achetions le retour de ceux qui nous ont quittés par l'abandon d'un des nôtres? Êtes-vous sûrs que cet abandon suffira à ramener ces révolutionnaires périodiques? Leur politique d'anathème a commencé bien avant que la question ministérielle, la question Millerand, fût posée. C'est le drame de l'affaire Dreyfus, la réunion de Tivoli-Vaux-Hall où la question de l'unité socialiste fut posée, qui les ont déterminés à la scission.

« Quand le Congrès aura donné le signal de l'exclusion, en frappant ainsi une tactique, vous donnerez le signal de l'exclusion dans les fédérations. Vous créerez partout des catégories de suspects.

« Le Congrès est souverain, mais il ne peut modifier la nature des choses. Pour qu'une exclusion soit réelle, il faut que les motifs soient si graves que tous les aperçoivent et en conviennent. Or, vous avez discuté pendant deux jours. Millerand a pris des engagements et le prolétariat va se demander pourquoi vous aurez voté son exclusion.

« Le souvenir des services de Millerand ne disparaîtra pas, et dans quelques mois, lorsque le patronat se coalisera contre l'œuvre ouvrière de Millerand, le prolétariat dira : Millerand est socialiste; et il ne se rappellera que les services de celui que vous aurez exclu. Vous aurez ainsi compromis votre autorité morale par l'abus de pouvoir qu'on vous demande.

« Les auteurs de la motion d'exclusion ne sont pas même d'accord sur son interprétation.

« C'est une tentative équivoque et une surprise qu'on essaye. A un ordre du jour honnête, on a substitué un ordre du jour ne visant que les votes, mais visant implicitement une conception et une tactique.

« Si vraiment la motion de Renaudel ne vise pas la tactique d'une conception particulière, pourquoi certains ne veulent-ils pas se rallier à la motion de la minorité de la commission qui, elle, ne vise que les votes de Millerand? Vous perdez la seule excuse que vous avez. »

Enfin M. Jaurès, au nom de la minorité de la commission proposait, au vote du congrès la motion suivante :

« Le Congrès,

« Considérant que l'action du Parti socialiste doit être constamment réglée par l'idée d'une transformation complète de l'ordre social;

« Considérant que l'œuvre nécessaire de réforme quotidienne ne peut être séparée de la constante affirmation théorique et pratique de l'idéal socialiste, défini par les congrès nationaux et internationaux, notamment par le congrès national de Tours;

« Déclare qu'il est du devoir étroit des élus socialistes de maintenir par leurs votes la tradition du Parti socialiste, relative à la séparation des Églises et de l'État, et d'assurer toujours le libre développement de la classe ouvrière, organisée pour la lutte nécessaire contre la classe capitaliste;

« Déclare, en outre, que le Parti socialiste est un parti de pensée libre et de perpétuelle enquête scientifique, mais que son devoir envers le prolétariat est d'exiger de tous les élus l'observation disciplinée des décisions collectives du Parti, réuni en congrès.

« Et prend acte des déclarations faites en ce sens par le citoyen Millerand. »

Cet ordre du jour était accepté par M. Millerand lui-même. Du moment qu'on déclarait que le congrès était d'accord avec lui sur les bases du Parti et sur la participation au pouvoir, il ne voyait aucune difficulté à déclarer qu'*il s'inclinerait devant les décisions prises par le congrès et que, soldat discipliné, il marcherait la main dans la main avec ses représentants.*

M. DE PRESSENSÉ se déclarait satisfait de cette déclaration. Les votes de Millerand étaient regrettables, mais, après ses nouveaux engagements, ils ne se reproduiraient plus.

Bref la motion Jaurès était adoptée par 109 mandats contre 89 et 15 abstentions. Ce succès n'était pas brillant, et cependant il déchaîna l'enthousiasme des partisans de M. Millerand et surtout des députés socialistes, dont les votes ne sont pas et ne peuvent pas être en constant accord avec une doctrine foncièrement révolutionnaire. M. Millerand avait des complices, et ce sont ces complices qui le faisaient acquitter. Il est vrai qu'ils étaient tranquillement restés à l'écart pendant toute la discussion, sauf M. Jaurès qui ne peut pas voir une table et un verre d'eau sans avoir la tentation de faire entendre longuement son organe claironnant. M. Jaurès manifesta d'ailleurs ses nobles sentiments, en venant soutenir son ami si vigoureusement attaqué. Et telle est l'influence du grand leader socialiste sur les masses, qu'il emportait cette victoire si gravement compromise. M. Millerand ne faisait pas et n'entendait pas faire d'excuses. Il déclarait nettement qu'il n'acceptait l'entente qu'avec le groupe parlementaire et il se renfermait dans son orgueilleux entêtement. Le « soldat discipliné » du socialisme n'était que le membre discipliné d'un groupe de la Chambre, et la discipline qu'il acceptait n'était ni dure ni inflexible. La discipline des groupes parlementaires est, à peu de chose près, l'émancipation complète. « Prenez garde, avait dit M. Jaurès aux proscripteurs ; vous allez frapper avec Millerand tous ceux qui, dans le Parti, sont partisans des moyens légaux ! »

M. Jaurès, aidé de la muette complicité des parlementaires, venus nombreux au Congrès, avait donc sauvé M. Millerand, en se solidarisant avec lui et en liant à son sort celui de tous les membres du Parlement, habitués aux nécessités, aux tactiques et aux roueries parlementaires et qui se souvenaient encore du vote par lequel un *pince sans rire*, M. Massabuau, leur fit répudier les doctrines collectivistes.

Mais M. Millerand fut encore sauvé par deux socialistes *manuels*, deux ouvriers dévoués, qui apportèrent dans la discussion la brutalité de leur fruste logique.

« C'est honteux, dit le verrier Baudot, qui fut l'auteur de la grève de Carmaux, c'est honteux d'entendre employer par un professeur, le langage auquel a recouru le citoyen Hervé contre le citoyen Millerand! Nous autres, qui avons connu les persécutions bourgeoises, qui avons souffert la prison et la faim, nous en étions écœurés, car nous avons pu faire la différence entre le ministère Millerand et les autres.

« Allez donc, Monsieur Hervé, tenir vos propos sur Millerand, dans les centres industriels, vous verrez comment vous serez accueilli! »

« Vous vous mêlez de la politique personnelle, disait à son tour l'ouvrier Moulinier. — Eh bien! le pays sait aujourd'hui que l'accusateur de Millerand est le citoyen Hervé. Si vous vous solidarisez avec lui, votre victoire sera la victoire d'Hervé! »

En conséquence, M. Millerand n'était *ni blâmé ni exclu.*

La différence entre le vote de la Commission et le vote contradictoire du Congrès provenait de ce que le vote eut lieu à la Commission, à raison d'une voix par fédération départementale, tandis qu'au Congrès il eut lieu par mandat, chaque fédération ayant un nombre de mandats proportionnel au nombre des groupes adhérents *et des voix électorales recueillies par les candidats.*

Ce fut donc le socialisme parlementaire qui triompha au Congrès de Bordeaux.

En sauvant M. Millerand, M. Jaurès avait sauvé le principe de la collaboration ministérielle. Et on sait que, parmi les socialistes, les candidats aux ministères sont nombreux!

M. Jean Bourdeau, qui connaît à fond les dessous du socialisme, a trouvé une expression pittoresque et juste de la situation actuelle. Entre les diverses fonctions du socialisme français, nous dit-il, il n'y a pas opposition de tendances, mais... *division du travail* [1]. La fonction essentiellement utile de M. Millerand, dans le parti, c'est de donner le change sur le caractère du socialisme, d'en présenter au public un aspect bénin, modéré, rassurant; tandis que les autres effectuent dans l'ombre leur œuvre de désorganisation sociale.

M. Allemane, ancien député socialiste de Paris, semble ennemi de cette division du travail et n'approuve pas la participation ministérielle. M. Millerand, à son avis, a été *amené, malgré lui, au socialisme*. On l'a emprisonné dans son propre programme de Saint-Mandé, et, maintenant, son rêve est de former une union générale des partis d'extrême-gauche, sur un nouveau programme minimum. Le parti socialiste serait alors noyé et deviendrait purement opportuniste.

Du moment qu'on a accepté, un jour, dit d'autre part M. Jules Guesde, de participer au pouvoir bourgeois, *il faut aller jusqu'au bout*. D'ailleurs, dans ce Congrès, on n'a parlé que de Millerand; Millerand a seul occupé toute la scène. Quelques socialistes l'attaquèrent et firent preuve d'énergie; mais, à la façon des poissons qui se débattent dans le filet où ils sont pris, ils combattaient un politicien *alors qu'eux-mêmes avaient adopté le réformisme*.

Mais, demande-t-on à M. Jules Guesde, si le Congrès avait exclu Millerand, est-ce qu'un rapprochement aurait été possible entre le Parti socialiste français et votre parti?

« Jamais, jamais, répond-il, nous ne serons des réformistes.

---

1. *Débats* du 17 avril 1903.

Les réformistes sont des marins ballottés sur l'Océan Capitaliste et qui n'atteindront jamais au port. C'est la forme sociale, c'est l'esprit même de la société qu'il faut changer. *Savez-vous à quoi servent les réformes? A faire durer et survivre la société bourgeoise, en l'améliorant.* Rendre une société meilleure, c'est lui donner des chances de vie? »

C'est l'opinion des révolutionnaires. — Jusqu'ici rien n'a été plus maladroit et stupide que le rôle de la bourgeoisie française, se refusant à toute réforme, disant éternellement non à toutes les revendications du prolétariat. M. Waldeck-Rousseau lui a montré une attitude plus intelligente, et depuis, nous nous acheminons vers une nouvelle forme conservatrice du régime bourgeois, vers le gouvernement de la société capitaliste, par un personnel à étiquette socialiste et hardiment réformiste.

Dans cette voie, disait un guesdiste [1], nous verrons bientôt :

M. Waldeck-Rousseau comme président de la République; M. Millerand, président du Conseil; M. Clémenceau, président du Sénat; M. Jaurès, président de la Chambre; M. Viviani, gouverneur de l'Algérie, et comme ambassadeurs, consuls, receveurs particuliers et préfets, tous les ambitieux issus du radicalisme, ou détachés du vieil opportunisme stérile.

La société capitaliste pourrait alors couler de bien longs jours tranquilles, sans que le peuple apaisé par des réformes et des promesses de réformes songeât à murmurer.

Le *Socialiste de la Gironde*, organe du guesdisme girondin, exprime la même croyance.

1. M. Raymond Lavigne.

« Lorsque M. Waldeck-Rousseau sera président de la République, lisons-nous [1], Millerand sera son président du Conseil. Pour qui observe attentivement la marche de ces deux hommes — extrêmement habiles ou audacieux, d'une rare froideur qui les protège de tout entraînement irréfléchi, également pénétrés d'un profond scepticisme sur le caractère de leurs contemporains et d'un suprême dédain de l'opinion d'autrui comme de toute discipline gênante de parti — ce but solidaire de leur vie politique apparaît clairement. »

Le Socialiste, organe du Parti socialiste français (blanquiste-guesdiste), publie un appel aux travailleurs, pour les mettre en garde contre les compromissions dans lesquelles veut les entraîner le parti de MM. Jaurès et Millerand.

« Malgré ce vote pour le budget des cultes, pour l'application des lois scélérates, contre la non intervention de l'armée dans les grèves, Millerand a trouvé une majorité pour le retenir dans les rangs des néo-socialistes. — En bonne logique, c'est Millerand qui avait raison. La solidarité des choses une fois admise dans le partage du pouvoir central, toutes les autres solidarités s'imposent : solidarité dans l'établissement du budget, solidarité dans l'obligation de maintenir la discipline dans l'armée. »

Rien de plus juste. — On ne voit pas en effet un ministre socialiste au pouvoir, rester inactif, lorsque éclaterait une grève générale. Et cependant la grève générale est, pourrait-on dire, l'unique programme de l'armée syndicale ouvrière.

M. Hubert Lagardelle, dans le *Mouvement Socialiste*, est aussi dur pour les socialistes *à la bordelaise*.

« Les triomphateurs du Congrès de Bordeaux, écrit-il [2], ont irréductiblement rompu avec le Socialisme, pour passer, armes, éloquence et bagages, au réformisme. En dehors du parti socialiste, se crée un parti parlementaire, d'essence et de but anti-révolutionnaire.

1. *Le Socialiste de la Gironde*, 12 avril 1903.
2. *Mouvement Socialiste* du 15 avril 1903.

« Millerand sort de la lutte, ni exclu, ni blâmé, mais triomphant.

« Cette évolution décisive est si bien comprise par les radicaux, que l'un de leurs chefs déclare, dans le *Siècle*, que « désormais, nul cabinet réformiste ne pourra se constituer, sans « faire au parti néo-socialiste une place parmi ses membres ». — La *Dépêche de Toulouse* affirme également que le Congrès de Bordeaux a rendu plus intime la pénétration des radicaux et des néo-socialistes.

« Cependant ce congrès a mis fin à l'équivoque qui se maintenait, à travers les précédents Congrès, grâce aux ordres du jour équivoques, auxquels personne ne comprenait rien.

« Il faut, conclut le *Mouvement Socialiste*, que les militants socialistes, encore égarés dans *le confusionnisme réformiste*, — ceux du moins qui sont soucieux de leur dignité, — s'en séparent sans retard et qu'ils rejoignent le seul parti socialiste, dont MM. Jules Guesde et Vaillant sont restés gérants. »

Il y aura donc un parti parlementaire, composé de députés et d'aspirants-ministres, et un parti de socialistes « soucieux de leur dignité », n'ambitionnant pas les postes élevés, parce qu'ils ne peuvent y atteindre. Une brutale division séparera les deux camps, et M. Jaurès, ayant semé sur sa route tous les empêcheurs de danser en rond, célébrera, enfin seul, la bienfaisante unité.

TROISIÈME PARTIE

LES DIVERSES FORMULES DU COLLECTIVISME

CHAPITRE I

LA THÉORIE COLLECTIVISTE

Le collectivisme n'est pas une doctrine absolue, ni un dogme intangible. L'influence des milieux en trouble la sérénité. Selon qu'on le débite, avec les chopes de bière, dans les estaminets du Nord que tiennent les chefs du parti guesdiste, ou qu'on l'expose aux populations diverses et mêlées qui constituent la clientèle électorale, ou bien qu'on le colporte dans les campagnes, où la propriété individuelle trouve encore de nombreux et ardents défenseurs, la doctrine varie, se contredit; mais peu importe! Elle se modifie encore plus si un socialiste accède au ministère. Elle s'accommode à toutes les circonstances, à toutes les clientèles.

Et d'abord quelle est sa définition?

Le collectivisme consiste, en termes exacts, dans l'appropriation par la collectivité de *tous* les moyens de production, aujourd'hui possédés individuellement.

S'il est, dit M. Jules Guesde, dans le long désert de l'histoire, une sorte d'oasis sur laquelle l'esprit aime à se reposer des horreurs du moyen âge et de l'époque barbare, c'est assurément la Grèce. — Nulle part la fleur humaine ne s'est épanouie comme sous le soleil de l'Attique; mais pourquoi et comment? Parce que, au-dessous des Aristote, des Phidias, des Eschyle, il y avait tout un monde d'hommes retranchés de l'humanité; c'est grâce aux esclaves, à ces machines de chair et d'os, qui peinaient pour le petit peuple hellénique, que celui-ci a pu connaître la liberté et jouir de l'existence sous toutes ses formes.

L'esclavage semblait alors une institution naturelle, et Aristote lui-même croyait que cette race d'hommes, destinés à la servitude, était nécessaire. Cependant son audace philosophique allait jusqu'à escompter le moment où cette race deviendrait inutile; mais combien ses prévisions étaient encore incertaines et timorées!...

« Si chaque outil, disait-il avec une ironique incrédulité, pouvait exécuter sans sommation, ou de lui-même, sa propre fonction, comme les chefs-d'œuvre de Dédale et les trépieds de Vulcain; si les navettes des tisserands tissaient toutes seules; le chef d'atelier n'aurait plus besoin d'aides, ni le maître d'esclaves. »

Paroles prophétiques! concluent les collectivistes. Ces éléments émancipateurs de l'esclavage, nous les avons à notre disposition. Leurs muscles sont faits de l'acier le plus dur et leur vigueur semble infatigable. Ce sont les chevaux-vapeur, qui représentent, pour notre pays, cinquante millions d'esclaves, plus que toute notre population. — A eux, de travailler jour et nuit, sans repos ni trêve. — A l'ouvrier le repos enfin permis. — Et, dans leur foi ardente, les apôtres socialistes comparent la machine au Messie, qui se sacrifia pour sauver l'humanité entière. — Grâce à lui, l'humanité redevient une grande famille émancipée, réconciliée, heureuse. Il suffit, pour cela, que, cessant d'être la propriété privée de quelques-uns, la machine devienne la propriété de tous.

Hélas! ce Messie semble impuissant à faire entendre sa parole de paix à tous les peuples qui se sont multipliés sur la surface du globe. La foule des mercenaires, esclaves et ouvriers, devient inutile. La terre pourra-t-elle la nourrir? ou bien Malthus serait-il le prophète des temps prochains? — Si les frontières sont renversées, le peuple jaune ne va-t-il pas réclamer sa part des riches récoltes de la Bourgogne ou du Bordelais? Notre civilisation ne va-t-elle pas être détruite par les hordes barbares qui préfèrent le pillage au travail, même réduit à sa plus modeste expression? Il n'y a plus de Rhin, il n'y a plus de Danube, il n'y a plus de Caucase, tous les peuples sont frères; mais il n'est pas commode d'assurer la fraternité au milieu d'hommes, dont le plus grand nombre aura conservé ses mœurs de déprédation et de rapines.

*
* *

D'après la thèse collectiviste, le machinisme serait donc le fléau, il serait aussi le libérateur; tel le sabre de M. Prudhomme.

Contentons-nous donc de voir quels sont, à l'époque où nous vivons, les résultats du machinisme.

Il nous faut remonter dans l'histoire de l'Industrie, pour en connaître les attristants méfaits, et il faut relire Villermé, pour nous rendre compte de son influence néfaste, à ses débuts. — Il serait nécessaire de regarder trop loin devant nous pour en voir l'influence émancipatrice. — Les rêves d'or de M. Jaurès peuvent nous conduire au xxx° siècle.

Les organismes de la production et de l'échange sont devenus *communistes*, objectent les socialistes, pendant que leur mode d'appropriation — ou plutôt de direction — restait *individualiste*.

Jadis, on filait et on tissait, dans chaque famille et dans chaque village. Aujourd'hui la filature et le tissage sont monopolisés par quelques grands industriels, qui travaillent mécaniquement pour toutes les familles.

Jadis, un cordonnier prenait mesure et confectionnait en entier les chaussures de ses clients. Aujourd'hui, les manufactures de chaussures confectionnent pour un client anonyme les chaussures en les faisant passer par vingt mains différentes. Dans cette industrie, affirme M. Jules Guesde, le cordonnier faisait, il il y a soixante-dix ans, 200 paires de chaussures par an. — Il y a dix ans, un seul individu en fabriquait 2.598 paires. Aux États-Unis la production a passé de 70 millions de paires de chaussures en 1845 à 445 millions en 1875, alors que le nombre des cordonniers passait de 45.877 (sur une population de 19 millions d'habitants) à 48.090 (sur une population trois fois plus nombreuse).

La production collectiviste, résultant de la division

du travail, de la machine et de la vapeur, a, en effet, multiplié les produits, au delà de ce que pouvait prévoir l'imagination la plus hardie. Faut-il rappeler le métier Jacquart augmentant de 350 pour 100 la productivité du tisseur, les hauts fourneaux, les fileuses mécaniques qui élèvent la puissance productive de l'homme, dans les industries sidérurgique et cotonnière, à 25 et à 320 fois de ce qu'elle était précédemment ? — Ces inventions « classiques » ont été suivies de perfectionnements plus merveilleux encore. Pour séparer le coton de sa tige, un homme, avec les dernières machines, fait maintenant le travail de mille ouvriers ; les dévidoirs, qui faisaient quatre mille révolutions en 1874, en font dix mille aujourd'hui. — Enfin un économiste américain a calculé que le travail de sept heures suffit, avec le machinisme actuel, pour cultiver le blé, le battre, moudre la farine, pétrir le pain et le faire cuire, de façon à nourrir un millier d'hommes.

Dans le commerce, il est facile d'observer la même évolution.

Au xviiie siècle, chaque boutiquier avait sa spécialité, à laquelle les règlements corporatifs l'obligeaient à se restreindre. Aujourd'hui, nous voyons d'immenses bazars qui vendent de tout : chemises, chaussures, vêtements, batterie de cuisine, mobiliers, objets d'art.

Les moyens d'information, de propagande par voies d'annonces et d'envois de prospectus et d'échantillons, sont tous à l'avantage du grand commerce ; il en est de même des moyens de transport, qui demandent des prix plus faibles pour les grosses expéditions que pour les modestes envois, et permettent à quelques vastes magasins de faire rayonner leur action jusque dans les plus petites bourgades. Cette concentration du commerce de détail porte un coup mortel aux marchands de province, abandonnés de la plus grande partie de leur clientèle.

Enfin, le même phénomène se manifeste, en certains pays déjà, sur la terre elle-même. Dans le Far-West, on trouve des champs de blé, de plusieurs kilomètres d'étendue, qui sont ensemencés et moissonnés mécaniquement.

*
* *

Comment, de cette évolution, les socialistes en concluent-ils à la fatalité du collectivisme?

Les variations dans les formes de la propriété ne sont pas l'effet du hasard, dit M. Jules Guesde, elles sont déterminées par les formes du travail.

A l'époque de la cueillette, il n'y a d'appropriés individuellement que les fruits et les racines. — La terre reste indivise [1].

Elle devient propriété de la tribu, *lorsque les premières ressources naturelles venant à manquer, il faut faire un effort* pour obtenir des ressources nouvelles. C'est l'époque où l'arme primitive — *capital productif* — devient propriété individuelle, qu'on se prête entre soi, *moyennant une redevance sur le*

---

1. Remarquons, en passant, que cette constatation faite par les collectivistes ne signifie absolument rien. La terre était indivise, *surtout* parce qu'il existait des territoires immenses, des ressources de consommation nombreuses et une population clairsemée. La terre ne devient une valeur que lorsque la paresse humaine est *forcée* de la cultiver.

gain obtenu [1]. Pour la défense de ces territoires de chasse, la guerre intervient entre tribus.

Plus tard se manifeste le travail individuel, pour la culture d'une terre ou l'exploitation d'une industrie familiale. Le travail individuel entraîne la possession individuelle d'un champ ou d'une maison. Cette appropriation, de temporaire qu'elle était au début, devient de plus en plus permanente, grâce aux répartitions de plus en plus espacées et définitives.

La propriété privée ou individuelle des moyens de production, avoue M. Jules Guesde, a été *plus que légitime, indispensable;* puisqu'elle était fondée sur le travail personnel du propriétaire. Elle incitait ce dernier, produisant pour lui-même, à produire le plus possible. Elle constituait pour l'humanité le meilleur des régimes, celui qui portait les produits ou les moyens d'existence à leur maximum.

Mais il n'en serait plus de même aujourd'hui. Par suite de la division du travail, introduite par la manufacture, par suite surtout de la machine et de la vapeur, *le travail a cessé d'être individuel pour devenir collectif* [2].

Ce sont des collectivités ouvrières (journaliers, chimistes, chauffeurs, mécaniciens) qui, depuis la charrue à vapeur, les moissonneuses, les batteuses, procèdent à la culture du sol, limitée autrefois au seul effort du propriétaire, qui devait lui-même labourer, ensemencer, moissonner, dépiquer le grain.

Ce sont des collectivités ouvrières (mécaniciens, con-

---

1. Les arguments que nous donnons ici sont littéralement empruntés aux conférences de propagande de M. Jules Guesde et ils sont la justification même du revenu auquel prétend le capital.

2. *Le Collectivisme,* conférence éditée par la Jeunesse socialiste.

tremaîtres, directeurs, tisseurs des deux sexes, hommes de peine) qui, dans les tissages mécaniques, fabriquent lainages, cotonnades, œuvre exclusive autrefois du tisserand, produisant à domicile avec son métier à bras.

Même collectivité dans les industries du bois, du fer, du sucre.

Mais, pendant que le travail devenait collectif, la propriété des instruments de travail restait individuelle.

.˙.

De cette contradiction résultent tous les désordres dont souffre l'humanité, et qui ne peuvent disparaître que par le collectivisme.

En effet, ajoutent les collectivistes, dans l'état actuel de l'industrie, il est impossible à l'ouvrier d'accéder à la possession de son instrument de travail, non plus que de lutter contre la concentration capitaliste.

Et ici les collectivistes s'appuient sur M. Paul Leroy-Beaulieu.

La production faite en grand, affirme le savant économiste, rend de plus en plus difficile, presque impossible pour les petits, de lui faire longtemps concurrence.

Les moyens mécaniques obligent à concentrer l'industrie dans de vastes locaux, à avoir un outillage considérable, très compliqué, très coûteux, qu'il faut fréquemment renouveler ou perfectionner, et à distribuer les frais généraux, qui sont énormes, sur une quantité également énorme de produits.

Le champ de la grande industrie s'étend de plus en plus, et l'on ne voit trop quelles limites on pourrait lui assigner. Elle ne se renferme pas dans la fabrication proprement dite, par exemple, dans la filature, le tissage, l'apprêt des textiles. La confection, qui transforme les étoffes en vêtements tout faits, supprime les tailleurs indépendants. Les vastes ateliers de cordonnerie font presque disparaître les cordonniers individuels. On fabrique en grand jusqu'aux montres.

Et comme ces immenses exploitations sont la propriété de vagues individualités, c'est une direction anonyme qui les conduit.

« Ce ne sont pas, dit M. Jules Guesde, les propriétaires des mines, des chemins de fer, des hauts fourneaux, des grands magasins du Louvre et du Bon Marché qui exploitent ces gigantesques moyens de production, de transport ou d'échange. L'*absentéisme* est devenu la règle, dans toutes les industries et dans tous les pays. C'est en dehors de l'actionnaire que la production s'opère, c'est sans lui que *sa* propriété produit. Est-ce bien d'ailleurs *sa* propriété, et ne serait-il pas embarrassé, s'il devait reconnaître son bien au milieu de la propriété collective ? Un actionnaire des chemins de fer est-il propriétaire d'un wagon, d'une locomotive, ou d'un gare ? La propriété est dès à présent devenue commune, indivise et anonyme. Si demain, par suite d'un cataclysme, tous les actionnaires des chemins de fer, des mines, des hauts fourneaux, venaient à disparaître, il n'y aurait pas une tonne de houille de moins extraite de la mine, un wagon de moins roulant sur les voies ferrées. »

Et les collectivistes concluent de cet état de choses que le possesseur anonyme des grandes richesses de la nation est devenu inutile. C'est là un étrange sophisme. Il est trop évident que la propriété des grands moyens de production ne peut être la propriété d'un seul ; mais c'est la meilleure preuve de la démocratisation de la propriété. Les collectivistes semblent avoir un bandeau sur les yeux, lorsqu'ils ne voient, dans les possesseurs de gigantesques moyens de la production actuelle, que de gros actionnaires. Combien de petits bourgeois, d'employés peu rémunérés ou d'ouvriers économes ont dans leurs tiroirs une modeste action d'une industrie florissante? Les actions du gaz de Paris ou les obligations de notre grande cité se trouvent réparties entre les plus modestes travailleurs. On a même coupé par quarts les obligations de la ville de Paris pour les mettre à la portée des portefeuilles les plus modestes.

Ce qui n'empêche pas M. Jules Guesde de conclure que, imitant la noblesse du moyen âge, utile tant qu'elle avait la lance au poing et défendait, en défendant ses propres intérêts, la vie de ses vassaux, la classe propriétaire d'aujourd'hui a cessé d'être utile et est devenue par conséquent nuisible.

« Voyez la noblesse, dit-il ; tant que vêtue de fer, elle a servi de bouclier vivant au travail des laboureurs et des ouvriers, elle a résisté à toutes les tentatives faites contre sa prépondérance. Du jour où elle est devenue la noblesse oisive de Versailles, elle était morte socialement, et le Tiers n'a eu qu'à légaliser son décès. Il n'en sera pas autrement de la bourgeoisie. Après avoir incarné tout le travail — manuel et intellectuel — elle n'existe plus que comme spoliatrice du travail, et ainsi elle s'est condamnée. »

Est-il exact de dire que le propriétaire du capital ne joue plus aucun rôle dans la production? Il joue le rôle de susciter la production. Sans capitaux qui s'aventurent, sans capitaux qui paient les frais de premier établissement, sans capitalistes qui créent la possibilité de produire, il n'y a pas de production possible. Et ici le capitaliste est souvent l'ouvrier qui a épargné, le domestique qui a fait des économies, le petit boutiquier qui cherche à placer un gain difficilement acquis. C'est la fourmi qui apporte sa parcelle de ce qui constitue la prospérité générale d'un pays.

Il faut voir les choses telles qu'elles sont, et ne pas essayer de découvrir, dans tout actionnaire d'une mine ou d'une usine, un juif milliardaire, un « baron féodal ».

Le collectivisme de réunion publique.

Ce ne sont pas les collectivistes, disent les apôtres du socialisme dans les réunions publiques, qui veulent enlever au paysan sa terre, au commerçant sa boutique, au petit patron son établi. Ceux-ci sont expropriés, ruinés, *décapitalisés* par les « gros capitalistes ». Et, pendant que ces vaincus meurent de faim, les vainqueurs de cette lutte inhumaine s'enrichissent de leurs dépouilles.

La fabrique, dont la force est centuplée par un machinisme sans cesse perfectionné, produit plus que ne peut consommer l'humanité appauvrie; car les ouvriers se sont vu dépouiller de leur seul moyen d'existence : le travail, au profit de la machine et du manœuvre non spécialisé qui devenait le servant de la machine. La machine a chassé la force humaine, intelligente, de l'atelier, et a pris sa place. Pour un grand nombre de travailleurs, c'est le chômage — fléau jusqu'ici inconnu, — c'est la morte-saison, autrement dit la *saison où l'on meurt.*

Pour ne pas mourir, les travailleurs se sont rués à la porte des ateliers et ont offert au rabais leurs bras. Et ainsi, profitant de cette armée de réserve toujours disponible, les *employeurs* ont pu réduire les salaires.

L'ouvrier spécialisé était ainsi dépossédé de sa capacité technique et de la propriété de son métier. — L'artisan de jadis s'imposait par son habileté. Aujourd'hui, il est détrôné par le premier manœuvre venu. La machine effectuait le travail technique, pendant que l'ouvrier devenait un simple surveillant de la machine, attentif et inhabile. En même temps, l'homme était dépouillé de sa supériorité physique. La femme et l'enfant le remplaçaient.

« L'outillage mécanique, dit M. Jules Guesde dans une conférence, en se chargeant de l'effort musculaire et en réduisant le travail à un acte de présence ou de surveillance, a donné lieu à ce crime des crimes : l'industrialisation de la femme et de l'enfant. — Arrachés au foyer domestique détruit, la femme et l'enfant ont été poussés par la pire des violences, par la faim, dans l'usine, où, en leur qualité de force-travail à meilleur marché, moins capables de se défendre, ils ont été substitués à l'homme, et dans des proportions telles que même la loi bourgeoise a dû finir par intervenir pour limiter et réglementer ce double attentat contre la race, compromise, non seulement dans son présent, mais dans son *avenir.* »

Et ainsi se vérifie, d'après les collectivistes, cette thèse du paupérisme croissant.

Cette thèse est-elle absolument exacte? Si nous nous occupons tout d'abord des ouvriers employés — nous

verrons ensuite ce qu'il faut dire du chômage croissant et à quelles causes on doit l'attribuer — le salaire
des ouvriers a doublé depuis 1850, passant de 1 fr. 02 à
2 fr. 20 pour les femmes, et de 2 fr. 07 à 4 francs pour
les hommes ; or, d'après des données très certaines
fournies par l'*Office du travail*, le coût de la vie
n'aurait guère augmenté depuis cinquante ans. On a
même établi la facture d'un certain nombre de denrées
courantes, en 1850 et aujourd'hui, et cette facture qui
s'élevait alors à 931 francs ne s'élèverait aujourd'hui
qu'à 993 francs. Le prix du vêtement a plutôt diminué
qu'augmenté. Seul, le logement serait plus cher :
de 120 francs en 1850, le logement de la famille ouvrière, à Paris, s'est élevé à 340 francs. En province,
cette augmentation n'aurait été que de 40 %. En
résumé, d'après les évaluations de M. Souchon[1], si
le salaire a doublé, le coût de l'existence ne se
serait accru que d'un quart.

Quelle était, il y a cinquante ans, la condition des
enfants dans les manufactures ! Dans les filatures de
coton, ils gagnaient quelques sous comme rattacheurs,
à l'âge de six ans, et Villermé raconte qu'à Sainte-
Marie-aux-Mines il se trouvait des dévideurs de trames
âgés de quatre à cinq ans. Aujourd'hui ces scandales
ont pris fin, et il n'y a proportionnellement pas plus
de femmes et d'enfants dans les ateliers français
qu'il n'y en avait, il y a cinquante ans. En Amérique,
cette proportion a même commencé à décroître. En
1850, il y avait dix femmes pour trente-trois hommes ;
aujourd'hui, on n'en compte plus que le même nombre pour quarante-quatre ouvriers.

1. *La situation des ouvriers en France à la fin du XIXe siècle.*
Circ. du *Musée social*, août 1899.

En résumé, nous arrivons aujourd'hui à la fin d'une crise produite par la trop rapide transformation du travail, par l'introduction inattendue de la machine dans l'atelier.

**

Les collectivistes accusent la machine :

1° De chasser l'ouvrier de l'usine ;

2° D'abaisser le salaire, en diminuant le nombre des bras employés et en augmentant l'armée de réserve du travail, et aussi en remplaçant l'ouvrier habile par un simple manœuvre ;

3° D'aggraver le chômage par la surproduction.

M. Levasseur a combattu par des preuves certaines ces trois affirmations audacieuses.

Pourquoi accuse-t-on la machine de chasser l'ouvrier ? demande le savant académicien. Parce qu'un entrepreneur, qui adopte une nouvelle machine, peut réduire immédiatement le nombre de ses ouvriers. — Voilà ce qu'on voit ! C'est un cas particulier. — Mais, si l'on s'élève plus haut et si on considère l'état général de l'industrie, et non plus un cas isolé, on voit qu'aux États-Unis, par exemple, la force mécanique a doublé de 1860 à 1890, en même temps que s'accroissait la population des ouvriers, par rapport à la population totale. La machine n'avait donc pas chassé les ouvriers de l'usine. Elle en avait augmenté le nombre.

Ce sont d'ailleurs les pays les plus industriels, qui ont la population la plus dense et où elle s'accroît le plus rapidement. Un exemple frappant de la vérité de cette thèse est celui des copistes du moyen âge.

comparés aux typographes d'aujourd'hui. Les machines composent et impriment aujourd'hui, en une journée et avec une équipe de dix personnes, ce que des centaines de mille scribes n'auraient pu écrire au xv⁰ siècle, et cependant l'imprimerie occupe infiniment plus d'ouvriers que ne le faisait la copie des manuscrits.

Mais toute modification dans l'augmentation du travail implique une crise, et c'est cette crise seulement qu'on aperçoit, sans se douter qu'elle n'est et ne peut être que passagère.

Le chômage est-il aggravé par la machine? C'est la thèse socialiste que le machinisme engendre la surproduction et que la surproduction fait naître les longs chômages. Eh bien! il n'y a pas, à proprement parler, de surproduction; il n'y a que difficulté d'écoulement des produits, provenant de ce que la clientèle n'est plus aussi fidèle qu'autrefois, qu'elle se déplace, qu'elle désire des nouveautés, des innovations, et qu'il faut, coûte que coûte, satisfaire son goût et non vouloir lui imposer des types qui ne lui conviennent plus. Et ainsi l'industrie moderne va, par à-coups, différente de la vieille industrie d'autrefois qui écoulait ses produits lentement et sûrement, au fur et à mesure de leur création. Les longs chômages sont peut-être plus fréquents qu'autrefois; mais il faut cependant se rappeler que jadis l'ouvrier chômait 103 jours par an, rien que pour les fêtes religieuses. Enfin, avec la centralisation extrême des diverses industries, une crise de chômage attire bien plus nos regards qu'elle ne l'aurait fait, au temps du petit atelier familial.

Remarquons, d'autre part, qu'un petit industriel, qui dispose d'un machinisme peu compliqué, fait facilement chômer ses ouvriers. Il n'en est plus de même du grand industriel, qui a un gros capital engagé dans l'outillage de son usine, et qui emploiera tous les moyens avant de se résigner à un chômage, pendant lequel tout son capital industriel est improductif d'intérêt. Avant de s'y résoudre, il travaillera sans bénéfices, s'il le faut. On pourrait donc presque affirmer que le machinisme est une cause d'atténuation de chômage.

Enfin, l'influence du machinisme sur le salaire est-elle une cause déprimante pour celui-ci? — Non. On peut constater que les salaires ont surtout augmenté pendant la seconde moitié du XIXe siècle, c'est-à-dire pendant la période où le machinisme s'est le plus fortement développé. Nulle part, les salaires ne sont aussi élevés qu'en Angleterre et surtout aux États-Unis, qui sont les deux pays où le machinisme est le plus puissant.

Il est bien certain cependant que le salaire n'augmente pas dans la proportion de la richesse créée, remarque M. Levasseur, parce que, si la richesse est produite plus économiquement et plus abondamment, la concurrence fait baisser le prix de vente. Pas plus que l'industriel, l'ouvrier ne peut gagner dix mille fois plus qu'à l'époque où il produisait dix mille fois moins de marchandises. Le plus souvent même, l'ouvrier, de l'aveu même des économistes, reçoit un tant pour cent de la valeur du produit *moindre* qu'auparavant, parce qu'il faut employer et rémunérer plus de capital pour produire mécaniquement. Enfin, il arrive parfois que la machine fait baisser certains salaires, en substituant le travail de la femme à celui de l'homme.

En résumé, la thèse collectiviste n'offre pas la rigueur mathématique, que lui supposent ceux qui l'exposent devant le peuple. Cependant le fléau dont se plaint la population ouvrière, celui dont elle souffre le plus, subsiste : c'est le chômage, le chômage périodique. L'industrie n'est pas organisée et elle subit l'influence de crises redoutables.

Que l'on suppose, disait M. Neymarck [1], que, du jour au lendemain, tous les transports par traction animale soient transformés en automobiles, que les Compagnies des voitures, des omnibus, n'aient plus besoin d'un personnel aussi nombreux que celui qu'elles emploient ; il est clair que les cochers, conducteurs d'omnibus, palefreniers, garçons d'écurie, seront inquiets sur leur propre sort ; et cette inquiétude explique, dans une certaine mesure, les préjugés qui existent parmi un grand nombre de salariés contre l'emploi des machines. Ces préjugés, ces hostilités même ont existé de tout temps, en tout lieu, et existeront toujours. — En Angleterre, il y a quatre siècles, on s'opposait à l'introduction des métiers à bras. A une époque plus rapprochée de nous, les prud'hommes de Lyon ont fait brûler le portrait de Jacquart. Hargraves, l'inventeur du métier à filer, a été poursuivi par les ouvriers et est mort dans la misère. Dernièrement, un Conseil général, celui de l'Orne, demandait au gouvernement de prendre des mesures contre le développement des automobiles, pour protéger l'élevage des chevaux.

1. *Société d'Économie politique*, 5 février 1901.

Une Société, dans un état de crise, est comme un malade qui s'adresse à tous les médecins, essaie de tous les remèdes, et recourt aux plus violents.

La situation actuelle est une situation anormale, dérivant de l'avènement rapide et brutal du machinisme, qui a fait accourir vers les villes la population, dont la subsistance était jusque-là assurée dans les campagnes. — Et certains collectivistes, M. Vandervelde entre autres, qui écrivit *Les Villes tentaculaires*, nous servent de témoins dans cette affirmation. — Le service militaire surtout, et aussi l'appétit d'un peuple efféminé pour le fonctionnarisme facile, ont décimé les populations villageoises. N'entendons-nous pas dire depuis longtemps que l'agriculture manque de bras? L'industrie en a trop... — Le paysan, qui a revêtu le costume militaire et a réussi à faire coudre sur sa manche les galons de laine de caporal ou de brigadier, ou les galons dorés de sergent ou de maréchal des logis, croirait déroger, s'il redevenait le paysan grossier dont on s'est moqué à son arrivée à la caserne et que bafoue le peuple stupide des villes. Il a goûté aux joies brutales et grossières de la ville; il s'est habitué aux cafés-concerts obscènes, au semblant de luxe et aux plaisirs faciles de nos cités provinciales; il s'est démoralisé au contact de la civilisation et il rougit aujourd'hui de sa famille, de sa vie honnête et tranquille, de ses convictions et de ses chastes amours. — Le jour où le service militaire n'aura plus sa raison d'être — peut-être ce jour-là luira-t-il? — la crise dont nous souffrons sera fortement enrayée. Les paysans cultiveront tout bêtement leurs terres, comme le faisaient leurs parents; ils ne fréquenteront les cabarets qu'aux jours de fête et de foire, et ils se contenteront modestement de vivre de la vie qui leur était destinée. En seront-ils plus malheureux?

Et alors la population urbaine reprendra ses habitudes normales. Le peuple des villes travaillera industriellement, pendant que celui des campagnes vivra de son labour. L'agriculture ne manquera plus de bras, et l'industrie ne souffrira plus de pléthore.

*
* *

Les collectivistes préconisent des moyens violents pour sortir d'une crise qu'ils affirment devoir être non passagère, mais *définitive*.

On n'arrivera 'jamais, affirme M. Benoît Malon, à convaincre la bourgeoisie moderne qu'elle doit se prêter à la socialisation des capitaux. C'est la force qui décidera de cette question en dernière analyse : *la force, l'accoucheuse des sociétés modernes*, selon le mot de Marx [1].

M. Jules Guesde, dans sa brochure : *Collectivisme et Révolution*, écrit dans le même sens :

« Des capitaux qu'il s'agit de reprendre ; quelques-uns, comme la terre, ne sont pas de création humaine, ils sont antérieurs à l'homme, pour lequel ils sont une condition *sine qua non* d'existence. Ils ne sauraient par suite appartenir aux uns, à l'exclusion des autres, sans que les autres soient volés. Et faire rendre gorge à des voleurs, les obliger à restituer, a toujours et partout été considéré, je ne dis pas comme un droit, mais comme un devoir, le plus sacré des devoirs. »

1. *Le Nouveau Parti*, p. 80.

Et il ajoutait : « Quelque regret qu'on puisse en éprouver, quelque pénible que paraisse aux natures pacifiques ce moyen, nous n'avons plus devant nous que la *reprise violente* sur quelques-uns de ce qui appartient à tous, disons le mot : *la Révolution!* »

Cette échéance collectiviste est-elle loin de nous? disent encore les socialistes. — Nullement, son échéance est proche.

Or çà, dit M. Vandervelde[1], regardez donc autour de vous, bonnes gens! Voyez les grèves qui se multiplient, les émeutes qui éclatent de toutes parts, les insurrections qui se succèdent avec la régularité de phénomènes naturels : vous comprendrez que nous sommes dans la fumée de la révolution sociale. — Si l'on veut se rendre compte des transformations de la propriété depuis un siècle, voyez la progression des budgets dans les grands pays démocratiques, et spécialement en France et en Angleterre. — Il en est des États comme des hommes; d'après le montant de leurs dépenses, on peut généralement se faire une idée de l'importance de leur domaine. « Saluez ce budget d'un milliard, disait M. Thiers en 1830, vous ne le verrez plus. » Aujourd'hui le budget de l'État français dépasse quatre milliards. Le budget anglais dépasse également quatre milliards, rien que pour les services publics, ayant atteint le centuple de ce qu'il était en 1817. Le même phénomène se produit, avec une évidence plus grande encore, dans les municipalités, dont les dépenses ont doublé depuis vingt ans. Le socialisme communal a conquis droit de cité dans la plupart des grandes villes d'Écosse et d'Angle-

1. *Le Collectivisme*, par E. VANDERVELDE. — Brochure de propagande à la librairie du *Peuple*, de Bruxelles.

...re. La ville de Glasgow a organisé l'enseignement obligatoire et gratuit; elle offre un repas aux enfants nécessiteux fréquentant les écoles publiques; elle fournit aux habitants le gaz, les appareils d'éclairage et de chauffage, et elle éclaire les escaliers communs des maisons à plusieurs logements; propriétaire des tramways, elle met à la disposition des ouvriers des trains presque gratuits, le matin et le soir, des salles de natation, des lavoirs publics; enfin, après avoir exproprié des quartiers encombrés, elle a construit des maisons qu'elle loue aux familles les plus pauvres. Pour subvenir à ces dépenses croissantes, elle recourt aux bénéfices réalisés par les industries socialisées.

Et en même temps que le domaine collectif s'étend, la propriété privée prend un caractère de plus en plus relatif. Avec les progrès de la législation du travail, les industriels en arrivent à gérer leurs usines, de la même façon que les directeurs d'une entreprise collectiviste. Une industrie où la journée de travail sera fixée par la loi, où les ouvriers participeront aux bénéfices, discuteront les règlements d'usine, feront avec les patrons des contrats collectifs, délibéreront avec eux dans les chambres d'explication, de conciliation et d'arbitrage, ressemblera au moins autant à un service public qu'à une entreprise privée.

Dans la répartition des richesses sociales, conclut M. Vandervelde, la part de l'État et celle des travailleurs augmentent; donc, par voie de conséquence nécessaire, la part du capital diminue.

*
* *

Cette thèse ne semble pas cependant aboutir à la nécessité du régime collectiviste. Nous ne nions pas

14

l'évolution de la société vers des groupements sociaux; mais nous ne saurions comprendre que les genres de travaux si différents exécutés par les hommes puissent se prêter à un groupement unique, qui comprendrait les ouvriers du fer, du bois, de la houille, de la terre..., les cultivateurs, les mécaniciens, les comptables, les marins, les charrons...., les Français, les Chinois, les Cafres, les Esquimaux, les Anglais... Non, une telle unification de la force humaine ne se peut concevoir. Le groupement libre et adapté à chaque genre de travail, le groupement possesseur du fruit de son propre labeur et ne devant aucun compte à ceux qui n'ont pas collaboré avec lui. voilà, semble-t-il, vers quel mode d'association évolue l'humanité, éprise avant tout de liberté!

Au surplus, mettrait-on fin aux crises industrielles, en monopolisant toute l'industrie aux mains de l'État?

On ne conçoit pas, disait un grand industriel de Paris[1], l'État intervenant comme régulateur de toutes les industries.

Cette fonction convient à l'industrie privée, parce qu'elle se règle elle-même, jour par jour et heure par heure, sur son intérêt qui consiste à réduire ses risques. Or, ses deux plus gros risques sont :

De *trop produire*, parce que l'encombrement des produits détruit la plus-value dont elle vit;

De *ne pas produire assez*, ni en temps utile, parce qu'en pareil cas elle perd sa clientèle en la laissant aller chez le producteur concurrent.

Supposez l'État devenu seul patron et par conséquent seul acheteur et seul vendeur. Il n'aura pas,

1. V. Dehaynin, Société d'économie politique. Réunion du 5 octobre 1900.

comme l'industrie privée, la préoccupation incessante de conserver, d'augmenter sa clientèle en la contentant. Il ne verra pas venir la disette et ne se rendra compte de la surproduction que lorsque ses magasins seront encombrés. C'est qu'en effet, se trouvant seul sur le marché et toute spéculation ayant disparu, il ne sera pas averti de la raréfaction des produits par la hausse, ni de la pléthore par la baisse des cours. *Il n'y aura plus de baromètre pour annoncer la tempête!*

Les socialistes-collectivistes ne sont, cependant, pas tous d'accord sur l'emploi des moyens qui serviront à réaliser leurs chimères. Tous ne préconisent pas la violence. Certains comptent même sur la persuasion.

« Les détenteurs du capital des producteurs, écrivait M. Jaurès dans la *Dépêche* de Toulouse, auront tout intérêt, eux-mêmes, à convertir leur privilège, de moins en moins productif et de moins en moins aisé, en leur juste part des droits nouveaux, que l'ordre socialiste assurera à tous les citoyens. Au besoin même, un arrangement amiable pourra leur assurer des avantages viagers, qui ménageront pour eux la transition. Et ainsi la révolution sociale, la plus violente qu'aient vue les hommes, se fera sans violence matérielle et sans violence morale. » — Doux optimisme!

« Comment se fera l'expropriation? dit également M. Vandervelde. — Sans indemnité, si le Quatrième État, vainqueur, s'inspire des exemples de la bourgeoisie de 1792, confisquant sans scrupule les biens des prêtres et des émigrés. Cela se fera-t-il? Peut-être. Faut-il le regretter? A coup sûr, car on frapperait, et ce serait une injustice, la propriété due au travail personnel aussi bien que la propriété acquise par le travail des autres. »

Et le grand orateur belge préconise cette combinaison ingénieuse :

« Pour opérer l'expropriation de la classe maîtresse, conformément à la justice et en suivant la ligne de moindre résistance, il faut s'attaquer, au moyen de l'impôt, à ceux qui ne travaillent pas, ou à ceux qui ne travaillent plus : aux propriétaires, en frappant la rente et les valeurs consolidées; aux morts, par la restriction progressive du droit de succession. — Ainsi l'indemnité viagère que l'on paierait aux capitalistes vivants serait prélevée sur la succession des capitalistes morts. Et de cette manière, on frapperait la société moderne dans son vice fondamental : l'inégalité du point de départ. »

Ce collectivisme semble joliment adouci et il résout avec optimisme la difficulté de la transmission fatale de l'industrie privée aux mains d'un État omnipotent.

Mais ici nous passons par une pente douce au collectivisme radical et au collectivisme électoral, qui lui ressemble fort.

Le collectivisme agraire.

Toute propriété, pour être légitime, doit être le résultat du travail.

Il est au moins un type de propriété qui n'est pas et ne peut être le résultat du travail. C'est la terre.

« Qui a fait la terre ? interrogeait Proudhon. — Dieu sans doute ! — En ce cas, propriétaire, retire-toi ! »

La terre a, de plus, un caractère spécial, qui la distingue des autres propriétés. Elle est éternelle. Les immeubles tombent en ruines, les titres financiers s'amortissent. La terre est la seule richesse perpétuelle.

Enfin, en admettant même que la terre puisse devenir le fruit légitime d'une appropriation individuelle, il ne semble pas légitime que cette propriété, devenue licite par les nécessités sociales qui en ont fait une propriété individuelle comme une autre, puisse bénéficier d'une plus-value qui ne provient pas du travail personnel de son possesseur, mais bien du développement de la richesse de tout un pays.

*
**

La terre n'est pas le produit du travail! Sans doute. Pas plus que l'arbre, auquel le sauvage emprunte une branche pour s'en faire un arc; pas plus que le cheval sauvage, que ce même homme prend au lasso; pas plus que le cerf, qu'il perce d'une flèche et qui devient son butin; pas plus que la glaise, dont le potier fait un vase de prix. — Le travail, incorporé à la matière, semble l'emporter sur la valeur de la matière et donner des droits indiscutables de propriété, à l'auteur de l'acte, qui transforma une matière sans valeur en objet utile.

Si l'on nous objecte maintenant que la propriété de la terre est un privilège éternel, nous prouverons par les statistiques les plus certaines que la terre ne reste pas un demi-siècle la propriété d'une même famille et que ce n'est qu'un capital, dont l'accession n'est pas moins aisée que celle d'un autre capital.

Enfin le seul grief qui subsiste est que la propriété

foncière peut augmenter de valeur, non plus du fait de son possesseur, mais par suite de l'augmentation de la population et de la richesse publique d'une nation.

« Prenez, dit M. Henry George [1]; le premier venu. — Dites-lui : Voici une petite ville qui se fonde. Dans dix ans, ce sera une grande ville. Les chemins de fer auront remplacé les diligences, et les lampes Edison auront succédé aux réverbères à pétrole. Pensez-vous que, dans dix ans, le taux de l'intérêt se soit élevé?— Il vous répondra : Nullement. — Pensez-vous que les salaires se seront élevés et qu'il sera plus facile à l'homme, n'ayant que ses bras, de s'y créer une situation? — Pas davantage, vous répondra-t-il. — Alors, que dois-je faire pour m'enrichir? — Allez acheter ce terrain et prenez-en immédiatement possession.

« Et si vous avez la sagesse de suivre cet excellent conseil, vous n'aurez plus besoin de rien faire. Vous pourrez vous coucher sur votre terrain et y fumer votre pipe, vous pourrez vous promener tout autour, comme le *lazzarone* de Naples, ou le *lepero* de Mexico, vous pourrez flaner au-dessus, en ballon, ou dormir en dessous, dans un trou, et, sans remuer un doigt, sans ajouter un *iota* à la richesse générale, dans dix ans, vous serez riche. Dans la cité nouvelle, il y aura un palais pour vous. Il y aura aussi probablement un hospice pour les misérables. »

La thèse de la terre s'enrichissant par les immigrations et les naissances est exactement vérifiée par les faits. Aux États-Unis, la plus-value du sol progresse plus rapidement que l'augmentation de la population, et on a calculé que chaque immigrant nouveau apporte

---

1. Nouvelles doctrines sur la propriété foncière. *Journal des Économistes*, mai 1883.

une plus-value de 400 dollars à la valeur de la terre [1]. — En Angleterre, M. de Lavergne a estimé que la valeur du sol doublait par période de 70 ans, et cette appréciation semble encore trop modeste, puisque la rente des terres, évaluée à 500 millions en 1800, était estimée à 1.500 millions, 75 ans plus tard, pendant que la population triplait également et passait de 8.890.000 à 24.850.000. — En France la plus-value a été moins rapide, puisque Lavoisier évaluait en 1790 le revenu foncier à 1.200 millions et que la statistique de 1875 l'évaluait à 2.750 millions.

Ces plus-values dépendent-elles des frais de la production et de la valeur des engrais enfouis dans la terre? Nullement, puisque, si les produits sont devenus plus communs par la culture intensive, ils ont également baissé de prix. La véritable cause de la plus-value du sol, c'est donc bien le développement de la richesse générale, et, plus particulièrement, l'accroissement de la population. Et cette cause se révèle avec plus d'acuité dans les régions où la population se condense le plus fortement. A Paris, par exemple, pendant que la population triplait, le prix des terrains a quintuplé.

Mais ce caractère de la plus-value n'est pas monopolisé par la propriété foncière. Il existe pour les objets d'art, les valeurs mobilières; tous les capitaux augmentent nécessairement de valeur dans un pays où la population et la richesse s'accroissent, sans que le détenteur de ces capitaux puisse s'attribuer le bénéfice de leur plus-value. Est-ce une raison pour

---

1. Il s'agit ici, bien entendu, non d'une plus-value s'étendant uniformément sur la surface du sol, mais se concentrant dans les endroits où la population se concentre elle-même.

accaparer cette plus-value au bénéfice de la Société? Alors, si une moins-value vient à se produire, la Société en sera-t-elle également responsable?

« Si l'on admet le droit de propriété, dit M. Gide[1], il faut en accepter les conséquences, exprimées dans ce vieil adage juridique : *res est periculo domini*. Le propriétaire l'est à ses risques et périls, et, s'il doit supporter les pertes, il doit également obtenir les gains. »

**
***

Comment serait-il possible de faire bénéficier la collectivité de cette plus-value qui est son œuvre? Il faudrait, pour cela, pouvoir établir sur la propriété un impôt calculé de façon à saisir cette plus-value. Et ici plusieurs procédés s'offrent à nous.

Est-ce qu'on ira jusqu'à prélever le revenu net de la terre, c'est-à-dire le prix auquel le propriétaire pourrait affermer son domaine? Mais c'est alors une pure confiscation. Et cependant M. Henry George adopte cette thèse.

Se contenterait-on de saisir la plus-value à mesure qu'elle se produirait, tout en respectant la plus-value déjà acquise? « Je ne vois pas quelle objection on pourrait faire, disait Stuart Mill, à une déclaration qui soumettrait à un impôt spécial toute augmentation de rente qui pourrait avoir lieu dans l'avenir. » Mais l'État garantira-t-il aussi les moins-values qui pourront se produire? Et encore, comment fera-t-on le départ entre la plus-value qui sera le résultat du travail ou de l'initiative du propriétaire, et celle qui proviendra du fait de la Société? Si on ne fait pas

1. *Loc. cit.*

cette distinction essentielle, on est assuré de décourager tout progrès agricole et toute initiative intelligente. Mais comment établira-t-on cette distinction si subtile ? « On peut mettre au défi, dit M. Gide, le propriétaire le plus intelligent et dont les comptes sont le mieux tenus de tracer cette démarcation. » Ainsi, le problème est-il insoluble !

Et alors, nous sommes obligés de revenir au système de l'appropriation complète, par l'État, ou la Collectivité (sous laquelle se dissimule un véritable gouvernement autocratique), de la propriété foncière, qui serait ensuite louée aux individualités. C'est la théorie de Colins, qui se déclare collectiviste agraire et néglige la collectivisation immédiate des autres moyens de production ; ce en quoi il diffère essentiellement de nos collectivistes qui veulent avant tout approprier les grands moyens de production, concentrés par le capitalisme moderne et tout *prêts* pour l'appropriation collective.

La théorie de Colins n'est, d'ailleurs, pas nouvelle. Dans les pays musulmans, le détenteur du sol n'a qu'une propriété de fait et il doit payer au gouvernement de son pays une rente égale et parfois supérieure à celle qu'un fermier doit payer à son propriétaire.

⁎
⁎ ⁎

Comment l'État deviendra-t-il propriétaire de ce sol, qui est aujourd'hui la propriété réelle des individualités ? Telle est la question qui se pose alors !

Par l'expropriation sans indemnité ?

Nous ne nous arrêterons pas à cette solution trop brutale de la question.

Par l'expropriation avec indemnité?

Ce ne serait que l'expropriation pour cause d'utilité publique, et le principe de justice n'est pas entaché par cette solution; mais est-elle possible?

Si l'on se résout à faire une entente amiable avec les propriétaires, on n'aboutit qu'à un résultat incomplet. Nombreux seraient les propriétaires qui se refuseraient à un accord?

« Si l'État, dit M. Gide [1], propose aux propriétaires de leur acheter leurs terres *payables comptant et livrables dans 99 ans,* on n'aurait, il est vrai, à payer qu'une somme relativement minime d'un milliard, prix actuel des cent milliards de francs que vaut la terre, puisque cent milliards, payables dans 99 ans, valent présentement, d'après les tables d'annuité, 798.500.000 francs, mais ce système aurait un caractère d'immoralité, en spéculant sur l'imprévoyance des pères pour dépouiller leurs descendants. »

Ce système aurait bien l'avantage de retirer à la propriété foncière son caractère d'éternité et de la remettre sur le même pied que les propriétés amortissables (actions financières, etc.); mais, par contre, il conduirait tout droit à une révolution, si tous les propriétaires fonciers, dans 99 ans, s'entendaient pour renier la signature de leurs ancêtres et refuser de livrer leurs terres à l'État, puisque, pour tous, l'échéance arriverait en même temps.

Si l'on se contente de recourir à une modification des lois successorales, et à l'abolition du droit de

1. *Loc. cit.*

succession en ligne collatérale, il faudra également interdire les donations entre vifs et exercer une surveillance active, pour empêcher les propriétaires de disposer de leurs biens, comme ils l'entendront. Et cette surveillance sera non seulement difficile, mais odieuse.

Mais supposons l'opération réalisée. L'État a acheté la terre, à charge de payer aux propriétaires une annuité égale au revenu de leur propriété. Le prix de location que l'État retire de la terre contrebalancerait-il le poids de la dette qu'il aurait assumée? Il est fort probable que non, à l'origine du moins, et que l'avantage de l'opération serait long à se manifester. Il faudrait, pour cela, attendre le renouvellement des baux qui pourraient être repris, dans des conditions plus favorables qu'au début, et la hausse de la valeur de la terre. Mais aussi, que de soucis et de déboires l'État n'aurait-il pas à supporter? Comment s'y serait-il pris pour faire rentrer les loyers des fermiers négligents? Quelle armée de fonctionnaires et d'inspecteurs n'aura-t-il pas dû créer et entretenir? Et le jour, où les excédents feront suite aux déficits — si ce jour vient à luire, — de quelle sollicitation l'État ne serait-il pas l'objet, pour la réduction du taux des fermages, surtout si de mauvaises années se présentent, si la grêle ou le phylloxéra ruinent des contrées entières? « Quel sera le gouvernement assez énergique, remarque M. Gide, pour s'y opposer? S'il le fait, il deviendra plus impopulaire et plus exécré que les *landlords* irlandais n'ont pu l'être par leurs tenanciers. Mais il ne le pourra pas ; car, en Irlande, les *landlords* sont les maîtres, et les tenanciers sont les sujets ; tandis que, dans les sociétés démocratiques de l'avenir, ce sont les masses qui commanderont et c'est le gouvernement qui obéira. Au point de vue financier, l'opération est faite pour mener un pays à la banqueroute par le plus court chemin. *Et pour quel résultat?* Pour que chacun reprenne comme concessionnaire ce qu'il possédait naguère à titre de propriétaire. Il est vrai qu'au lieu de verser chez le percepteur une somme quelconque, sous le nom d'impôt, il en paierait une plus considérable, sous le nom de fermage ou de rente ; mais, par contre, il aurait à toucher chez ce même percepteur une rente vraisemblablement supérieure à celle qu'il aurait payée : il s'en consolerait donc et trouverait que le collectivisme a du bon. »

La théorie de M. Jaurès.

Avec M. Jaurès, entrons immédiatement dans le vif de la question et nous apprendrons comment sera régie l'exploitation agricole... après la révolution sociale.

Il existe aujourd'hui dans l'économie rurale de la France quatre modes essentiels d'exploitation :

1° *La petite propriété paysanne,* c'est-à-dire le domaine possédé par le paysan, qui le cultive avec sa famille, quelquefois avec le secours intermittent d'un valet ou d'un journalier.

2° *Le domaine exploité par métayage ou colonat,* sorte d'association en commandite, dans laquelle le propriétaire apporte le capital foncier; le métayer ou le colon, son travail; et tous les deux se partagent, généralement par moitié, les fruits de la terre fécondée par le travail de l'un deux.

3° *Le domaine affermé* (surtout dans le Centre et dans le Nord).

4° *Le grand domaine exploité directement, au moyen de salariés,* qui sont tantôt des maîtres-valets engagés et appointés à l'année, tantôt des salariés engagés pour une saison, tantôt des ouvriers entreprenant à forfait une tâche déterminée, tantôt des ouvriers travaillant strictement à la journée.

M. Jaurès demande que, par l'intermédiaire de la nation, qui abolira la *propriété oisive,* les travailleurs ruraux de toute catégorie (paysans-propriétaires, métayers, fermiers, ouvriers agricoles) soient appelés à la propriété de la terre. — Il veut rendre effective et réelle la propriété du petit paysan, qui n'est aujourd'hui qu'apparente et illusoire. — L'État collectiviste supprimera l'impôt foncier, assurera les dettes hypothécaires et permettra au paysan de s'acquitter — vis-à-vis de lui État — par le simple remboursement du capital; en plusieurs annuités et sans intérêt.

Il n'est pas un paysan qui ne demande à emprunter à d'aussi faciles conditions, d'autant plus que l'État collectiviste sera bon prince et ne poursuivra pas ses sujets pour la bonne raison qu'il devrait les poursuivre tous, et que cela ferait mauvais effet dans les campagnes, où le paysan préfère un Empereur avec « de bonnes foires » qu'une République, fût-elle sociale, lorsque les affaires périclitent. — L'État remboursera les dettes hypothécaires, et Dieu sait si l'on en présentera des dettes hypothécaires et factices! mais qu'importe! l'État est riche; il n'a rien, il est vrai, dans sa caisse; mais il y renferme le superbe optimisme de M. Jaurès.

Mais le bonheur du paysan ne s'arrête pas là! La Nation, représentée par la Commune, lui prêtera *presque* gratuitement (ce *presque* ne pourrait-il pas être supprimé?) les machines agricoles; la Commune ne leur demandera que d'amortir l'usure de la machine. — Avec quel argent la Commune achètera-t-elle ces machines coûteuses? Il serait peut-être indiscret de le demander. — En retour de ces avantages incontestables — et de bien d'autres que M. Jaurès n'a pas pris le temps d'énumérer — la Nation ne demandera au paysan qu'une seule chose : c'est, lorsqu'il emploie, par hasard et de loin en loin, quelque ouvrier salarié, qu'il lui paye le salaire intégral déterminé par la Nation et égal à ce que produit, en moyenne, par journée, un cultivateur travaillant une terre qui est à lui. — Et ainsi, conclut triomphalement M. Jaurès, le salarié n'est plus un salarié; il devient, dans la mesure du travail qui lui est demandé, un co-propriétaire!

Pourquoi et comment?

Parce qu'il est payé plus cher qu'auparavant, d'une façon plus rationnelle, plus exacte et plus légitime. Quelle plaisanterie! N'est-il pas toujours le salarié, qu'on est libre d'employer ou de ne pas employer, et qui acceptera de travailler à un salaire plus bas que le salaire *fixé par la Nation*, s'il ne trouve pas à s'occuper à ce prix? — Et qui punira-t-on, si propriétaire et *co-propriétaire* (?) s'entendent un jour pour faire fi de la volonté nationale? Ce sera peut-être le salarié, qui aura proposé au propriétaire de l'employer à salaire réduit, et ce sera lui le coupable, l'instigateur du crime, le violateur des lois de la Nation. Tout ceci a un léger relent de 1793, et l'on sait avec quelle ivresse, gens de la bourgeoisie et gens du peuple secouèrent alors les lourdes chaînes dont les sectaires avaient essayé d'entraver la liberté de chacun.

Le fermier ne paiera plus à son nouveau propriétaire, *qui sera la Nation,* que la moitié de ses redevances. Le métayer ne donnera plus que le quart de sa récolte.

Enfin, pour les domaines qui étaient jusqu'ici exploités directement, au moyen de journaliers ou de maîtres-valets, la Nation en confiera l'exploitation au *Syndicat des travailleurs agricoles de la Commune.* Celui-ci déléguera, pour chaque domaine, un groupe, une section de travailleurs. Ce groupe sera tenu, au bout de l'année, à une redevance calculée de façon à laisser à chaque travailleur un *salaire supérieur à celui qu'il touchait auparavant.* La Nation se contentera donc de la moitié de la rente que rapportait le domaine au propriétaire précédent. Mais celui-ci, que sera-t-il lui-même devenu?.....

.*.

Et c'est ainsi que sera établie, d'après **M.** Jaurès, la première période *préparatoire et transitoire* du collectivisme agricole, celle qui lui permettra d'inaugurer un nouveau régime rural, en utilisant tout d'abord les cadres du travail actuel.

Cette période sera d'ailleurs de courte durée. Le métayage et le fermage auront bientôt disparu; car,

si le domaine est petit, le métayer ou le fermier suffit à le cultiver avec sa famille et paie facilement
la faible redevance qu'il doit à la Nation ; si le domaine est grand, le métayer et le fermier, forcés
d'employer beaucoup d'ouvriers agricoles et de leur
donner des salaires, qui en font en réalité des co-propriétaires, ne seront plus que des chefs de groupes agricoles.

Ainsi, on aboutira rapidement à deux types de culture et d'exploitation :

L'exploitation familiale dans les petits domaines ;

L'exploitation syndicale dans les grands domaines.

*
* *

Lorsqu'il s'agit de déterminer dans quelles conditions se fera l'appropriation collectiviste, M. Jaurès
oublie sa prolixité habituelle, et il escamote les difficultés, en les passant habilement sous silence. —
Une seule phrase nous indique quelle est sa pensée
intime :

« Un jour viendra, dit notre Prophète, où il suffira de compléter, par les dernières et décisives mesures, l'organisation commencée. *Les détenteurs du
capital de production auront tout intérêt, eux-mêmes, à convertir leur privilège* de moins en moins
productif et de moins en moins aisé, *en leur juste
part des droits nouveaux*, que l'ordre socialiste assurera à tous les citoyens. — Au besoin même, un
arrangement amiable pourra leur offrir des avantages
viagers, qui, pour eux, ménageront la transition [1].

« *Et ainsi*, conclut le doux optimiste, la Révolu-

---

1. Il n'y aurait pas à ménager de transition puisque l'état futur serait préférable à la situation présente.

tion la plus profonde qu'aient vue les hommes, se fera sans violence matérielle et même sans violence morale. »

La similitude entre propriétaire et salariés ne saurait, comme le désire M. Jaurès, provenir d'une équivalence de salaires, alors même que cette équivalence pourrait être établie et qu'il fût possible d'assurer à des salariés la permanence du travail. — Le prix de la journée d'un paysan est extrêmement difficile à établir, il varie par année, par saison, par jour. Tel travail, fait hier, aurait pu être très productif; aujourd'hui, il sera nul. — Qu'un vigneron passe sa journée à sulfater une vigne; une averse vient, qui réduit son travail à néant. — Le salarié ne sera donc pas payé pour ce travail inutile? Et pourquoi le serait-il, puisque le propriétaire ne l'est pas et que son travail égale zéro? Et les jours de pluie, où les travaux des champs sont rendus impossibles, que fera le salarié?... Un petit propriétaire ne gagne pour ainsi dire rien, et il y a des années de mauvaise récolte, où il ne gagne rien absolument, et où il se contente de « vivre sur sa terre », c'est-à-dire des produits de sa basse-cour, de son jardin et de son champ. — Il élève des volailles qui se nourrissent de graines des champs et de détritus de fumier, des pigeons qui vivent de maraude; mais il serait impossible à un professeur de sciences exactes de déterminer le *revient* de la journée de travail de ce petit paysan, qui, à défaut de vie large et confortable, jouit de la plus complète indépendance. C'est son principal bien, pourrait-il dire, et il n'est pas disposé à l'abandonner aux Jules Guesde et aux Jaurès de demain.

Si cette détermination de la valeur de la journée de travail est difficile à faire pour un algébriste, que vient donc faire en pareille matière un philosophe? Indiquer ce que *pourrait* être une société bâtie sur ses concepts philosophiques? Il ne réussira pas à échafauder une société humaine, qui doit reposer sur des bases matérielles, et non sur des subtilités de *songe-creux*.

Le salarié ne pourra jamais avoir l'indépendance du propriétaire, ni la certitude du lendemain. — Les jours où il n'est pas employé, il cesse, d'après la théorie de M. Jaurès, d'être propriétaire. C'est un propriétaire intermittent. Peut-il forcer les propriétaires réels à l'employer tous les jours? Non, et son indépendance est nulle et aussi son titre de co-propriété. Ne sera-t-il pas, dès lors, forcé d'accepter des journées au rabais; ce qui prouve que le salaire ne dépend pas des estimations fantaisistes de M. Jaurès, mais *des demandes de travail.*

.*.

La conquête du paysan par le collectivisme ne semble d'ailleurs pas chose aisée.

Et M. Turot avait raison, dans la *Petite République* du 7 novembre 1893, de conseiller à ses coreligionnaires de ne pas trop hâter la divulgation du programme collectiviste agraire.

« Les opportunistes et les réactionnaires, disait-il alors, seraient heureux de trouver, dans *un exposé trop précis de nos doctrines,* des armes pour nous combattre! »

Au Congrès de Breslau, en 1895, le Docteur Kautszky préconisait une tactique plus mâle :

« Quelles classes devons-nous protéger à la campagne? disait-il. — Les journaliers, les domestiques, *non le petit paysan, qui est le plus ferme appui de la propriété*. Nous ne les gagnerons pas, ces petits propriétaires. Nous ne les sauverons pas de la ruine. Nous devons leur dire : « Votre situation est désespérée. » — Ne craignons pas de proclamer des vérités désagréables, au risque de nous aliéner des sympathies. »

— « On ne peut pourtant pas, disait à son tour le Docteur Schiepel, favoriser des mesures réactionnaires, pour gagner les paysans. — Les compagnons éprouvés du parti ne se laisseront jamais entraîner par un tel manque de loyauté. J'avais le devoir d'avertir nos jeunes compagnons de ne pas se laisser entraîner à ce *charlatanisme*. Les gens dont les affaires vont mal, sont portés à s'adresser aux faiseurs de miracles; mais tâchons de ne pas laisser prendre le dessus dans notre parti à de déloyaux charlatans,... danseurs de corde... et *dresseurs de pièges à paysans! »*

Quoi qu'on fasse, il est trop évident que les paysans propriétaires se rangent dans la catégorie des propriétaires (qu'il s'agit d'exproprier) et des propriétaires les plus jaloux de leur titre.

« En Angleterre, pays de grande propriété foncière, écrivait M. Louis Bertrand, dans *l'Avenir Social* [1], on peut réclamer la nationalisation du sol, la masse de la population y ayant intérêt. — En France

____

1. *L'Avenir Social* (1896).

et en Belgique, ce serait une faute; et la nationalisation se butterait à des difficultés insurmontables..... à la grande joie des capitalistes actuels.

. . . .

« Reste la question de savoir si l'application à l'agriculture des procédés de la grande industrie est possible, où même utile, en Belgique et en France. — Nous ne le pensons pas.

« Et d'abord est-il possible de pratiquer chez nous la culture en grand, avec machines à vapeur, etc. ?

« Les faits répondent : non. — Le nombre des grandes exploitations diminue. Il y avait, en 1846, 4.383 exploitations de 50 hectares et au-dessus, en Belgique. En 1869, il y en avait 5.527, et seulement 3.403 en 1880. Depuis, ce nombre a encore diminué.

« Puis, si la chose pouvait se faire, quel problème redoutable serait celui, qui consisterait à trouver un emploi pour les 1.200.000 personnes, qui actuellement sont occupées aux travaux de l'agriculture !

« Pour cultiver le sol belge à la façon et avec les formidables mécanismes à vapeur employés aux États-Unis, 180.000 hommes suffiraient. Que deviendrait le million d'hommes occupés en plus, aujourd'hui, aux travaux des champs?

« Depuis que nous avons lu la *Conquête du Pain*, de Kropotkine, *nous nous demandons si la petite culture intensive n'est pas la meilleure et la plus productive*. Il est vrai que cela n'est possible que pour la culture maraîchère. — *La petite propriété agricole, déchargée des chancres qui la rongent, serait peut-être l'idéal et nous donnerait une population saine, intelligente, indépendante surtout, qui serait une force pour le pays.* »

Il est d'ailleurs difficile de préciser quels sont les caractères de la moyenne et de la grande propriété et de dresser les listes de ceux qui pourraient avoir intérêt à une transformation sociale.

D'après M. Baudrillart, dans son ouvrage sur *les Populations agricoles de la France*, les dénominations de grande, moyenne et petite propriété, varient, dans le langage usuel, suivant les départements, parfois même suivant les arrondissements; mais presque partout, ce terme de petite propriété est attribué à *celle qui peut nourrir en tout, en partie, ou avec un léger excédent, une famille de paysans cultivateurs.* En fait, dans la majeure partie des contrées de la France, les limites de cette petite propriété se rencontreraient aux environs de 10 hectares.

Le territoire français embrasse environ 52.857.000 hectares; mais il faut tout d'abord en distraire — ce qu'oublient de faire les collectivistes — la superficie couverte par les constructions et les cours de la propriété bâtie, ainsi que les propriétés non définies, telles que les lacs, les étangs, les canaux, les rivières, les dunes et les rivages de la mer, les routes, les chemins de fer, et aussi le domaine de l'État, des départements, des communes et des établissements publics, et enfin les vastes solitudes couvertes de rochers, qui ne sont pas susceptibles d'être boisées ou mises en culture. — Les glaciers des Alpes et des Pyrénées, par exemple, ne sauraient constituer une propriété agricole.

L'ensemble de ces déductions atteint dix millions

d'hectares. Il ne reste donc plus à répartir que 43 millions d'hectares environ qui se divisent ainsi :

Propriétés de 0 à 10 hectares.	14.706.000 hectares.
— de 10 à 100 —	19.818.000 —
— de plus de 100 —	8.393.000 —

Et si encore l'on fait abstraction des landes, bruyères, marais, tourbières, bois, la superficie du sol cultivable se trouve réduite à 33.776.000 hectares, dont la répartition est ainsi établie :

Propriétés de 0 à 10 hectares.	14.400.000 hectares.
— de 10 à 100 —	14.581.000 —
— de plus de 100 —	4.795.000 —

Les propriétés au-dessous de 10 hectares sont réparties entre plus de trois millions de propriétaires. — Quatre millions et demi de citoyens français possèdent des domaines de moins de quatre hectares. — Comment les attirer vers le collectivisme et les enrôler dans les rangs des électeurs socialistes ? Telle fut la question que se posèrent, dès le début, les propagandistes des doctrines marxistes. Mais ils s'aperçurent bien vite de la difficulté d'une conciliation entre leurs doctrines et le caractère de la propriété foncière. — Il leur semblait nécessaire que s'effectuât rapidement et automatiquement la disparition de la petite propriété ; et la petite propriété s'obstinait à ne pas disparaître.

M. Jaurès, dont aucune difficulté ne saurait déconcerter le robuste optimisme, avait fini par trouver une subtile distinction pour séparer la grande propriété de la petite propriété foncière. « Il y a, disait-il. entre elles, non seulement une différence d'étendue et de degré, mais une diversité de nature, — l'une étant une forme du capital et l'autre une forme du travail. »

Mais cette habile distinction a été réduite à sa juste valeur par un député socialiste italien, dans un ouvrage récent [1] :

« Cette thèse ne tient pas debout, dit M. Gatti; le lot du petit propriétaire n'est pas du travail, c'est un *capital*, qui lui appartient et sur lequel il emploie son travail. Cela est si vrai qu'il peut faire exploiter son bien et en retirer une rente, sans le cultiver lui-même, ou encore n'en cultiver qu'une partie et, pour le reste, avoir des salariés, et, par eux, un revenu, qui sera la plus-value de leur travail. »

Les mineurs de Carmaux, qui préfèrent — quoi qu'on ait dit de la situation pitoyable des mineurs — abandonner au métayage leur lopin de terre de la Montagne-Noire, pour venir travailler eux-mêmes à la mine, confirment, par leur exemple, l'exactitude de cette observation. Et dès lors, les socialistes français auront beau essayer d'assimiler un moyen de production à un instrument de travail, pour l'introduire *en contrebande* parmi les outils professionnels, dans le domaine du collectivisme; — leur doctrine n'en restera pas moins la condamnation de toute propriété, que ce capital soit représenté par une modeste chaumière et par un champ d'un hectare de superficie.

La vérité, c'est que la petite propriété paysanne est dans l'état de l'industrie au moyen âge. Le ma-

1. G. Gatti, *le Socialisme et l'Agriculture*, Paris, Giard et Brière.

chinisme y est rudimentaire, les parcelles de propriété rappellent le petit atelier antique. Il serait fou de vouloir collectiviser les propriétés foncières et de courber les paysans sous la dure discipline d'une usine industrielle.

S'il y a des réformes à accomplir, l'association libre leur permet de les accomplir, ainsi que le prouve si bien le remarquable ouvrage de M. de Rocquigny sur les syndicats agricoles [1]. Et nous ne sommes pas de ceux qui dénient à l'État le droit de favoriser l'industrie agricole par une protection intelligente et prudente.

« Son verre n'est pas grand, mais il boit dans son verre. disait M. R. Poincaré en parlant du paysan ; il est français, c'est-à-dire libre et fier ; il aime mieux avoir à lui, bien à lui, une parcelle ou deux, que de partager un domaine immense avec ses voisins. Son champ, fécondé par son travail, fait partie de lui-même, de sa volonté, de son cœur, de son être pensant et sensible. La terre est, suivant le mot de Michelet, « sa maîtresse ». Essayez donc de la lui arracher! »

D'ailleurs, faisait remarquer M. Deschanel, dans son discours de Carmaux :

« Il faut choisir entre la restauration de l'ancien droit, — celui où le roi ou le seigneur féodal était propriétaire souverain du sol, et où les paysans ne le détenaient qu'en vertu du bon plaisir d'une autorité supérieure, toujours libre de la lui retirer, — et le droit de propriété, tel que l'a consacré la Révolution française, c'est-à-dire le droit inaliénable de chacun sur son bien.

« Croyez-vous donc, ajoutait-il, que, parce que vous aurez transporté de la royauté absolue aux comités de la révolution sociale ce pouvoir tyrannique, vous l'aurez rendu moins redoutable? Croyez-vous donc que la France moderne accepte jamais cette intervention de l'autorité publique, — c'est-à-dire, en fait, du parti le plus fort, — dans la constitution et dans

1. A. Colin éditeur.

l'exercice de la propriété individuelle? Croyez-vous donc qu'elle laissera anéantir l'œuvre essentielle de 1789.

« Ah! quand le paysan français aura bien compris ce que vous lui voulez; quand la réalité lui apparaîtra clairement à travers toutes les subtilités et tous les artifices d'une rhétorique captieuse; quand il se rendra bien compte que, si vous lui laissez en fait sa propriété, vous voulez changer la nature de son droit et la valeur de son titre, et que désormais le fruit de son travail, au lieu de ne dépendre que de lui-même, dépendra d'une autre volonté que de la sienne; alors, essayez de sortir des phrases pour passer aux actes; derrière chaque buisson, derrière chaque haie, vous trouverez un fusil prêt à défendre le droit de propriété et l'œuvre de la Révolution française! »

La conquête du paysan.
Tactique du collectivisme agraire.

Le paysan n'aurait aucun intérêt à l'avènement du collectivisme.

En 1789, on l'a lancé sur les châteaux, on lui a prêché la guerre civile, on a fait miroiter à ses yeux les biens et les richesses dont on allait déposséder les émigrés, pour l'enrichir.

La révolution s'est faite, la bourgeoisie en a profité et le paysan a été aussi pauvre qu'auparavant. Il a perdu la jouissance des domaines communaux, les droits de vaine pâture; et les impôts ont été basés sur les revenus probables et non plus sur les revenus réels. Bon an, mal an, ils sont restés les mêmes, ou, pour mieux dire, d'année en année ils ont augmenté.

Nous ne croyons guère au succès d'une révolution collectiviste, dont les plus malheureux d'aujourd'hui seraient les premiers écœurés; mais un vent de folie peut souffler sur le monde. La première victime de cette nouvelle révolution serait le paysan, sans organisation, sans moyens de résistance, livré à un despotisme d'autant plus dur que celui qui l'exercera sera un esclave d'hier.

Que pourrait en effet gagner le paysan à ce régime, où il aliénerait sa liberté ? Y gagnerait-il d'être mieux nourri ? Mais nous espérons bien qu'il arrivera à ce résultat, par des procédés moins brutaux et plus sûrs qu'une révolution.

Y gagnerait-il d'être mieux habillé ? Mais il suffit de voir les propriétaires fonciers les plus riches se déguiser en brigands des Calabres pour piétiner dans leurs champs boueux, et on a la conviction que le paysan prise fort peu l'élégance du costume.

Enfin le collectivisme, ami des arts et distributeur de distractions populaires, va-t-il élever un théâtre dans chaque hameau, pour donner au peuple des campagnes de saines distractions ? Évidemment non; mais en revanche il y aura dans le moindre village un chef tout-puissant, comme il s'en trouve dans les tribus sauvages de l'Afrique; ce sera le plus fort et le plus redouté des habitants. Et, à tous, il distribuera le travail.

Comment s'y prennent donc les socialistes pour faire leur propagande auprès des gens qu'ils veulent dépouiller de toute propriété et réduire au plus dur esclavage ?

C'est fort simple. Ils renoncent purement et simplement à leurs doctrines officielles, ils adoptent provisoirement un langage propre à émouvoir les paysans,

sans les effrayer. Que leur importent ces contradictions, — si leurs candidats sont élus.

Ces négateurs de toute croyance deviennent les défenseurs de la religion, que pratique le paysan; ces ennemis de la propriété se transforment en admirateurs attendris de la petite, de la pauvre petite propriété paysanne.

Leur tactique serait amusante, si elle n'était dangereuse.

Des exemples bien choisis montreront mieux que des paroles, ce que nous voulons dire. Nous emprunterons ces exemples à la Belgique qui, au dire des collectivistes, est économiquement et politiquement organisée pour donner aux autres peuples le premier modèle d'une société établie d'après la conception de Marx. En parlant de la Belgique et du parti ouvrier belge, on parle donc du type que les socialistes internationaux ont choisi pour le présenter à l'admiration et à l'imitation du monde entier. Le journal *le Peuple*, duquel nos citations seront extraites, n'est pas un journal vulgaire, c'est l'organe officiel du parti socialiste belge et ses opinions font loi chez tous les collectivistes orthodoxes de langue française.

*
* *

Aux élections de 1896, il s'agissait de séduire les paysans belges, fort attachés au catholicisme. Il fallait donc prouver à ces nouveaux électeurs que le *socialisme n'est pas l'ennemi de la religion*. Voilà comment s'y prenait *le Peuple* (numéro du 14 juin).

Première Preuve. — « Depuis que le parti socialiste existe comme parti distinct, les querelles religieuses ont été *fortement atténuées* en Belgique.

« Les socialistes disent qu'il ne sert à rien de discuter là-dessus.

« La Religion, pour les socialistes, relève de la conscience de chacun.

« Ceux qui vont à l'église ont raison d'y aller, si telle est leur conviction. Il ne faut rien faire pour les violenter. Dans le parti socialiste, il y a des travailleurs qui vont à l'église et d'autres qui n'y vont pas.

Deuxième Preuve. — « Il n'y a pas un mot dans le programme socialiste, d'où l'on puisse induire que le socialisme est l'ennemi de la religion.

« Bien au contraire, et pour mettre fin aux querelles religieuses, les socialistes demandent qu'on accorde aux associations religieuses la *personnification civile qu'elles n'ont pas*, et qui leur permettra d'acquérir toutes les ressources nécessaires aux besoins du culte, sans devoir recourir encore au bon vouloir de l'État.

« Cette réforme, que réclament les socialistes, fonctionne aux États-Unis. Elle est admise en Belgique par de très hautes personnalités du monde catholique, notamment par Mᵍʳ de Harlez et M. le baron de Haulleville, rédacteur en chef du *Journal de Bruxelles*, l'organe officieux du gouvernement catholique.

Troisième Preuve. — « Ceux qui prétendent le contraire sont dans l'impossibilité absolue d'apporter *un seul fait* de nature à en faire la démonstration.

« Ils sont obligés d'aller chercher d'anciennes chansons, qui remontent à 1789, donc à plus de cent ans, comme un couplet de *la Carmagnole*.

« Mais nous pouvons citer des faits qui prouvent que le Socialisme n'est pas l'ennemi de la Religion.

« Dernièrement, mourait à Menin le gérant de la *Maison du Peuple,* socialiste.

Ce gérant socialiste était un fervent catholique. Et à Menin l'usage veut, lorsque quelqu'un décède muni des secours de l'Église, que sa maison reçoive une décoration spéciale : tentures et cierges à la porte. Puis le prêtre solennellement vient devant la porte placer *la croix,* qui reste là jusqu'au moment de la levée du corps.

« Le gérant de la coopérative socialiste était donc mort et s'était fait administrer les secours de la religion.

« Le parti socialiste a respecté ses croyances.

« Et, ce jour-là, tout le monde put voir la *Maison du Peuple* de Menin recevoir la décoration spéciale indiquée ci-dessus, et *le clergé vint y apposer la croix.*

« Si le parti socialiste n'était pas le parti tolérant qu'il est, s'il était l'ennemi de la religion, est-ce ainsi qu'il aurait agi? »

Le 21 juin, *le Peuple* revient encore sur la question religieuse :

« Le parti ouvrier, dit-il, déclare qu'il se considère comme le représentant, non seulement de la classe ouvrière, mais de tous les opprimés, sans distinction de nationalité, de race, de sexe, OU DE CULTE.

« Qui protégeait à la Chambre l'abbé Daens contre les injures des conservateurs? Était-ce la gauche socialiste qui l'injuriait? C'était M. Woeste, M. Woeste né juif, passé au protestantisme, finalement devenu catholique. »

« Le Christ a dit : Paix sur la terre aux hommes de bonne volonté! Nous sommes ces hommes de bonne volonté, qui croient qu'avant de se diviser sur les questions du ciel on peut tâcher de s'entendre sur celles de la terre, et que le paradis de l'autre monde n'a jamais empêché qu'on puisse travailler à rendre le monde d'ici-bas un peu plus juste et un peu plus fraternel. »

*
*   *

Telles sont les déclarations qui conviennent aux temps d'élection, lorsqu'il faut gagner le suffrage d'électeurs peu fortunés, désireux, à juste titre, d'améliorer leur situation matérielle, mais foncièrement attachés à leur foi religieuse. Au contraire, lorsqu'il ne s'agit plus de nécessités électorales, les discours changent, et la doctrine s'étale dans toute sa sincérité.

Dans le même journal, les mêmes hommes écrivent alors :

« Oui, il faut le répéter, c'est un des grands devoirs du socialisme et de tous les hommes de progrès d'anéantir cette pieuvre séculaire, le christianisme. dont les avatars successifs ont été si funestes à l'humanité » (*Peuple* du 7 août 1891).

« Nous sommes, disait encore *le Peuple* du 28 juin 1892, de ceux qui croient qu'entre l'idéal socialiste et l'idéal chrétien, l'antagonisme est irréductible. »

Autres temps, autres discours.

*
*   *

A l'égard des autres préceptes du dogme collectiviste, on suit la même tactique électorale d'atténuation et de dissimulation. Ainsi au moment des mêmes élections belges de 1896, il fallut prouver que *le socialisme n'est pas l'ennemi de la propriété.*

« Un jour, l'un des nôtres, dit *le Peuple* du 11 juin, Georges Grimard, alla surprendre inopinément à Vonèche M. Georges Cousot, le chef du parti catholique dinantais, qui y donnait une conférence, sous les auspices du curé de Vonèche.

« Georges Grimard reprocha à M. Cousot le langage de ses amis, qui représentent toujours les socialistes, comme voulant partager les biens.

« M. Cousot répondit : « Je n'ai jamais prétendu « que les socialistes voulaient le partage des biens, « car ce n'est pas la vérité. »

Quel sophisme! Non, les socialistes ne veulent pas le partage des biens, puisqu'ils en veulent l'expropriation.

Le programme du parti socialiste belge débute, en effet, par ces articles :

1° Expropriation de la propriété foncière et confiscation de la rente foncière, au profit de l'État;

2° Impôt fortement progressif;

3° Abolition de l'héritage.

Et ce programme est confirmé par les déclarations de M. Smeets, qui disait, le 19 novembre 1893, au conseil provincial de Liège : « La propriété doit disparaître... sans indemnité »; et de M. Anseele, qui s'écriait au congrès socialiste de Bruxelles : « Personne dans la société socialiste ne pourra posséder. »

Ainsi, la première preuve que le socialisme n'est pas ennemi de la propriété individuelle est assez convaincante. Il ne veut pas la partager, mais il veut la détruire!

.*.

Mais *le Peuple* entend réduire à néant toutes les calomnies dont on se sert contre le parti socialiste. « *On prétend qu'il veut détruire la famille?* » — Allons donc !

Le socialisme ne veut pas détruire la famille.

« De tous les mensonges dont nous sommes victimes, dit *le Peuple de Bruxelles* du 11 juin 1896, celui-ci est peut-être celui qui nous va le plus au cœur.

« Savoir que le parti ouvrier se compose jusqu'à présent en très grande majorité d'ouvriers, de travailleurs ;

« Connaître toutes les privations que les ouvriers sont obligés de s'imposer ;

« Ne pas ignorer avec quelle patience cette classe ouvrière belge a tout enduré ;

« Savoir que presque tous nos travailleurs sont mariés, pères de famille, et — peut-on ajouter pour la majorité — bons pères et bons époux, et venir après cela leur jeter à la tête qu'ils sont les ennemis de la famille ! C'est! leur faire une injure sanglante [1] que les travailleurs relèveront bientôt avec fierté.

« PREMIÈRE PREUVE. — « Qui donc prétend le contraire, camarades ?

---

1. C'est mettre à la place de la doctrine socialiste la pratique des ouvriers, qui n'a que faire dans la question ! Ce ne sont pas les ouvriers qui sont ennemis de la famille, mais la doctrine socialiste elle-même.

« D'abord des hommes qui ont fait vœu de ne jamais se marier, et qui par conséquent se dispensent de toutes les charges et des nombreuses préoccupations de la famille [1].

« Dans la classe ouvrière, presque tout le monde se marie. Le contraire forme l'exception.

« Quels sont les ennemis de la famille? — Ceux qui se marient pour en avoir une, et nombreuse souvent, ou ceux qui ont JURÉ de ne jamais se marier?

DEUXIÈME PREUVE. — « Comment se marie-t-on dans la classe ouvrière?

« Un jeune homme et une jeune fille se rencontrent. Ils s'aiment. Ils travaillent tous deux. Ils mettront en commun leurs petits salaires et tâcheront de vivre au mieux; ils se marient. Ah! ils n'auront pas beaucoup d'argent... mais ils ne s'aimeront que mieux.

« Comment se marie-t-on dans la noblesse?

« Les jeunes gens à marier ne se sont pas encore vus! Déjà le mariage est décidé. Les parents ont arrangé l'affaire. La fiancée a une grosse dot, et le fiancé un beau nom, qui lui permettra de manger dignement l'argent de sa femme.

« Ou bien il faut que le mariage se fasse, car il faut réunir telle grande propriété à telle autre, et les héritiers n'en seront que plus puissants.

« Bref, l'affaire est conclue. Puis les jeunes gens se voient, ils se plaisent ou non. Ils se marient...! Mariage de raison! disent alors les parents,

« *Union de deux bourses* et non *de deux cœurs!* répondrons-nous.

---

1. N'oublions pas qu'il faut prouver que le socialisme n'est pas l'ennemi de la famille. Parce que les prêtres ne se marient pas et que les ouvriers se marient, cela prouve-t-il quelque chose en ce sens?

« Que deviendront ces deux mariages? Le couple ouvrier verra se resserrer les liens de la famille. Le couple noble les verra se dénouer.

« Est-ce le socialisme ou la noblesse qui détruit le mariage?

TROISIÈME PREUVE. — « Comment vivent deux ménages, l'un de travailleur, l'autre de grand et riche propriétaire ?

« *Ménage de travailleur :* L'homme travaille autant qu'il peut. Il gagne honnêtement sa vie. Il est époux fidèle. Il élève bien ses enfants.

« La femme est bonne ménagère et économe.

« *Ménage de riche :* L'homme ne travaille pas. Il court les fêtes, les courses, les salles de jeux; il aime tellement la famille qu'il a deux ou trois *unions illégitimes!* Il faut bien passer le temps !

« La femme ne s'occupe pas de son ménage, elle s'en rapporte à ses gens de service. Les enfants sont élevés en pension !

« Où sont les destructeurs de la famille?

QUATRIÈME PREUVE. — « Dans les localités industrielles, hommes et femmes ouvriers sont obligés de gagner chacun leur journée pour vivre.

« Quand l'un des époux a fini l'ouvrage et rentre à la maison, l'autre en sort et se rend au charbonnage ou à l'atelier.

« Les époux se croisent en route, c'est tout, il en est tous les jours ainsi !

« Qui a créé cette odieuse situation qui détruit la famille? *Le régime capitaliste.*

« Qui veut lui en substituer un autre meilleur, augmentant le salaire de l'ouvrier, pour que la femme puisse rester chez elle, à son ménage ? *Le socialisme.*

Cinquième Preuve. — « Nos adversaires disent que nous voulons supprimer le mariage. Les hommes et les femmes, écrivent-ils, seront unis en régime socialiste « à la manière des animaux »; les enfants seront enlevés et confiés à l'État.

« Ce sont là *d'odieuses calomnies qu'ils ont inventées pour que les femmes soient contre nous.* »

« Nous les mettons encore au défi de dire où cela se trouve dans le programme socialiste.

« Au contraire, nous voulons que *la recherche de la paternité soit permise.* »

Si ces preuves ne sont guère convaincantes, car elles semblent reposer sur l'illogisme le plus absolu, les preuves que le socialisme est l'ennemi de la famille sont autrement puissantes, car elles sont fournies par les socialistes les plus autorisés et les théologiens les plus savants de cette moderne religion.

« Si, disait *l'Almanach de la question sociale de 1894*, le mariage est une institution fausse dans son principe et à peu près impossible à respecter, *il faut le supprimer.* »

« L'idéal socialiste, disait encore Jules Guesde, est de réduire la famille à la mère et à l'enfant. » Et encore : « L'enfant ne sera laissé à sa mère que pendant la période de l'allaitement. » — Plus tard, « des fonctionnaires, disait le *Vooruit* du 6 juin 1891, se chargeront de former les enfants. La Société ne peut pas tolérer qu'un enfant soit *élevé en particulier* ».

.˙.

Ainsi ce n'est que masqué, transformé, dénaturé,

que le Socialisme ose se présenter aux électeurs et aux paysans. Il emploie pour leur plaire les sophismes les plus grossiers.

Sa critique de la société actuelle, bien qu'exagérée, est souvent vraie. Mais, cette société, nous en critiquons tous les défauts.

Nous trouvons que la belle ordonnance de la nature doit se retrouver dans l'ordre économique et social. La condition de l'ouvrier doit se modifier avec les conditions du travail. Ce n'est pas le régime de la collectivité que nous souhaitons, mais le régime de la solidarité, du secours mutuel et de la prévoyance.

Sans rêver une société chimérique, nous désirons l'amélioration d'une société qui a été transformée dans ses bases profondes, et dont la trop brusque transformation a bouleversé la situation économique du travailleur. Il n'est pas nécessaire de la détruire, mais de modifier certaines de ses conditions. Lorsqu'on veut embellir un édifice, on ne commence point par le jeter à bas, on se sert de tout ce qui est utilisable. Il n'est nul besoin de faire de nouvelles fondations, ni de démolir des murs encore sains, et dont on peut tirer parti.

CHAPITRE II

LA THÉORIE DES SERVICES PUBLICS

Les services publics.

Une certaine catégorie de socialistes, peu nombreux d'ailleurs, opposent à la doctrine collectiviste la théorie des services publics.

Qu'entend-on par service public?

Le Docteur César de Paepe estime que ce serait aller trop loin de comprendre, sous cette rubrique, les services utiles, ou même absolument indispensables, et dont la société ne saurait se passer sans inconvénient. Dans ce cas, il faudrait avant tout considérer comme service public la production de tous ces objets de première nécessité : l'agriculture, la boulangerie, la boucherie, la construction des habitations. Ce qui fait que telle chose, plutôt que telle autre, doit être considérée tout d'abord comme service public, *c'est — en plus du caractère d'utilité générale — un autre caractère qui varie suivant les cas particuliers.* Ainsi telle entreprise ne se ferait pas, si on l'attendait de l'initiative privée; ou bien elle serait détournée de sa destination véritable; ou elle constituerait un dangereux monopole, ou enfin elle exigerait une si puissante armée de travailleurs, que, laissée à l'initiative privée, elle constituerait une *féodalité industrielle*.

Le service public doit être, à la fois, public par son sujet et par son objet. Il réclame, pour être exécuté, le concours direct ou indirect de tous, il est effectué pour l'utilité de tous.

Nous pouvons prendre, comme exemple, le service de la sécurité qui comprend les trois grandes divisions de la législation, de la justice et de la police, c'est-à-dire de la confection des lois, de leur application et de leur sanction. — Ce service a évidemment pour but de protéger la masse des citoyens contre la violence ou la fraude et d'assurer l'exécution des contrats. — Nous pouvons encore prendre comme exemples le service de l'étalon et du contrôle des poids et mesures et celui du monnayage, le service de l'état civil, le service de l'assistance publique, le service de l'enseignement, le service de l'hygiène; ensuite les travaux publics, les services publics maritimes, ayant pour objet l'amélioration des ports, les services des phares et des bouées; et encore les postes et les télégraphes, le service des eaux et des égouts des villes, l'éclairage des cités, le service des finances, chargé de la gestion des deniers publics, le service des hôpitaux, le service médical gratuit.

.
. .

Par qui doivent être organisés tous ces services?

Ici, comme ailleurs, nous trouvons les partisans de *l'absolu* et du *relatif*. A l'État, tous les services publics, disent les uns. Et les autres répondent : A l'État le moins possible : la police et la justice, le service des routes, les postes… et que l'initiative individuelle se charge du reste!

Est-il en effet nécessaire de faire remarquer qu'une foule de services publics ne seraient pas exécutés, si les frais n'en étaient point payés par le public, c'est-à-dire par l'État? Quelle est la société par exemple qui entreprendrait gratuitement d'entretenir les routes ou de construire des phares pour la sécurité de la navigation? Quel intérêt une société financière aurait-elle à se charger de ce soin onéreux? Comme il n'est pas possible d'exiger que les navires qui se trouvent en pleine mer et qui profitent de la lumière d'un phare pour se guider, soient obligés de payer pour s'en servir, aucune Société n'élèvera des phares par intérêt particulier.

De même, si l'État ne s'en chargeait pas, la distribution des lettres et des journaux pourrait-elle se faire dans des localités presque désertes, où le personnel coûte plus cher que la recette ne peut rapporter?

Oppose-t-on à la gestion de l'État la gestion plus économique des sociétés? « Il est un grand nombre de cas, dit Stuart Mill, dans lesquels les particuliers ne peuvent gérer les intérêts que par des délégués, et dans lesquels l'administration, dite particulière, ne mérite guère plus le nom d'administration par la personne intéressée, que si elle était remise à un fonctionnaire public. — Tout ce qui, abandonné à la liberté, ne peut être fait que par des sociétés commerciales, serait souvent aussi bien fait, et quelquefois mieux même sous le rapport du travail, si l'État lui-même l'exécutait. Le défaut de soin et l'incapacité de la gestion de l'État sont passés en proverbe; mais l'administration des grandes compagnies de commerce a présenté le même caractère. Il est vrai que les directeurs d'une compagnie sont toujours actionnaires; mais les membres du gouvernement sont aussi contribuables, et, lorsqu'il s'agit des directeurs aussi bien que lorsqu'il s'agit des membres du gouvernement, leur part dans les bénéfices d'une bonne gestion n'est pas égale à l'intérêt qu'ils peuvent avoir à mal gérer, sans parler de l'intérêt de leur tranquillité.

« On peut objecter que les actionnaires assemblés exercent un certain contrôle sur les directeurs et ont presque toujours le droit absolu de les destituer. Toutefois, dans la pratique, la difficulté d'exercer ce droit est si grande, qu'on ne saurait guère en user que dans les cas où la mauvaise gestion, ou du moins la gestion sans succès, est si flagrante que des directeurs, nommés par le gouvernement, seraient également destitués. En regard de la garantie que présentent les assemblées d'actionnaires, leurs inspections et leurs recherches, on peut placer la publicité plus grande qui éclaire dans un pays libre les affaires auxquelles l'État prend part [1]. »

Voici comment M. Brousse établit la genèse et la progression des services publics :

« *L'industrie du transport.* — Cette industrie se constitua d'abord en métier. C'était le colportage. Mais on ne tarda pas à débarrasser le colporteur de son fardeau, pour en charger la bête de somme. Le trans-

---

1. John Stuart Mill, *Principes d'Économie politique*, traduction de MM. Dussard et Courcelle-Seneuil, tome II, p. 535.

port à dos d'animal séparait le conducteur, l'homme, du porteur et du moteur, encore confondus dans l'animal. Bientôt le véhicule isola aussi le moteur du porteur. Dans le roulage, le moteur conduisit, le cheval mut, le véhicule porta. L'industrie ensuite, en se spécialisant et se développant, amena les messageries, les maîtres de poste, et le monopole avec eux. — Lorsque l'industrie du transport fit un pas de plus dans la voie du progrès, lorsque la vapeur et la mécanique, réduisant le roulage au camionnage, le colportage au factage, remplaça les files de charrettes par des files de wagons, l'animal par la locomotive ; l'État, averti par la coalition jadis conclue par les messageries, entra plus résolument dans la voie interventionniste quand il donna les chemins de fer en concession aux Compagnies, il réserva le retour à la propriété publique. »

Ce retour à la propriété publique aura pour premier effet de faire payer les transports à prix de revient, puis de faire le service gratuitement ; ce qui équivaut à la collectivisation des chemins de fer.

De même pour la Poste. — Ce service fut d'abord payé proportionnellement au nombre des lettres envoyées et à la distance parcourue. Puis les zones intérieures disparurent, et maintenant, « pour le même timbre, c'est-à-dire pour le même prix, une lettre traverse le boulevard ou la France, au choix de l'expéditeur » ; — que l'usage de la Poste se généralise, et le contrôle, coûtant plus cher qu'il ne sert, sera supprimé.

Alors le transport des lettres, comme le parcours sur les routes, et dans les rues, comme l'éclairage public, comme l'instruction, sera un service gratuit. Et quand on aura tous les services gratuits, ce sera le communisme.

Mais est-ce de la Poste qu'il faut en premier lieu s'occuper? Qu'importe à l'ouvrier d'aujourd'hui que le port des lettres soit gratuit, s'il n'en écrit pas une tous les mois? — Non, il est d'autres questions plus urgentes, d'autres besoins plus impérieux à satisfaire : la faim. — Le pain est le premier élément nécessaire à l'ouvrier, et M. Brousse veut, tout d'abord, organiser des boulangeries municipales, fournissant le pain gratuit aux malheureux d'abord, à tous ensuite.

Pour aboutir au communisme, la révolution n'est donc pas nécessaire. La « collectivisation » se fait d'elle-même. Et, pour nous le prouver, M. Brousse nous cite l'exemple de la maison de peinture Leclaire. M. Leclaire avait associé ses ouvriers aux bénéfices de sa maison; puis, peu à peu, le contrôle leur fut accordé, et aujourd'hui les patrons sont nommés à vie par les ouvriers co-propriétaires de la maison.

Est-ce que les ouvriers qui possèdent une seule action de banque ou une action de chemins de fer, ne pourront pas obtenir, eux aussi, le contrôle et le droit de prendre part aux décisions des assemblées d'actionnaires? — Ce jour-là, un grand pas sera fait dans la voie collectiviste... *Chacun finira par avoir une portion de propriété et une part d'influence sur la direction des affaires.*

Est-ce que la commune ne pourrait pas également organiser *un service public de vente et d'examen de semailles, de prêt de machines?* Tout cela serait d'abord fourni à prix de revient; puis, peu à peu, nous arriverions au service gratuit. De même qu'aujourd'hui la commune donne gratuitement passage sur les chemins qu'elle a percés, et entrée dans les monuments publics qu'elle a élevés; de même alors, elle prêterait ses machines et fournirait aux cultivateurs semences et plants de vignes.

Bref, la doctrine broussiste n'est pas de s'inquiéter « s'il est *fraternitaire* et s'il est *légitime* que la propriété communiste soit, mais si *en fait* elle vient. Non plus s'il faut exproprier la bourgeoisie et socialiser le capital, mais si, par le train même des choses, cette transformation s'opère. Pas davantage si le premier acte de cette socialisation doit porter sur la propriété du sol, ou si, comme l'a décidé M. Jules Guesde, on *procédera en trois temps et trois mouvements; mais comment, sous la domination même de la bourgeoisie, la société transforme son mode de propriété dans la commune et dans l'État, crée petit à petit la propriété publique et sous quel nom elle l'institue.* »

⁙

La *théorie des services publics* a violemment été attaquée par M. Jules Guesde.

« Fondée sur l'antagonisme des classes, dit-il, sur la subordination économique et politique d'une majorité de non-propriétaires à une minorité de possédants, la Société actuelle ne laisse place à aucun service véritablement public, c'est-à-dire profitable également à tous. Publics par les frais qu'ils entraînent et qui « portent sur tous — le plus souvent en raison inverse des ressources de chacun, — ces services sont tout ce qu'il y a de plus privés, ne servant en réalité qu'à la classe privilégiée ou capitaliste. Témoin l'instruction, dite publique, qui coûte annuellement aux contribuables de toutes classes cent et quelques millions, et, sous la forme Lycées, Faculté (de médecine et de droit), Écoles supérieures (normale, polytechnique, des Chartes, etc..), n'est accessible qu'aux fils de la bourgeoisie. Témoin encore le service militaire, qui, sous prétexte de défense nationale ou collective, imposé à toute la nation, sans distinction de non-propriétaires et de propriétaires, n'aboutit qu'à une armée défensive de la propriété de quelques-uns. Témoin enfin et surtout la Dette publique, qui fait servir par ceux qui ne possèdent pas — au taux de cent vingt francs par famille et par an — une *liste civile* de plus d'un milliard à ceux qui possèdent.

Si le communisme fait mieux que « devoir être », s'il « vient », c'est avec la lettre qui « pour le même timbre, c'est-à-dire pour le même prix, traverse le boulevard ou la France, au gré de l'expéditeur ». — Rétablissez « les zones postales intérieures, à la suppression desquelles M. Émile de Girardin prit une si grande part », et c'en est fait du communisme!

Le socialisme scientifique sort exclusivement — et tout chaud — du *crapulos* avec lequel l'État, fabricant et vendeur, empoisonne — en France — le peuple des fumeurs. Plus de *crapulos* d'État, plus de socialisme.

D'après les partisans de la théorie des services publics, continue M. Jules Guesde, ironique, c'est « la nature même des choses », c'est-à-dire du sel — sur lequel on marchait littéralement dans certaines parties de la France — qui a amené dès le xive siècle « la formation du service public » des gabelles.

Et si ce service public — mais tout ce qu'il y a de moins gratuit, puisqu'il a coûté jusqu'à 54 millions par an aux contribuables — s'est « désagrégé » en 1789, s'il a « reparu entreprise particulière », c'est que depuis la Révolution, « le besoin » de sel avait disparu.

C'est parce que le *tabac*, qui à peine importé d'Amérique s'appelait encore *petun*, avait atteint, en 1674, l'avant-dernier terme de son développement « que l'État intervenait » sous Colbert, et « affermait le privilège exclusif de sa fabrication et de sa vente ». Si, de 1791 à 1811, de service public, il est redevenu « entreprise particulière », c'est que « le besoin » de fumer et de priser avait « disparu » pendant ces vingt années. Et si, depuis 1811, l'industrie du tabac a été de nouveau « absorbée par l'État », c'est que « la concurrence » déchaînée « avait entraîné l'association mère du monopole » et que « le monopole a dû être résolu en service public » de la régie.

De même pour le café, qui a été mis en régie, « incorporé par l'État » sous Louis XIV, parce que les quelques kilogrammes que pouvait en consommer la France d'alors constituaient un développement tel qu'il n'y avait plus place que pour « le service public », pendant que, s'il est rentré aujourd'hui dans l'industrie privée, c'est que « le besoin » de café a disparu — ainsi qu'il résulte des milliers de quintaux absorbés chaque année par la seule population de Paris.

De même pour les chemins de fer, qui étaient nés « monopole » en Belgique, puisque avant leur construction, lorsqu'ils n'existaient que sur le papier, ou dans le fer, la houille et le bois destinés à leur établissement, ils étaient « résolus par l'État » belge en « service public ».

Tandis que si, aux États-Unis, les voies ferrées sont des « entreprises particulières » au même titre que le poivre et la moutarde, c'est que malgré leurs 194.247 kilomètres (11.059 de plus que tous les États de l'Europe additionnés) ils ne sont pas encore suffisamment développés, — à moins pourtant que ce ne soit parce que, dans la grande République, le « besoin » de chemins de fer a « disparu ».

On voit avec quelle verve M. Guesde prenait à parti M. Brousse et ses doctrines d'évolution lente vers une révolution improbable. — Il prouvait que, si la doctrine des services publics avait été solidement assise, on en aurait trouvé le plus grand nombre dans les pays les plus *avancés*, tandis qu'il en allait tout différemment. — L'Angleterre ignore les services publics des chemins de fer, du tabac, les États-Unis ignorent les services publics des télégraphes, des poudres et des armes de guerre; alors que toutes ces industries et bien d'autres n'existent en Russie qu'entre les mains de l'État, sous le contrôle de l'État ou affermées par l'État. Il n'était pas jusqu'aux alcools qui ne fissent dans ce pays — le plus arriéré des États européens — l'objet d'un service public.

Les services publics ne relèvent pas de l'ordre économique, ils se meuvent dans un domaine spécial : *le domaine gouvernemental;* et ce sont les divers besoins, militaires, fiscaux ou policiers, qui présidentà leur constitution ou à leur développement. — De la variabilité de la forme gouvernementale dérive le caractère, local, momentané et *accidentel,* de ces services.

C'est la guerre de Cent ans qui entraîna l'établissement du monopole du sel au profit de l'État; de même que c'est l'issue malheureuse de la guerre franco-prussienne qui arracha à l'industrie privée la fabrication des allumettes, pour l'instituer en régie. Le café et le tabac ne sont pas monopolisés pour d'autres raisons que la raison fiscale. — Ce dernier service a rapporté à l'État, depuis son institution en 1819, plus de sept milliards!

.·.

L'ouvrier est-il au moins plus heureux sous le régime du fonctionnariat d'État que sous l'autorité d'un patron quelconque? M. Guesde le conteste encore.

Quoi de moins libre que l'ouvrier de l'État? Contre l'État, pas de lutte, — je ne dis pas possible à faire triompher, — mais possible à engager. La grève n'est sans doute que la petite guerre. Ce n'est pas elle qui peut conduire à l'affranchissement, parce que ne touchant pas au principe du salariat elle ne peut, même victorieuse, qu'améliorer la condition des salariés, disons le mot : rendre les chaînes moins lourdes. Mais la grève est un excellent champ de manœuvre : en même temps que la solidarité ouvrière, elle crée l'organisation ouvrière. Elle est une véritable école de guerre. Et de cette école, est exclue toute la partie du prolétariat que l'État immobilise dans ses ateliers. L'État-patron, c'est l'ouvrier doublement esclave: puisque, tenu par le ventre, il est également tenu par le collet. L'atelier fermé se double de la prison ouverte, — sans compter que, couvert du côté de la faillite, l'État, en cas de revendi-

cations ouvrières persistantes, n'a aucune raison économique
de céder.

A cette neutralisation d'une fraction de l'armée ouvrière, les
services publics ajoutent un accroissement direct des forces
bourgeoises. Plus l'État bourgeois englobe d'industries, plus il
rattache, il intéresse d'individus à sa conservation, ne serait-ce
que ceux qui, favorisés d'une paye plus forte ou d'un grade
plus élevé, doivent redouter tout changement, comme un saut
dans l'inconnu. Les services publics n'agissent pas, sur ce
point, autrement que la démocratisation de la rente. — Lorsque l'Empire mit les emprunts publics au niveau des plus
petites épargnes, il chercha, en associant les quatre sous du
pauvre aux millions de sa liste civile, à se créer une espèce de
boulevard, de rempart, que les industries d'État — et pour les
mêmes raisons — représentent contre les tentatives révolutionnaires.

Mais ce n'est pas tout. Toute industrie centralisée par l'État
est une industrie soustraite aux désastres dont est semé le
champ de bataille de l'industrie privée. C'en est fait de ces
crises qui, en se multipliant, en se généralisant, créent et
créeront de plus en plus une situation révolutionnaire. Autant
de services publics qui se constituent, autant de risques supprimés pour la classe capitaliste, et autant de chances enlevées
à la classe prolétarienne, dont l'ordre libérateur ne peut sortir
que du désordre, de tous les désordres, économiques et politiques, bourgeois.

CHAPITRE III

LA DOCTRINE COLLECTIVISTE D'AUJOURD'HUI

La transformation du socialisme.

Toute chose se transforme, tout programme se modifie suivant les circonstances. Il semble bien que les vieux partis du socialisme français soient en déliquescence et que l'avenir s'ouvre aux formules nouvelles.

M. Joseph Sarraute, dans une excellente brochure intitulée : *Socialisme d'opposition. — Socialisme de gouvernement et lutte de classe*, l'a excellemment montré.

Tout parti d'opposition, dit-il, est un parti d'abstraction et d'antithèse. Le parti radical réclame la suppression du budget des cultes et des armées permanentes. Mettez-le au pouvoir et le voilà défenseur du Concordat et de l'armée nationale. Son idéal disparaît devant les nécessités présentes du gouvernement. Tout programme d'opposition serait-il donc stérile? Nullement, car *cet idéal, immédiatement et peut-être pour toujours irréalisable, exerce son influence sur la réalité.* Le service général et obligatoire est un acheminement vers l'établissement des milices.

De même, le socialisme d'opposition ne vit que

d'illusions révolutionnaires, et il quitte l'abstraction pour la réalité, s'il parvient au pouvoir. La destruction de la classe possédante est son idéal et il se rit des réformes bourgeoises. Mais, s'il veut exercer son activité dans la réalité d'aujourd'hui, il ne voit plus dans le régime capitaliste qu'une évolution graduelle vers son idéal entrevu.

C'est le propre du marxisme de ne pas faire de sentimentalité et de considérer l'esclavage, la féodalité et le capitalisme comme des étapes, non seulement nécessaires, mais utiles et fécondes de la marche de l'humanité vers le mieux devenir.

Grâce au régime capitaliste, le travail collectif s'est substitué au travail individuel, la grande usine a remplacé le petit atelier individuel, et des lois générales ont restreint le droit absolu du patron et affirmé le droit de la collectivité à surveiller et réglementer l'exploitation du travail. — Un pas encore et le salariat aura disparu, et, suivant le mot de M. Deschanel, « l'homme ne sera plus un instrument aux mains d'un autre homme ». La coopération aura remplacé le patronat.

Et cela sans violence, car la démocratie aura fourni à toutes les classes le moyen légal et pacifique d'exercer leur puissance. L'égalité politique est la préface de l'égalité sociale; et, contrairement à l'opinion de ceux qui placent la révolution dans l'avenir, il est plus exact de dire que la révolution n'est plus à faire, qu'elle est faite et qu'il ne reste plus qu'à l'organiser.

Comment peut-on attendre le socialisme de la légalité, puisque la loi consacre la propriété capitaliste et l'exploitation ouvrière? La légalité n'est pas telle ou telle loi déjà faite; elle est ce que la fera la souveraineté du monde, le suffrage universel.

Puisque les socialistes se disent les représentants du nombre, puisque leur doctrine tend à assurer la quiétude de la masse, pourquoi hésiteraient-ils à compter sur cette loi du nombre? Du moment que le socialisme ne se contente plus d'opposition et de négation, il doit s'appuyer sur la légalité démocratique. Du jour où les droits acquis doivent abdiquer devant les décisions populaires, l'œuvre révolutionnaire s'accomplit, le peuple légifère, la bourgeoisie se soumet et la force brutale prouve son inutilité.

La force, observe très justement encore M. Joseph Sarraute, ce fut, dans les conflits internationaux, d'abord le corps à corps grossier, puis l'arc, la lance et l'arquebuse, le fusil perfectionné et le canon géant, la mitrailleuse et les explosifs. Mais de plus en plus on hésite à mettre en mouvement ces armes *trop terribles*. A mesure que la force pouvait s'exercer plus brutalement, on hésitait de plus en plus à l'employer. — Une évolution parallèle s'est manifestée dans les conflits sociaux. Aujourd'hui la force ouvrière ne se traduit plus en violence, elle s'exprime en traités de paix avantageux avec la puissance patronale.

Ce n'est pas de la part des ouvriers une abdication, c'est la manifestation la plus évidente de leur force. Et si l'on parlait d'abdication, il faudrait parler d'abdication patronale. La démocratie a supprimé la violence, la nécessité de la violence, en donnant au peuple des armes pacifiques et légales.

La façon de penser de l'homme n'est pas la façon de penser de l'enfant. L'homme mûr doit descendre du rêve et prendre pied dans la vie. Il devient pratique. Le socialiste, devenu maître de moyens pacifiques pour exprimer ses idées et les faire prévaloir, abandonna le sectarisme, l'abstraction et l'utopie pour vivre de la vie réelle et tenir compte des nécessités de l'existence. Le poète devint calculateur. Le membre de l'opposition devient membre du gouvernement, du gouvernement de tous ; et alors l'utopie de la lutte des classes disparaît, l'internationaliste devient patriote, l'ennemi de la bourgeoisie devient le défenseur de la production capitaliste. — Il s'aperçoit que la différenciation des classes ne peut se préciser et qu'il n'existe pas de cloisons étanches entre la classe populaire et la classe bourgeoise, que cette dernière est peu à peu envahie par les ouvriers et qu'il existe une infinité d'individus qui servent de transition entre les deux : ingénieurs, chimistes, comptables, contremaîtres, ouvriers d'élite, commissionnaires. — Il comprend que c'est toujours et que ce sera toujours l'intérêt personnel qui sera le meilleur ressort de l'activité humaine et que la production, pour être socialisée dans les vastes usines, a besoin d'être dirigée par un directeur responsable et intéressé, et que c'est la responsabilité individuelle qui reste l'âme de tous les perfectionnements apportés, chaque jour, à l'œuvre de production. — Si la plus grande liberté doit être obtenue par les ouvriers de la grande industrie, il n'en reste pas moins la nécessité d'une direction unique et responsable, et le plus déplorable cadeau que l'on pourrait faire aux ouvriers, ce serait de faire retomber sur eux une responsabilité qu'ils ne sont pas en état d'assumer. — Que l'on investisse l'État de cette responsabilité, on sera tenu par là même de l'investir également d'une autorité qui ne différenciera pas sensiblement de l'autorité d'un patron ordinaire. La voie qui conduit à une plus grande liberté de l'individu n'est donc pas tracée par le socialisme utopique, qui aboutit au collectivisme ; elle est indiquée par le socialisme pratique, qui tend à imposer dans l'usine un régime constitutionnel, respectant les droits du patron aussi bien que les droits des ouvriers.

*
* *

Ces idées-là sont celles qu'expriment également, au moment des élections, MM. Jaurès et Millerand.

Aux élections de 1902, M. Jaurès faisait appel à l'union de tous les républicains, cette union nécessaire et loyale, qui va s'affirmer partout, sous des formes diverses, mais avec une égale force et un égal succès. — Le Parti socialiste, disait-il, a le droit de faire appel à tous les républicains, parce qu'aux heures de crise il a toujours lutté au premier rang pour la liberté et parce qu'il s'est associé à toutes les réformes, qui pouvaient faire aimer la République. Et ces réformes, M. Jaurès les indiquait avec conviction, bien qu'elles n'eussent rien d'absolument socialiste, au sens étroit du mot. C'était la réforme du système d'impôts, la réduction vigoureuse (?) du service et la transformation de toute l'institution militaire.

« Nous ne sommes pas des partageux, disait-il, et nous ne voulons pas prendre la terre aux paysans. Je veux organiser les travailleurs ruraux de notre région, propriétaires, cultivateurs et métayers, en mutualités de crédit agricole, en syndicats fédérés. Je veux apprendre aux cultivateurs quelle force incomparable sera pour eux l'association, quand les associations paysannes seront secondées par la commune démocratique, par l'État républicain et socialiste.

« Nous ne voulons pas, ajoutait-il, détruire par la

force les croyances religieuses, démolir ou fermer les églises. La liberté de toutes les croyances, la liberté de tous les cultes est un article essentiel du programme républicain et socialiste. »

M. Millerand n'était pas moins habile dans sa profession de foi. — Ce sera l'honneur de sa vie, proclamait-il, d'avoir été appelé aux côtés de l'homme d'État, dont le parti républicain est si justement fier. Et cependant il dénonçait jadis cet homme d'État comme le défenseur des grands intérêts patronaux!

« Républicain-socialiste, ajoutait-il, je me présentais en 1889; républicain-socialiste, je me présente en 1902. — Aujourd'hui, comme alors, je suis l'adversaire résolu de tous les moyens violents, depuis la propagande par le fait, jusqu'à la grève générale. »

Et voici quelles réformes préconisait le ministre socialiste du commerce :

Le vote définitif de la réforme des patentes, par laquelle on assure au petit commerce un dégrèvement de plus de 25 pour 100. — Le vote des projets de loi sur la juridiction prud'homale étendue aux employés de commerce, sur les mesures d'hygiène et de salubrité introduites dans les magasins, sur les modifications à la loi concernant les accidents du travail, sur la limitation de la journée de travail dans les mines, sur l'amélioration des retraites et des conditions de travail des ouvriers et employés de chemins de fer, sur les retraites ouvrières, sur les modifications à la loi de 1884, sur le règlement amiable des différends relatifs aux conditions du travail.

Ajoutons à cela l'amélioration progressive de l'outillage économique des transports, soustrait à l'influence prédominante des intérêts privés, l'impôt sur le revenu, l'abrogation de la loi Falloux, la revision de la loi électorale et du règlement de la Chambre, l'organisation meilleure du suffrage universel.

C'est ce que M. Millerand appelait sa politique « à la fois réaliste et idéale ».

Le collectivisme radical.

La question s'est posée entre radicaux et socialistes : « Quels sont les plus sincères collectivistes d'entre nous. »

Et les radicaux ont ajouté avec une certaine ironie, en s'adressant à M. Jaurès :

« Voyons, que contenait, en fin de compte, le programme collectiviste de Saint-Mandé?

« Les points essentiels qui, de l'avis de M. Millerand, suffisent à caractériser un programme socialiste, sont les trois suivants :

« 1° Conquête des pouvoirs publics;

« 2° Entente internationale des travailleurs;

« 3° Intervention de l'État pour faire passer du domaine capitaliste dans le domaine national les diverses catégories des moyens de production et d'échange, au fur et à mesure qu'elles deviennent mûres pour l'appropriation sociale.

« Mais le vieux programme radical ne peut-il pas se résumer dans la formule suivante : « La mainmise « de l'État doit s'exercer sur toutes les industries qui « ont tourné au monopole et quand ce monopole est « de nature à affecter l'intérêt général » ?

De telle sorte que la discussion ne porterait plus

que sur cette simple et subtile distinction : *A quel moment pourra-t-on reconnaître qu'une industrie est mûre pour l'appropriation sociale ?* Sera-ce à la concentration intense de ses capitaux ? — Mais l'intensité du capitalisme dépend surtout de l'idée qu'on s'en fait ; elle commence à cent sous et finit à cent millions. Quant à la forme collectiviste, elle commence à l'association de deux modestes commerçants pour finir à la grande société anonyme. Où donc sera le fameux criterium de la fameuse maturité ? Où sera le densimètre ?

« Ici, dit M. Huc, dans la *Dépêche* de Toulouse, la doctrine radicale a le mérite de serrer de plus près le problème. Elle ne se borne pas, comme Jaurès le suppose, à faire rentrer dans le giron de l'État les services publics, créés par lui et dont il aurait concédé, aliéné l'exploitation. La méthode radicale vise plus loin. Elle précise, sans distinction d'industries, les espèces à nationaliser ; ce sont les « monopoles » qu'elle fait rentrer dans le domaine national. Elle détermine la condition de la reprise ; la condition est que ces monopoles concernent l'intérêt général. Il importe peu, en effet, qu'un entrepreneur monopolise la fabrication des casquettes. Dans le système radical, l'État intervient dans l'intérêt politique, économique et social du plus grand nombre. Dans le système du collectivisme intégral, on est trop enclin à nationaliser des casquettes.

C'est donc à qui des deux partis présentera le collectivisme le plus rationnel. Et les radicaux ne se laissent pas rebuter par les imprécations de M. Jaurès, qui leur déclare tout net que le collectivisme n'est point partiel, mais intégral, et qu'on ne s'arrête pas sur cette voie, dont la pente est rapide. *Il faut aller jusqu'au bout!*

Toujours est-il que cette confusion entre eux et les radicaux déconcerte les socialistes ministériels, dont M. Jaurès est le porte-parole, et que les radicaux n'ont pas assez de railleries pour souligner cette attitude embarrassée :

« Qu'ils le veuillent ou non, écrivait M. Michel, député radical d'Arles, dans la *Lanterne*, les Millerand, les Viviani, les Jaurès, les Rouanet, les Fournière, se trouvent rejetés, par la force des choses, hors des rangs du parti collectiviste pur; ce sont de simples radicaux, des bourgeois, on dira bientôt des repus! »

***

Cette question du dosage du collectivisme est depuis longtemps l'objet de nombreuses discussions entre radicaux et collectivistes mitigés. Les radicaux semblaient, jadis, redouter une confusion possible entre leur doctrine et la doctrine révolutionnaire de leurs concurrents à la surenchère électorale; avec la même ardeur ils veulent aujourd'hui établir cette confusion. Et c'étaient alors les collectivistes qui cherchaient à montrer quelle frêle barrière séparait les deux doctrines.

Dans un article de la *Petite République* du 1er novembre 1897, M. Georges Renard, collectiviste, insistait vigoureusement pour démontrer la presque identité des deux programmes.

C'était à propos d'un discours-programme de M. Léon Bourgeois, qui n'admettait *ni fusion, ni confusion entre les deux partis*. Chacun d'eux devait marcher à la bataille électorale avec son drapeau déployé.

« Soit, ripostait M. Renard ; mais radicaux et socialistes ont assez de désirs et d'ennemis communs pour qu'il leur soit possible de prévoir, en certains cas, une entente provisoire. Le porte-parole des radicaux, ajoutait-il, essayant de tracer la frontière qui les sépare des socialistes, range d'un côté les défenseurs de la propriété individuelle, de l'autre les partisans de la propriété sociale. N'en déplaise à M. Bourgeois, il y a là une belle et bonne équivoque. La formule est creuse et l'antithèse aussi fausse que possible. Toute société comporte une part de propriété individuelle, une part de propriété sociale. La première, d'après César de Paepe, y est toujours représentée, *ne fût-ce que par le pain que mange l'individu,* et la seconde a toujours sa place, ne fût-ce que les routes et les jardins publics. A coup sûr, radicaux et socialistes n'ont pas la même opinion sur ce qui doit être attribué comme propriété à l'individu ou à la collectivité. Mais c'est une simple divergence sur le dosage.

« Si vous m'en croyez, conseillait en terminant l'habile M. Renard, socialistes, mes amis, *ne laissez jamais dire sans protester que vous voulez la suppression (d'ailleurs impossible) de la propriété individuelle.* Dites et redites infatigablement que vous entendez garantir à l'individu ce qu'il aura gagné par son travail personnel ; dites que vous défendez, vous aussi, la propriété individuelle, mais la seule respectable, la seule juste celle qui repose sur le travail individuel ; dites qu'il y a propriété individuelle *légitime* et propriété individuelle *abusive*, et que, si vous combattez la dernière, c'est pour assurer, étendre, universaliser la première. »

17.

Ce beau discours attira l'attention de M. Goblet, qui s'émerveilla d'entendre un collectiviste prôner le respect de la propriété individuelle. — Et l'indiscrétion de M. Goblet alla jusqu'à solliciter des explications au sujet du collectivisme étrange qui se cachait sous la formule de M. Renard et qui pouvait également se montrer oiseau ou souris, comme la chauve-souris de la fable.

M. Renard continua donc ses explications. La question doit être ainsi posée, répondit-il[1] : Quelle part doit-on faire, dans une société, à la propriété individuelle et à la propriété sociale? En matière économique, on ne saurait concevoir ni le *communisme absolu*, qui supprimerait toute possession individuelle, ni l'*individualisme absolu*, qui ne laisserait subsister aucune propriété collective. Le communisme absolu a pour formule : Tout à tous, rien à personne. S'il pouvait être appliqué, nul ne pourrait, ne fût-ce qu'une heure, posséder en propre un logement, un outil, un habit. N'importe qui pourrait entrer dans une chambre et dire aux occupants : « Cette place m'appartient comme à vous. J'en veux ma part. J'y suis, j'y reste. » Il pourrait dire au bûcheron : « Quitte la hache dont tu te sers; j'en ai besoin, je la prends. » Il pourrait dire au passant : « Donne-moi la moitié de ton manteau; il est à moi. » Que de colères! de conflits! Ce serait la guerre d'homme à homme, le retour à la vie sauvage, et, plus loin encore, à la bestialité primitive... Aussi personne, à moins d'être fou, n'a-t-il jamais conçu une idée semblable. Le communiste le plus renforcé laisse une part à la vie et à la propriété privées.

---

1. *Petite République* du 15 novembre 1897.

Les deux éléments (la propriété sociale et la propriété individuelle) se combinent toujours à doses variées, et c'est *leur dosage rationnel et scientifique* qu'il faut déterminer.

Et comment?

M. Enrico Ferri, dans son volume : *Socialisme et Science positive*, répond à cette question :

En substituant à la propriété individuelle la propriété sociale de la terre et des moyens de production, *il est évident qu'on n'aura pas supprimé la propriété des aliments nécessaires à l'individu, ni celle des vêtements et des objets d'un usage personnel.*

Et la conclusion de tout cela était vraiment outrecuidante :

« Non, les socialistes ne réclament pas la suppression de la propriété individuelle! »

⁂

M. Goblet était édifié.

« Vous avez raison, Monsieur, répondit-il à son adversaire, une controverse courtoise entre deux esprits sincères a bientôt fait de dissiper les équivoques et de mettre les questions au point. C'est pourquoi je me reprocherais de prolonger un débat qui me paraît suffisamment éclairci. Je sais maintenant comment vous entendez ce que vous appelez le *dosage* entre la propriété individuelle et la propriété sociale, c'est-à-dire la part à faire à l'une et à l'autre.

« Ainsi telle est bien la doctrine définitive : la propriété individuelle réduite aux seuls objets qui se consomment par l'usage, tels que l'aliment et le vêtement;

le reste, c'est-à-dire la terre, les maisons, les usines, les machines, les instruments de travail, soustraits à la propriété individuelle, pour devenir propriété sociale appartenant à la collectivité ; par suite, pour ces derniers objets, alors même qu'ils auraient été acquis par le travail de l'individu, plus d'appropriation personnelle possible et plus d'héritage.

« C'est bien ce système que je considère comme la suppression de la propriété individuelle et comme ne devant jamais trouver de majorité dans ce pays. »

La distinction de M. Renard semblait d'ailleurs passablement naïve. Je ne vois pas, en effet, comment on pourrait collectiviser les aliments nécessaires à la restauration des forces de l'individu, ainsi que les vêtements qui doivent le couvrir. Dans les communautés religieuses, où le dédain de la propriété est poussé le plus loin, on n'a pas encore réussi à collectiviser ces objets-là. M. Renard se trouvait donc dans la situation d'un voleur qui crierait très haut son innocence, sous prétexte qu'il n'a pas dérobé les tours de Notre-Dame. Et l'on ne devra pas s'étonner que M. Goblet abandonnât aussitôt une discussion où l'on employait, pour le convaincre, des arguments de cette force !

Le collectivisme électoral.

Le collectivisme électoral est bien différent du collectivisme de propagande.

Les socialistes de 1878 répudiaient le suffrage uni-

versel et préconisaient les batailles de la rue. Il n'était
pas question alors de gagner les électeurs.

C'est ainsi que M. Jules Guesde écrivait[1] :

Sous prétexte que le bulletin de vote suffisait et devait suffire
à tout, le fusil, le droit au fusil a été rayé de l'arsenal populaire; et de ce bulletin, depuis trente ans qu'elle le pratique, quelle amélioration a retirée la masse laborieuse ? Aucune.
S'imagine-t-on l'électorat accordé aux nègres de Cuba ou du
Brésil, sans que l'esclavage eût été préalablement aboli ? De
quel secours pourrait être ce morceau de papier, aux mains
d'hommes qui ne s'appartiennent pas, dont l'existence est suspendue au caprice d'autrui ? — Eh bien ! le salariat, sous le rapport de la dépendance dans laquelle il tient le travailleur blanc,
ne se distingue pas de l'esclavage noir.

Le suffrage universel, qui a sa place marquée dans une société égalitaire, n'est pas le moyen de réaliser cette société, qui
ne sortira que de la lutte.

Et en le présentant comme tel aux déshérités de l'ordre actuel, en le leur faisant accepter comme le salut, Ledru-Rollin a
fait peut-être plus de mal à la classe ouvrière qu'avec la sai-
gnée qu'il pratiquait en juin, à coups de canon, sur les plus
vaillants de ses membres.

Depuis, M. Guesde a singulièrement changé d'opinion, puisque, le 25 juin 1896, il disait à la Chambre :

*Rien que par l'arme légale du suffrage universel l'armée col-
lectiviste deviendra fatalement et avant peu maîtresse du pouvoir.*

La même année, M. Millerand s'écriait au banquet
des municipalités socialistes :

Nous ne nous adressons qu'au suffrage universel. Qu'on ne
nous prête pas l'intention bouffonne de n'attendre que de la
révolution violente le triomphe de nos idées !

1. *Égalité* du 2 mars 1878.

***

Un autre socialiste, M. Gabriel Deville, avait jadis manifesté son mépris pour le suffrage universel et sa prédilection pour les moyens violents :

Le suffrage universel, disait-il [1], voile, au bénéfice de la bourgeoisie, la véritable lutte à entreprendre. On amuse le peuple avec les fadaises politiciennes, on s'efforce de l'intéresser à la modification de tel ou tel rouage de la machine gouvernementale; qu'importe, en réalité, une modification, si le but de la machine est toujours le même; — et il sera le même tant qu'il y aura des privilèges économiques à protéger.

Prétendre obtenir par le suffrage universel une réforme sociale, prétendre arriver, par cet expédient, à la destruction de la tyrannie de l'atelier, de la pire des monarchies, de la monarchie patronale, c'est singulièrement s'abuser sur le pouvoir de ce suffrage.

Qu'on le déplore ou non, la force est le seul moyen de procéder à la rénovation économique de la société!... Le nombre ne suffit pas pour dispenser de l'emploi de la force. En 1789, le Tiers-État était majorité dans la nation, il était majorité dans les États-Généraux; malgré cette situation, sans le 14 juillet, il aurait échoué.

Les révolutionnaires n'ont pas plus à choisir les armes qu'à décider du jour de la révolution. Ils n'auront à cet égard qu'à se préoccuper d'une chose : de l'efficacité de leurs armes, sans s'inquiéter de leur nature. Il leur faudra évidemment, afin de s'assurer les chances de victoire, n'être pas inférieurs à leurs adversaires et, par conséquent, *utiliser toutes les ressources que la science met à la portée de ceux qui ont quelque chose à détruire.*

C'était alors l'époque héroïque, et l'opinion que nous venons de rappeler était celle de tous les socialistes sans exception. M. Guesde l'avait aussi brutalement exprimée, en écrivant [2] :

1. *Aperçu sur le socialisme scientifique* (préface du *Capital*, de MARX). *Impuissance de toutes méthodes pacifiques*, pp. 47 et 48.

2. *Nous aussi*, article de M. Jules Guesde dans l'*Égalité* du 5 novembre 1882.

Ce n'est pas sur la question de la dynamite que nous nous séparons des anarchistes, prêts que nous sommes à employer, comme ces derniers, toutes les ressources que nous fournit la science pour notre œuvre d'affranchissement de l'humanité... Tous les moyens nous paraîtront bons, qui mèneront au but, c'est-à-dire à l'expropriation gouvernementale de la bourgeoisie en vue de son expropriation économique. Nous ne sommes pas pour rien les sucessseurs et les vengeurs des pétroleurs de 1871.

Mais depuis, M. Deville s'est présenté aux élections dans le IVe arrondissement, et, comme M. Guesde, il a renié, dans de solennelles circonstances, le programme que jadis il avait si solennellement affirmé [1].

Jadis, a-t-il déclaré, j'ai pu croire à l'efficacité de la violence, j'ai pu avoir confiance dans la force brutale. Mais comprenant que l'affranchissement du prolétariat devait être l'œuvre, non d'une minorité en révolte, mais d'une majorité consciente, *je reviens sur ces écrits qu'on veut me reprocher.*

La crainte des électeurs est le commencement de la sagesse.

Et M. Deville essayait d'attirer à lui les électeurs, que ses premiers écrits auraient pu détourner :

Ouvriers, employés, *petits commerçants et petits patrons,* vous pouvez compter sur moi !

**

D'ailleurs, qu'est-il besoin de chercher si loin et d'opposer des textes ? Le programme du parti guesdiste, nous le connaissons. Prenons le manifeste de juillet 1893; il nous enseignera la doctrine, la *pure doctrine* électorale.

1. Réunion du Gymnase Pascaud, 27 mai 1896.

L'ignorance et la mauvaise foi, dit ce manifeste, prétendent que nous voulons supprimer la propriété individuelle ! Seuls, des aveugles — de nature ou de volonté — peuvent tenir un pareil langage. La propriété individuelle, qu'on nous accuse de vouloir abolir, mais elle meurt, mais elle est morte... Loin de menacer ce qui subsiste encore de la propriété réellement personnelle, la propriété paysanne, le Parti ouvrier a déclaré qu'aussitôt au pouvoir il la libérerait de tout impôt d'argent et de sang, ainsi que des dettes hypothécaires et chirographaires qui la rongent. C'est lui qui, à Marseille, a formulé un programme agricole également protecteur du cultivateur propriétaire, du journalier, du fermier et du métayer, et n'excluant que le rentier du sol, le parasite.

Que va-t-on clabaudant ? Que nous sommes le parti de la violence, que nous voulons attenter au suffrage universel, alors que depuis la formation des travailleurs en parti politique, ils n'ont jamais eu recours à d'autres armes que le bulletin de vote ?

Les violents ! mais ne sont-ce pas précisément nos hommes d'ordre, les légalitaires des classes dirigeantes, qui emploient les charges de cavalerie et les décharges du Lebel contre les plus légales des grèves !

On nous accuse d'internationalisme, disent encore les guesdistes.

« Le parti ouvrier français est le seul parti vraiment patriote ! »

Le 28 février 1897, le Congrès régional de Paris flétrissait les ministres antipatriotes « qui mettent la France de la Révolution à la remorque du césarisme allemand et du césarisme russe ».

Et en mai 1898, une affiche était placardée sur les murs de Roubaix, pendant la période électorale, et on y lisait :

PATRIOTES DE ROUBAIX ET DE WATRELOS

Voter pour Eugène Motte, *c'est voter pour l'Empereur d'Allemagne,* que les patrons politiques de Moltke, les Méline et les Hanotaux, ont eu l'imprudence de faire acclamer à Kiel par les marins de la République Française.

Voter pour JULES GUESDE, *c'est voter pour l'Alsace-Lorraine,* qui, en élisant les socialistes BEBEL et BUEB, a protesté une fois de plus contre la criminelle annexion de 1870-71.

Vive l'Internationale ouvrière!
Vive la France du travail!

Le collectivisme ministériel.

Veut-on connaître le tréfonds du collectivisme de M. Millerand? Le voici clairement expliqué dans son discours de Troyes, le 13 décembre 1896 :

Le chemin de fer, les mines, les grandes raffineries sont-ils des propriétés individuelles? Non. Il y a des porteurs d'actions ou d'obligations : ces actionnaires ou ces obligataires sont des copropriétaires, des propriétaires participants d'une immense quantité de produits; ils possèdent une propriété qu'ils ne connaissent pas;... ils ont le droit de jouir des produits de machines qu'ils ne dirigent pas.

Mais s'il est ainsi, quel sort est le vôtre, ô actionnaires et obligataires? Vous avez le droit de jouir des résultats d'une direction qui ne nous appartient pas, qui est le privilège d'une douzaine de ploutocrates, lesquels sont à la tête de toutes les petites propriétés collectives que vous représentez. Quelle est votre garantie contre la mauvaise gestion de la ploutocratie? Demandez-le aux actionnaires du Panama, ou de tant d'autres entreprises financières qui ont amoncelé tant de ruines en ce pays.

Eh bien! ces grandes propriétés capitalistes, qui sont des monopoles de fait, sinon de droit, nous voulons les reprendre à ceux qui les détiennent de par le vol et la fraude, pour les rendre aux petits porteurs de titres. Nous n'avons pas d'autre but.

Voici déjà M. Millerand défenseur des petits porteurs de titres!

Maintenant écoutons le futur ministre du Commerce au fameux banquet des municipalités socialistes [1].

1. Mai 1896.

C'est son discours-programme. Et déjà il songe au ministère que les circonstances lui font entrevoir.

N'est pas socialiste, à mon avis, dit M. Millerand, quiconque n'accepte pas la substitution nécessaire et progressive de la propriété sociale à la propriété capitaliste. C'est dire qu'il ne saurait s'agir seulement de la transformation de ces trois catégories de moyens de production et d'échange qu'on peut qualifier de classiques : le crédit ou la banque, les transports par voie ferrée, les exploitations minières. Voici, à côté d'elles, pour prendre un exemple qui ne saurait souffrir de discussion, une industrie qui incontestablement est mûre dès à présent pour l'appropriation sociale, parce que, monopolisée en quelques mains, rapportant à ses exploiteurs des profits énormes, caractérisée à la fois par le perfectionnement de son machinisme et par la concentration intense de ses capitaux, elle est toute désignée pour fournir une matière féconde et facile à l'exploitation sociale; j'entends parler des raffineries de sucre.

C'est un exemple, ce n'est qu'un exemple; mais, en vérité, est-ce donc une si grande nouveauté que cette régie nationale qui demain restituera à tous le profit indûment monopolisé par quelques-uns? Est-ce que déjà, en mettant la main sur la distribution de l'eau, de la lumière, de la force motrice, sur l'organisation des transports, sur le service en commun des machines agricoles, nombre de petites collectivités urbaines et rurales n'ont pas, dans leur sphère, substitué la propriété sociale à la propriété capitaliste?

Et cette socialisation progressive des diverses catégories des moyens de production ne peut être qu'un motif d'espérance et de joie, pour les millions d'êtres humains appelés ainsi à s'élever par une progression, que réglera non pas le caprice des hommes, mais la nature des choses, de la condition de salariés à la qualité de coparticipants des richesses sociales.

Et ce serait en vain qu'on essayerait d'exciter, contre le Parti socialiste, les alarmes des races favorisées qui réunissent encore dans leurs mains l'instrument de production et le produit intégral de leur travail. Ceux-là, ces petits propriétaires, non seulement la transformation poursuivie par le Parti socialiste ne les menace en rien, puisque leur propriété morcelée ne saurait être l'objet d'une appropriation sociale [1]; mais ils recueilleront pour leur part, au même titre que tous les

1. Quel argument! Les propriétés morcelées peuvent être réunies et collectivisées aussi bien que les grandes propriétés.

autres membres de la société, le bénéfice de l'incorporation successive, dans le domaine social, des grandes industries.

Je dis « incorporation successive ». Nul socialiste n'a jamais rêvé, en effet, de transformer d'un coup de baguette magique ce régime capitaliste, ni d'édifier sur une table rase une société toute nouvelle.

**

Veut-on savoir enfin sous quel aspect se présente aujourd'hui le collectivisme, lorsqu'il accède au pouvoir?

Le 22 juin 1900 avait lieu à l'Exposition une fête ouvrière. Et voici en quels termes pompeux un journal suisse rendait compte de cette fête [1] :

« M. Millerand a inauguré la série de ses futures fêtes ouvrières, avec un programme de raffinés et de gens du monde. La pensée qui l'avait inspiré est tout à fait délicate. M. et Mᵐᵉ Millerand ont payé leur dette, avec abondance, à la société mondaine. Et maintenant, s'est dit le ministre, pourquoi les ouvriers en cotte et en bourgeron n'auraient-ils pas leur tour? Pourquoi, alors qu'on prodigue les régals artistiques aux comblés de ce monde, les intelligents, les modestes créateurs du luxe de Paris n'auraient-ils pas leur jour, ne seraient-ils pas une fois les invités?

« Chaque invité reçut sa carte libellée selon le code mondain :

« Le ministre du Commerce et Mᵐᵉ Millerand vous prient de vouloir bien honorer de votre présence la fête qui sera donnée en l'honneur des collaborateurs de l'Exposition universelle et des Associations ouvrières, le dimanche 22 juillet à 3 heures précises, dans la salle des Fêtes de l'Exposition.

1. La *Suisse* du 20 juillet 1900. — Article signée Mᵐᵉ Georges Renard.

« Maintenant réfléchissez. Supposez la laborieuse famille assemblée et voyez l'arrivée de la gentille lettre. Quelle vive et intime petite satisfaction ! Car enfin, on a beau être conscient de ses droits, de sa valeur d'homme, on est toujours charmé d'être traité en conséquence. Et puis le plaisir de la femme, celui des femmes, celui des enfants ! La satisfaction de dire à sa concierge, à son voisin : « Voyez, ne vous gênez « pas, lisez la lettre que m'envoie « le Ministre !... »

« Je l'ai très bien vu, affirme Mme Georges Renard, ce sentiment, qui du reste n'a rien de répréhensible, chez un très sympathique ménage ouvrier, qui pénétrait à la fête, en même temps que nous. Au guichet extérieur, l'administration, selon sa coutume, se montrait tracassière ; et il fallait voir avec quelle allégresse, quelle autorité, le jeune mari réclamait : « Mais enfin, Monsieur, quand on est l'invité du Mi- « nistre, ce n'est pas pour subir vos tatillonneries... » Sur ce raisonnement vainqueur, nous passâmes sans encombre.

« A la porte de la Salle des Fêtes, M. Millerand *lui-même,* entouré de son haut personnel, recevait ses invités. »

Mais voici M. Loubet qui arrive à la Salle des Fêtes. Et il donne le bras à Mme Millerand :

« Je me sens très émue et très rassurée, ajoute Mme Renard, je suis fière aussi. Car l'incarnation féminine du ministre socialiste est tout à fait réussie. Au bras de M. Loubet, dans sa longue robe blanche, Mme Millerand est si gracieuse et si grave ; elle fait si bien son métier de maîtresse de maison, que je me dis ravie : « Allons, c'est la fin d'une légende. *Sous la*

« *Restauration, un libéral était défini : un forçat*
libéré.

« *Il y a trente ans, il était convenu que tout républi-*
« *cain avait les ongles noirs et portait du linge sale.*
« *— Plus tard, les socialistes remplacèrent les répu-*
« *blicains. Maintenant à qui le tour ?* »

CONCLUSION

Je ne suis pas suspect de tendance pour la propriété privée, écrivait M. Maret dans la *Dépêche* de Toulouse [1], étant de ceux qui croient que le jour où un homme s'avisa de tracer un cercle autour de lui et de dire : « Ceci est à moi », ce jour-là, le mal est entré dans le monde. *Mais il s'agit beaucoup moins de savoir si la propriété individuelle est bonne en soi que de savoir si elle est une condition essentielle de la liberté dans nos nations civilisées.* Tout le problème est là et il n'est pas ailleurs. Si l'État devenait unique propriétaire des choses, ne serions-nous pas amenés à la plus épouvantable tyrannie ? — L'État est, en effet, une abstraction derrière laquelle il y a des hommes.

Le collectivisme fait, il est vrai, la différence entre la propriété légitime et la propriété *exploiteuse*.

M. Maret reconnaît que *théoriquement* il y a, en effet, une différence essentielle et que nos sociétés sont loin d'être parfaites. Mais si la théorie est incontestable, comment arrivera-t-on à la pratique, ce qui est le point essentiel ?

Pour établir cette démarcation, il faut une autorité ;

[1]. 5 juin 1900.

et cette autorité sera l'État. Nous voilà du coup retombés sous cette domination, d'autant plus redoutable qu'elle est impersonnelle et irresponsable. Et l'État ne détruira pas cette grande propriété capitaliste; il se substituera aux possesseurs actuels : en fin de compte, le peuple n'aura fait que changer de maître; en sera-t-il plus heureux? — Je suis comme Jean Hiroux, j'ai de la méfiance. Cet État si puissant ne me dit rien qui vaille, et je crains que nous ne soyons tous broyés sous cette grosse machine, comme le grain sous la meule. Je crains qu'il n'en soit dans le domaine économique comme il en a été dans le domaine politique, où on ne s'est débarrassé de la féodalité et des tyrannies locales que pour tomber sous le joug de la tyrannie centrale, *pire que l'autre*. Je n'aime pas le Seigneur de Dumandois, mais j'aime encore moins Louis XIV.

« Ne vous inquiétez pas, nous ajoute-t-on, vous serez libres, vous n'aurez jamais été si libres. » Je ne serais pas fâché, dit M. Maret, qu'on me définît la liberté. Il y a, en effet, des gens qui affirment que la liberté consiste à faire tout ce que les lois permettent, définition qui a cela de bon qu'elle peut aussi convenir à l'esclavage. Ces mêmes gens, grands penseurs, croient qu'on n'est pas libre quand on obéit à un ou plusieurs messieurs, mais qu'on est parfaitement libre lorsqu'on obéit à la collectivité. *Moi, je crois qu'on n'est libre que lorsqu'on n'obéit à personne.* »

Le collectivisme n'aurait, d'ailleurs, d'autre avantage que de nous conduire à l'uniformité désespérante, l'initiative individuelle étant supprimée; c'est-à-dire le principal ressort, qui a déterminé toutes les créations et toutes les actions, étant brisé.

« Beaucoup de savants, dit encore M. Maret [1], ont discuté sur la façon dont finirait ce monde et n'ont pas découvert si ce serait par le feu ou par la congélation. Moi, je crois que ce sera par l'ennui. Je ne donne pas un siècle à la terre avant que les hommes n'en aient fait le potiron annoncé par Musset. Toutes les villes seront pareilles, toutes les rues seront pareilles, tous les hommes porteront le même costume, mangeront le même dîner, se promèneront dans les mêmes allées, ratissées de la même façon. Sur le sol il n'y aura plus que des routes, mais il n'y aura plus aucune raison de les prendre, puisqu'elles mèneront toutes dans un endroit semblable. Il ne restera plus à supprimer que les montagnes et la mer.

« Les montagnes, ce sera difficile. Cependant, avec le temps et les engins destructeurs, on en viendra probablement à bout. Peut-être alors, l'Océan indigné franchira ses limites et couvrira d'un nouveau déluge ce crâne pelé qui aura été la terre. L'humanité périra et les mondes ne la regretteront point. »

Sous quelque forme qu'on l'envisage, le collectivisme aboutit aux plus décevantes conclusions. C'est la ruine de l'humanité, son écroulement dans la misère et dans l'ennui. Aussi est-il permis de se demander s'il existe vraiment des collectivistes entiers, qui songent à pousser jusqu'à l'absurde cette doctrine dont le principe peut paraître équitable et dont les conclusions intégrales font hurler le bon sens !

1. *Dépêche de Toulouse* du 11 septembre 1890.

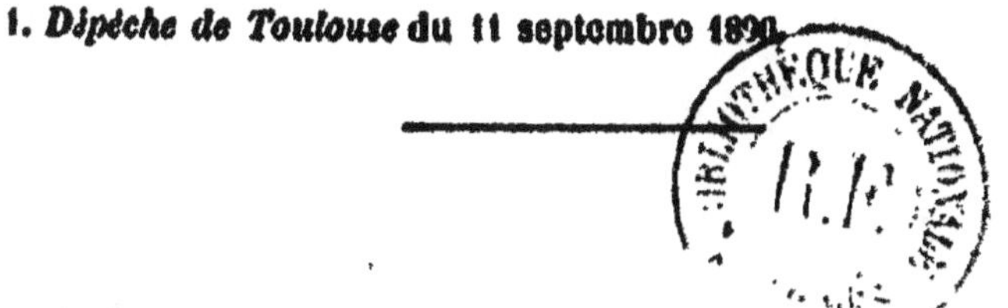

18

TABLE DES MATIÈRES

TROISIÈME-PARTIE

LES DIVERSES FORMULES DU COLLECTIVISME.